Bernhard Steiner

Luft holen und durch

Bernhard Steiner

Luft holen und durch

Erste Hilfe für Selbstständige und Unternehmer bei finanziellen Krisen

WILEY-VCH

WILEY-VCH Verlag GmbH & Co. KGaA

1. Auflage 2004

Bibliografische Information Der Deutschen Bibliothek
Die Deutsche Bibliothek verzeichnet diese Publikation in der Deutschen Nationalbibliografie; detaillierte bibliografische Daten sind im Internet über <http://dnb.ddb.de> abrufbar.

Printed in the Federal Republic of Germany

Gedruckt auf säurefreiem Papier.

Satz TypoDesign Hecker GmbH, Leimen
Druck und Bindung Ebner & Spiegel GmbH, Ulm
Umschlag init GmbH, Bielefeld
Coverabbildung The Image Bank, München

ISBN 3-527-50076-6

Inhalt

Vorwort

Jeder Unternehmer und Selbstständige erlebt irgendwann im Laufe seiner Schaffenszeit eine schwere Krise, die sich auch existenzbedrohend auswirken kann.

Allein im Jahr 2002 mussten rund 42 000 Firmen den bitteren Gang in die Insolvenz antreten. Und eine jede Firmenpleite ist mit dem persönlichen Schicksal des Unternehmers und dem Verlust von Arbeitsplätzen eng verbunden.

Pleiten und Krisen betreffen jedoch nicht nur Unternehmer: Stöbern Sie nur einmal in den Zeitungen oder in Ihren Lieblings-Boulevardblättern. Skandale, Niederlagen und schwere Krisen sind selbst bei Managern von Großunternehmen oder bei Prominenten nicht selten. Lebenskrisen pflastern den Weg von vielen Menschen des öffentlichen Lebens.

Auch Wirtschaftsbosse führender Firmen erleben Pleiten oder werden an den Pranger gestellt, weil die Planzahlen für das Unternehmen nicht erreicht wurden. Dabei mag überraschen, dass kaum einer an Krisen oder Rückschlägen zerbricht. Das Gegenteilige ist die Regel. Viele von ihnen erscheinen nach einer Weile wieder gestärkt auf der Bühne der Öffentlichkeit.

Woran liegt das? Sind diese Menschen gegen berufliche Krisen einfach resistenter oder sind es andere Werte, die ein Comeback ermöglichen?

Während meiner Recherchen sah ich genauer hin und entdeckte die folgende verblüffende Wahrheit im Umgang mit Unternehmenskrisen:

Es kommt nicht darauf an, wie schwer wiegend das Problem ist, um das es sich handelt. Es hängt auch nicht von der Anzahl oder Gewichtigkeit der Schwierigkeiten ab. Allein entscheidend ist es, wie wir auf die Krisensituation reagieren, unsere Antworten darauf sind hier maßgebend.

»Das ist doch blanker Unsinn«, wird jetzt manch einer denken. »Als wäre das so einfach!«

Folgte man den Ausführungen einiger Autoren bekannter Biographien, die Rückschläge stets positiv sehen, dürften Unternehmer keine Probleme haben. Die Realität sieht jedoch ganz anders aus. Während manche Betroffene in tiefe Depressionen versinken und über einen Konkurs nachdenken, kurz davor sind, »den Krempel hinzuschmeißen« und quasi reaktionslos alles über sich ergehen lassen, gehen andere die Krise aktiv an und suchen händeringend nach Lösungen aus der Sackgasse.

Ach ... Sie kennen das?

Es gibt eine Reihe wirksamer Strategien, um einer Krise zu begegnen und darauf tatkräftig zu antworten. Prekäre Situationen sind wahre Belastungsproben und erfordern unsere volle Aufmerksamkeit und innere Kraft.

Dieses Buch ist entstanden, weil ich der Überzeugung bin, dass Krisen ein Indikator dafür sind, dass etwas in unserem Berufsleben nicht stimmt und wir dringend etwas ändern müssen. Krisen, so meine Erfahrung, sind meist hausgemacht. Ihr Ursprung liegt oft in eigenen Handlungen in der Vergangenheit.

In diesem Buch zeige ich Ihnen, wie Sie einer Krise tatkräftig entgegentreten. Sie lernen Wege kennen, wie Sie einen drohenden Konkurs abwenden und Ihr Unternehmen selbst sanieren können. Die in diesem Buch behandelten Themen werden Ihnen helfen, berufliche Schwierigkeiten besser in den Griff zu bekommen. Die hier vorgestellten Methoden und Strategien können Sie sofort umsetzen und leicht anwenden: Sie haben bereits hundertfach bei anderen Unternehmen, die in einer Krise steckten, funktioniert.

Deshalb wird sich ein Erfolg einstellen, selbst wenn Sie noch der Meinung sind, dass Ihnen das Schicksal zurzeit nur eine Pechsträhne zuteilt. Wie düster die Zukunft für die Firma im Moment auch aussehen mag, Ihnen stehen noch alle Möglichkeiten offen, unbeschadet aus diesem Schatten herauszutreten. Um erfolgreich in der Bewältigung einer Krise oder beim Lösen einer Schwierigkeit zu sein, kommt es, wie gesagt, auf die richtige Denkweise an:

Seien Sie geistig bereits am Ziel, bevor Sie starten. Erwarten Sie den bestmöglichen Ausgang der Herausforderung. Doch auch dies wird Ihnen nur dann gelingen, wenn Sie sich selbst die Möglichkeit

eines positiven Ausgangs der Krise einräumen, wirklich daran glauben können und Optimismus entwickeln.
Der Grad von Optimismus, den Sie pflegen, lässt sich gleichsetzen mit der Wahrscheinlichkeit, dass Sie die Krise überwinden werden. Denn diese Erwartungshaltung ist Ihr größter Aktivposten, den Sie besitzen. Selbst wenn Sie müde und abgespannt sind und sich trotzdem zu irgendeiner Art der Problemlösung entschließen, werden Sie plötzlich wieder munter und fühlen sich positiv und erfrischt, selbst wenn Ihre Lösungsansätze noch verschwommen und ungenau sind. Es besteht ein direkter Zusammenhang zwischen der Entschlusskraft, etwas gegen Schwierigkeiten zu unternehmen, und der Klarheit der Lösungen, die aus einer Sackgasse führen.

Während Sie dieses Buch lesen, werden Sie in zahlreichen Beispielen auf Selbstständige und Unternehmer treffen, die in einer Krise stecken. Sie werden Beispiele für die Bewältigung der unterschiedlichen Schwierigkeiten kennen lernen und von den intimen Erfahrungen dieser Protagonisten profitieren.

Jeder kann prekäre Situationen meistern. Zugegeben, Sie zahlen dafür einen hohen Preis. Sie werden harte Arbeit leisten und viel Zeit dafür aufwenden müssen.

Selbst wenn Sie die Krise nicht auf Anhieb in den Griff bekommen oder die Probleme sich nicht in kürzester Zeit lösen lassen, werden Sie durch dieses Buch in die Lage versetzt, mit den beschriebenen Methoden und Strategien eine zuverlässige Schadensbegrenzung umzusetzen.

Doch denken Sie immer an das Eine: Entscheidend ist, wie Sie damit umgehen.

Holen Sie tief Luft und starten Sie durch!

Aus Gründen der Lesbarkeit verzichtet der Autor auf die durchgängige Kombination weiblicher und männlicher Sprachformen.

1.
Warum Selbstständige vor lauter Sorgen oft krank werden

Mitten im Minenfeld

Rund 40 000 Firmen werden das Jahr nicht überstehen, so die unheilvolle Prognose der Creditreform für das Jahr 2003. Und die derzeitige Entwicklung gibt dieser Prognose Recht.

Für die betroffenen Unternehmer ist der Gang zum Konkursrichter unausweichlich. Doch das berufliche (und private) Aus muss er keineswegs bedeuten: Viele tausend Chefs entsorgen nur die Altlasten ihrer geschäftlichen Bruchlandung und starten neu durch. Pleite zu gehen und wieder von vorne zu beginnen wird »salonfähig«, so der profilierte Insolvenzverwalter Volker Grub.

Sprechen wir über Konkurs, so sollten wir differenzieren: Ein Konkurs einer Firma hat weit reichende Konsequenzen für die Mitarbeiter und Sie selbst als den Unternehmer.

Sollte das Unternehmen beispielsweise zahlungsunfähig werden, sind Sie als Unternehmer im Falle eines Insolvenzverfahrens als Erster betroffen. Die in die Arbeitslosigkeit entlassenen Mitarbeiter erhalten finanzielle Unterstützung vom Arbeitsamt. Sie als selbständiger Unternehmer werden von diesem Sicherheitsnetz nicht aufgefangen. Und das bedeutet für Sie, dass Sie im schlimmsten Fall auch privat in Konkurs gehen müssen.

Mitten in einer beruflichen Krise sehen sich viele Unternehmer und Selbstständige beruflich und oft auch privat vor einem tiefen Abgrund stehen. Der Grand Canyon ist nichts dagegen: Sie schuften wie ein Pferd und müssen sich dennoch mit existenziellen Problemen beschäftigen. Als wäre das nicht schon genug, kommt noch finanzieller Druck dazu.

Kennen Sie dieses Gefühl? Schwierige berufliche Situationen gleichen einem Tanz im Minenfeld. Als Unternehmer schreiten Sie je nach Situation mit großen oder kleineren Schritten über ein unwegsames Gebiet. Wie kleine tickende Zeitbomben warten Fehlentscheidungen auf Sie. Schon morgen könnten Sie eine falsche Entscheidung treffen und damit eine unheilvolle Krise auslösen.

Am Anfang sehen solche Krisen bei allen Not leidenden Unternehmen ähnlich aus, denn der Pleitegeier schickt immer dieselben Vorboten. Zuerst verschlechtert sich die Auftragslage, dann können wichtige Kunden nicht mehr bezahlen. Schließlich mahnen Lieferanten offene Rechnungen an, mit der Forderung, sie sofort zu begleichen, sonst drohe Zwangsvollstreckung. Am Ende kündigt die Hausbank die Kredite und verpasst dem Unternehmer den unabwendbaren Todesstoß. Was bleibt, sind Schulden.

Auch vor großen Unternehmen macht die Pleitewelle längst keinen Halt mehr. Hunderte von bekannten Unternehmen verschwinden von heute auf morgen von der Bildfläche. Es stellt sich deshalb grundlegend die Frage, ob es sich überhaupt noch lohnt, ein Unternehmen zu gründen? Sie gehen damit Risiken ein, um sich dann tagein und tagaus nur mit Problemen herumzuschlagen. Und sollte sich mit etwas Glück nach vielen Jahren ein Erfolg einstellen, wird die Firma mit hohen Unternehmenssteuern und gesetzlichen Wettbewerbseinschränkungen belegt.

Als Selbstständiger müssen Sie zwangsläufig lernen, mit dem ständigen Risiko umzugehen, denn leider verläuft unsere Karrierelinie nicht immer schnurstracks und steil nach oben. Das, was wir Leben nennen, hat bekanntlich Ecken und Kanten, denen wir nicht einfach ausweichen können.

Auch wenn Sie bereits mitten in einer Krise stecken, gibt es eine unwiderlegbare Tatsache, die Ihnen zur Hilfe kommt: Denn für jedes Problem gibt es bereits eine Lösung. Irgendjemand vor Ihnen war schon einmal mit dem gleichen Problem oder einer ähnlichen Herausforderung konfrontiert und hat sie gelöst. Wetten?

Hin und wieder reicht allein das Wort eines vertrauten Freundes, um aus dem Tunnelblick der Krise herauszufinden und zu neuen Ansätzen zu kommen.

Manchmal jedoch reicht die eigene Kreativität oder Erfahrung nicht aus, um gute Lösungsansätzezufinden. Dennoch kann in den eigenen unpraktikablen oder unrealistischen Überlegungen oft der Keim für die ideale Lösung liegen. Zapfen Sie deshalb stets alle Quellen an, die bei der Überwindung Ihrer Problemstellungen helfen könnten. Ob es nun Ratgeber in Buchform, persönliche Gespräche mit Experten und Spezialisten oder Konsultationen mit Beratern sind.

Berücksichtigen Sie bei Ihren Recherchen, dass Laien und auch Experten Risiken und Krisensituationen grundsätzlich unterschiedlich bewerten und Sie alle Möglichkeiten prüfen müssen. Machen Sie sich daher auf widersprüchliche Ratschläge und Hinweise gefasst.

Schlussendlich, bei allem guten Rat, entscheiden Sie selbst in letzter Instanz über die richtige Vorgehensweise. Niemand kann Ihnen diese Entscheidung abnehmen. Auch wenn Sie glauben, kurz vor dem Ertrinken zu stehen, sollten Sie nicht zu jeder Hand greifen, die sich Ihnen helfend entgegenstreckt. Seien Sie gerade in Notlagen besonders misstrauisch.

»Vertrauen rechnet sich«, sagt Reinhard K. Sprenger. Dafür gibt es auch eine weit verbreitete Gegenregel: »Vertrauen rächt sich«!

Symptome, die krank machen

Ob sich eine Firma in einer Schieflage befindet und auf eine Krise zusteuert, können Sie sehr schnell und leicht feststellen. Bestimmte Symptome weisen darauf hin.

Als Unternehmer werden Sie zudem schnell lernen, es »kriseln« zu spüren. Genau wie es in der Nase kribbelt und im Hals kratzt und sich damit eine Grippe ankündigt, können Sie die Krisensymptome Ihres Unternehmens und Ihrer beruflicher Tätigkeit wahrnehmen und erkennen lernen.

Es ist immer wieder überraschend, wie diese »ersten« Signale von Selbstständigen übersehen, ignoriert oder verdrängt werden. Ist eine Erkältung im Anzug, so decken wir uns mit Vitaminpräparaten und anderen vorbeugenden Mittelchen aus der Hausapotheke ein. Wir ziehen uns wärmer an und schonen uns mehr als sonst. Eine solche Behandlung wird auch Ihrem Unternehmen sicher nicht schaden. Das Kratzen und Kribbeln einer »Unternehmensgrippe« äußert sich in den meisten Fällen schleichend, oft unbemerkt häufen sich die Anzeichen für eine Krise. Was wie ein Sturm in Wasserglas beginnt, entpuppt sich bald als großes Unwetter, das Sie als Unternehmer in ernsthafte Schwierigkeiten bringen kann.

Es ist typisch für viele Unternehmer, die noch nicht lange im Geschäft stehen, gerade in schwierigen Situationen die Augen zu verschließen und kritische Ansätze zu verdrängen. Es fehlt vielleicht auch an Erfahrung, die Situation richtig einzuschätzen, denn Krisen und berufliche Schwierigkeiten brechen nicht über Nacht über uns herein. Ganz im Gegenteil. Es gibt ganz deutliche, unübersehbare Vorzeichen.

Gerade für kleine und mittlere Unternehmen ist es überlebenswichtig, bereits erste Anzeichen einer krisenhaften Entwicklung deuten zu können. Schleichende Symptome werden vom Unternehmer kaum wahrgenommen. Erst in der Endphase spitzt sich dieser Prozess zu. Dann kommen meist viele Symptome gleichzeitig an die Oberfläche und werden sichtbar, wie die Spitze eines gewaltigen Eisbergs.

Mein Tipp

Bedenken Sie, dass sämtliche Checklisten und Aufzählungen in diesem Buch keinen Anspruch auf Vollständigkeit haben. Unterstreichen Sie daher die Punkte, die auf Sie persönlich zutreffen. Ergänzen Sie andere, die Ihrer Meinung nach fehlen. Machen Sie sich im Buch Notizen, streichen Sie Passagen an, die Sie besonders interessieren. So werden Sie sich die spätere Überarbeitung erheblich erleichtern.

Die häufigsten Krisensymptome

- Mündliche und schriftliche Klagen von Kunden und Geschäftspartnern häufen sich
- Stammkunden wechseln plötzlich zur Konkurrenz
- Die Gerüchteküche über Ihr Unternehmen brodelt
- Kundenreklamationen am Produkt oder der Dienstleistung nehmen zu
- Der Krankenstand der Belegschaft steigt
- Unzufriedene Kunden drohen, vom Beschwerdebrief eine Kopie an die Regionalzeitung zu senden

- Das Betriebsklima verschlechtert sich
- Die Kosten wachsen schneller als der Umsatz
- Es flattern Ihnen vermehrt Mahnungen ins Haus
- Der Stand Ihres Geschäftskontos verschlechtert sich zunehmend
- Der Umsatz verringert sich zunehmend
- Kunden bemängeln, dass Ihre Produkte nicht aktuell sind
- Das Fremdkapital hat in den letzten Jahren deutlich zugenommen
- Eigene Liefertermine können nicht eingehalten werden
- Die Personalfluktuation hat in den letzten Jahre zugenommen
- Bestimmte Lieferanten möchten Sie nicht mehr beliefern oder verschärfen die Zahlungsmodalitäten
- Aufgrund Ihrer Finanzsituation mussten Investitionen zurückgestellt werden
- Das Unternehmen erwirtschaftet seit über zwei Jahren Verluste
- Die Lagerbestände haben sich bei gleich bleibenden oder stagnierenden Umsatz erhöht
- Die Zahlungsmoral der Kunden hat sich drastisch verschlechtert

Doch wie steht es dagegen mit der Unternehmensgesundheit? Beginnen Sie eine kleine Selbstdiagnose Ihres Unternehmens mit einem Kurzcheck.

Kurzcheck Unternehmensgesundheit

- Kennen Sie die Zukunftstrends Ihrer Branche?
- Wenn Sie Informationen erhalten, wissen Sie, welche für Sie und Ihr Unternehmen relevant sind oder werden können?
- Haben Sie strategische Ziele und diese schriftlich dokumentiert?
- Entwickeln Sie kontinuierlich neue Produkte und Dienstleistungen?
- Schaffen Sie es, über Ihr Tagesgeschäft hinaus auch langfristig wichtige Dinge anzupacken oder leiden Sie an »Aufschieberitis«?
- Nehmen Sie sich regelmäßig Zeit für die Beschäftigung mit der Zukunft?

Können Sie alle Fragen mit »ja« beantworten? Herzlichen Glückwunsch! Dann gehen wir tiefer in die Materie. Überprüfen Sie anhand dieser Checkliste, wie fit Ihre Firma wirklich ist. Wie oft können Sie bei den nachfolgenden Punkten mit ja antworten? Picken Sie sich Segmente heraus, die Sie direkt betreffen und nehmen Sie Ihren Textmarker zu Hand.

Checkliste: Krisensymptome im Außenverhältnis

Mit Kunden

- Es werden vermehrt höhere Skontoabzüge angeboten
- Sonderangebote häufen sich
- Es sind leichtere Preisverhandlungen möglich
- Sortimentsbreite wird unsystematisch
- Kundensonderwünsche werden ohne Aufpreis akzeptiert
- Es gibt vermehrt Termin- und Qualitätsprobleme
- Durchschnittliches Bestellvolumen sinkt auf einige wenige »Stammkunden«

Mit Lieferanten

- Skontoausnutzung ist nicht mehr möglich
- Zahlungsziele werden überschritten und Mahnungen kommen
- Auftragsstornierungen häufen sich
- Kleinere Bestellmengen, höhere Preise, hohe Lieferkosten
- Bitte um Ratenzahlung

Situation mit Kreditinstituten

- Abgabe von Jahresabschlüssen, -plänen und monatliche Ergebnisrechnung/Kennzahlen werden verzögert
- Überziehung der Kreditlimits bis an die Grenzen
- Es gibt keine ausreichende Begründung für die Überziehung
- Schecks werden von der eigenen Bank nicht eingelöst

Hinweise des Steuerberaters

- Lagerbestände sind zu hoch im Verhältnis zum Umsatz
- Korrektur der Bewertung von Fertigerzeugnissen
- Lagerumschlag wird zunehmend geringer
- Rückstellungsbildung ist nicht möglich oder wird nicht genutzt
- Bilanzen werden erst spät erstellt
- Inventarisierungen ungenügend oder zweifelhaft

Das Gespräch mit Ihrem Unternehmensberater

- Kritische Bemerkungen
- Kapazitätsauslastung des Unternehmens wird schlechter
- Deckungsbeiträge reduzieren sich
- Die Buchhaltung wird vernachlässigt
- Das »Outfit« des Firmenchefs oder der Mitarbeiter wirkt vernachlässigt
- Investitionen werden zurückgestellt

Checkliste: Krisensymptome im Innenverhältnis

Management

- Stures Festhalten an früheren Konzeptionen
- Firmenchefs delegieren zu wenig
- Entscheidungsschwäche
- Im Unternehmen gibt es Anzeichen für fehlende Kontrolle
- Fluktuation des Personals
- Ein patriarchalischer Führungsstil wird an den Tag gelegt
- Teamverhalten schwindend
- Zahl und Dauer der Konferenzen steigen
- Kommunikation reißt ab

Personal

- Mangelnde Motivation (innere Kündigung)
- Die Qualifikation sinkt merklich
- Unklare Strukturen – wer macht was?
- Aggressionsniveau steigt aufgrund Unzufriedenheit
- Fehlzeiten verringern sich (aus Angst, den Arbeitsplatz zu verlieren)

Verkaufs-, Vertriebs- und Absatzbereich

- Produkteigenschaft ist nicht »up to date«
- Preispolitik funktioniert nicht und wird vom Markt nicht akzeptiert
- mangelhafter Service, kaum Kundenorientierung
- sinkende Auftragsvolumina insgesamt und durchschnittlich
- Außendienst resigniert, weniger Kundenbesuche
- Vertreter wandern zur Konkurrenz ab

Produktionsbereich

- Bindung an eine einzige Produktgruppe
- Veraltete/unerprobte Technologie
- Alles in Eigenfertigung (Bindung von Personal und Kapazitäten)
- Produktion auf Lager und nicht auf Vorbestellung oder Verkauf
- Investitions-/Reparaturstau
- Ablauforganisation in Unordnung
- Termin- und Qualitätsprobleme
- Plötzlicher Richtungswechsel der Preispolitik von teuren zu billigen Produkten
- Ladenhüter stauen sich

Organisation

- Kompetenzen sind unklar
- Es gibt keine Projektplanung
- Der Chef als »Nadelöhr« – alles läuft über seinen Tisch
- Entscheidungsangst im mittleren Management

Investition

- Investitionsrückstellung (kann aufgrund der finanziellen Mittel nicht erfolgen)
- Fehleinschätzung des Investitionsvolumens
- Defizite in der Realisierung
- Grobe Finanzierungsfehler

Beschaffung/Logistik

- Zu starre Bindung an Lieferanten
- Zu hohe Kapazität und Kosten des Fuhrparks
- Mahnungen häufen sich
- Lieferanten kürzen Zahlungsziele (eventuell Vorkasse)

Finanzen/Controlling

- Vermehrt Defizite in Kostenrechnung und Kalkulation
- Fehlende oder gar keine Finanzplanung
- Frühwarnsysteme sind nicht installiert
- Ad-hoc-Auswertungen immer kurzfristiger
- Lange OP (offene Posten)-Listen (Lieferantenrechnungen, offene Debitoren)
- Gläubiger verlangen nach Sicherheiten

Es ist keine leichte Aufgabe, das eigene Unternehmen zu analysieren. Es fällt schwer, den Finger auf die Wunde zu legen und zuzugeben, dass viele der aufgeführten Punkte zutreffen.

Um eine Unternehmenskrise unbeschadet zu überstehen, brauchen Sie nicht nur eine gelungene Strategie, sondern auch eine gehörige Portion Mut. Krempeln Sie also die Ärmel hoch, es liegt noch ein wenig Arbeit vor uns.

An welcher Unternehmenskrise leiden Sie?

Es gibt verschiedene Arten von Unternehmenskrisen. Hier sind die wichtigsten Stufen in einer Übersicht zusammengefasst:

Stufe 1: Das Unternehmen in einer ›strategischen Krise‹.

Die Erfolgsfaktoren des Unternehmens sind nicht mehr wirksam genug. Die Unternehmensführung hat es verpasst, ihr strategisches Konzept den konjunkturellen und strukturellen Markt- und Umweltbedingungen anzupassen.

Lösung
Ein neues strategisches Unternehmenskonzept muss formuliert werden. In der Regel beinhaltet es:

- einen Vorgehensplan für den Rückzug aus den Verlust bringenden Geschäftsbereichen,
- einen Maßnahmenkatalog für die langfristige Verbesserung des Angebots und der Marktbearbeitung,
- Vorschläge für Diversifikations-, Kooperations- und Akquisitions-Maßnahmen in zukunftsträchtige Geschäftsbereiche,
- Insolvenz/Liquidation des Unternehmens.

Stufe 2: Das Unternehmen in einer ›Erfolgskrise‹.

Die Erfolgsziele des Unternehmens (Umsätze, Cash-flow, Deckungsbeiträge) werden nicht erreicht.

Lösung
Unter Berücksichtigung des in Stufe 1 neu formulierten strategischen Konzepts sind Kosten reduzierende und umsatzwirksame Maßnahmen durchzuführen, welche die Wiederherstellung einer

angemessenen Ertragslage einleiten und für die Zukunft gewährleisten können.

Stufe 3: Das Unternehmen in einer ›Liquiditätskrise‹.

Der Cash-flow des Unternehmens ist ungenügend, unter Umständen zehrt ein Cashdrain an den flüssigen Mitteln. Der klassische Krisenfall.

Lösung:
Maßnahmen, welche den Liquiditätsengpass kurzfristig beseitigen und die Eigenfinanzierung des Unternehmens verbessern, haben erste Priorität. Erst anschließend sind die Aufgaben der Krisenstufen 1 und 2 in Angriff zu nehmen.

Stufe 4: Das Unternehmen in einer ›Insolvenzkrise‹.

Die Gläubigerinteressen können nicht mehr vollständig befriedigt werden. Illiquidität und Überschuldung führen zur Zahlungsunfähigkeit.

Rettungsversuch:
Nur falls ein Sanierungskonzept Erfolgschancen hat, kann der drohende Konkurs mit einem Vergleich abgewendet werden. Wenn dies nicht zutrifft, endet diese höchste Krisenstufe mit der Unternehmensliquidation.

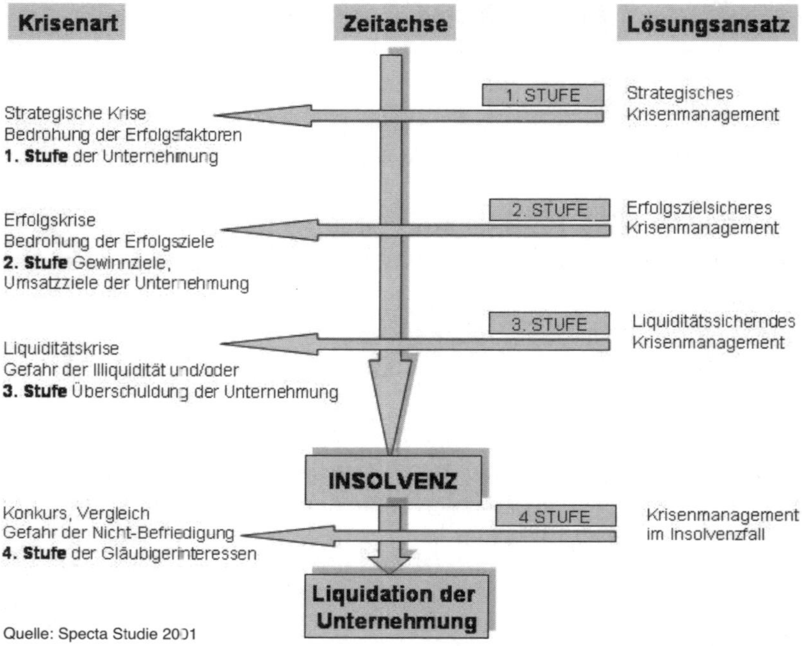

Abb. 1: Verlauf von Unternehmenskrisen

Es gibt eine weitere Form der Krise, in die Sie als Unternehmer plötzlich hineingeraten können:

Die Öffentlichkeitskrise

Diese Art der Krise tritt meist wie ein Blitz aus heiterem Himmel auf.

> **Ein Beispiel**
> Alarmstufe Rot bei der Großkonditorei Coppenrath & Wiese. Eine Sahnetorte soll schuld sein am Tod eines elfjährigen Mädchens. Das Unternehmen schaffte das beinah Unmögliche. Innerhalb einer Woche nachdem diese Tragödie bekannt wurde, konnte das Unternehmen zweifelsfrei nachweisen, dass die Torte einwandfrei war. Der Schaden am Unternehmen hielt sich so in Grenzen.

Öffentliche Krisen, negative Schlagzeilen treffen junge Unternehmen unerwartet und äußerst empfindlich. Wer rechnet schon mit einer schlechten Presse beim Aufbau eines Unternehmens? Die meisten Unternehmer sind auf diese Krisen nicht vorbereitet. Vor allem wenn die Produkte in Verdacht geraten, Leib und Leben von Menschen zu gefährden, wirkt dies wie ein Super-GAU. Latent drohende Vertrauenskrisen aufgrund von Negativpresse schädigen das Unternehmen nachhaltig. Die gerade neu gewonnenen Kunden bleiben wieder weg. Denn bei großer Unsicherheit gehen Kunden, besonders wenn es um gesundheitliche Aspekte geht, auf Nummer sicher und meiden Produkte oder Dienstleistungen, von denen eine unmittelbare Gefahr ausgehen könnte. Erinnern wir uns an Mercedes-Benz mit dem bekannten »Elchtest«. (Dieser spektakuläre Autotest simuliert das plötzliche Ausweichen, beispielsweise aufgrund eines Tiers, das unerwartet auf die Fahrbahn läuft. Die neue A-Klasse kippte bei diesem Fahrtest um.)

Während das breite Publikum den verbockten Elchtest eher mit Häme quittierte, unterschätzte Mercedes-Benz den Vertrauensverlust bei seinen Kunden.

In diesem Buch geht es vorrangig um die ersten drei Formen von Unternehmenskrisen. Deshalb möchte ich Ihnen hier nur kurz und bündig einige Schlagwörter zu Krisen-PR und dem Umgang mit Medien liefern. Die alte Regel lautet: »Bad news are good news«. Während einer Krisensituation durch negative Presse oder einen öffentlich gewordenen Skandal müssen Sie besonders auf Ihre Umgebung achten: Erwiesenermaßen sind nicht nur Journalisten und Medien wahre Krisenintensivierer, sondern leider auch Nachbarn, Mitarbeiter, Geschäftsfreunde und Bürgerinitiativen.

Aufgrund der kurzen Reaktionszeit, in der ein Unternehmer in einer PR-Krise Antworten geben muss, sollte auf zurechtgelegte »Storys« verzichtet werden, denn Journalisten suchen nach unmittelbaren Primärnachrichten (Augenzeugen, Beweise, Geschädigte). Manche Medienvertreter sehen sich selbst als »Robin Hood« des Volks und versuchen Lücken zu schließen, selbst wenn diese auf vagen Annahmen beruhen. Deshalb sollten Sie jegliche Widersprüche und Zweideutigkeiten vermeiden, da sie falsch interpretiert werden könnten. Eine große Gefahr für den Krisensog sind Expertengespräche, Mitbewerber und selbst ernannte Branchenkenner, die sich zur Sache äußern Es muss unbedingt dafür gesorgt sein, dass nur der Chef als Verantwortlicher mit der Presse reden kann. Nichts ist schlimmer als Mitarbeiter, die Meinungen zur Krise abgeben. Die gesamte Belegschaft sollte in Alarmbereitschaft versetzt werden, damit alle Fäden an einer Stelle zusammenlaufen. Nur dann können Stellungnahmen des betreffenden Unternehmens sofort, schnell, kurz, faktisch richtig, prägnant und mit geplanter Schlagfertigkeit erfolgen.

Nachdem sich der erste Schock gelegt hat, ist es ratsam – je nach Ausmaß der Öffentlichkeitskrise –, einen Profi an Bord zu holen.

Fünf zentrale Regeln für den Umgang mit den Medien

- Schnelligkeit: Sie müssen schnell alle Informationen zusammentragen und rasch handeln. Verzögerungen sind bei PR-Krisen unverzeihlich.
- Verantwortlichkeit: Zeigen Sie sich verantwortlich für die Situation, selbst wenn Sie die Ursachen noch nicht in vollem Umfang kennen.
- Erreichbarkeit: Während einer PR-Krise sind Sie immer und überall erreichbar.
- Ehrlichkeit: Sprechen Sie offen und verheimlichen Sie nichts.
- Klarheit: Verkomplizieren Sie nichts, sondern benennen Sie Ross und Reiter auf eine klare und verständliche Art.

Die Todsünden der Risiko-Kommunikation

- Die halbe Wahrheit sagen. Rücken Sie mit den Fakten heraus, selbst wenn es schlechte Nachrichten sind. Wenn Medien über andere Kanäle Widersprüchliches hören, bedeutet dies das Ende Ihrer Glaubwürdigkeit.
- Überhaupt keine Kommunikation.
- Die Menschen für dumm verkaufen.
- Schwächen nicht offen zugeben.
- Schmalspur-PR. Richtige Kommunikation heißt alles darlegen.
- Nur im Notfall mit Medien kommunizieren.

- Nicht auf Fragen und Argumente der Medien eingehen. Selbst wenn es noch so konfus und hektisch zugehen mag, müssen diese Fragen beantwortet werden, damit für Medienvertreter kein Platz für Zwischeninterpretationen entsteht.
- Dem Wort nicht Tat folgen lassen (intern wie extern).
- Begriffe und Wörter, die niemand versteht.

Gefährdete Unternehmen

Welches sind nun die Gründe für das Scheitern von Unternehmen? Warum verschwindet jede vierte Firma innerhalb von vier Jahren nach Gründung? Welche Eigenschaften muss ein Unternehmer oder Gründer vorweisen, um dauerhaft erfolgreich zu sein? Diese Fragen habe ich im Rahmen einer umfangreichen Unternehmensstudie an 200 Unternehmen gestellt. Vorab – alle Fragen wurden recht unterschiedlich beantwortet. Das lag daran, dass die Antworten der Befragten deren Sichtweise und ihre unterschiedlichen Erfahrungen widerspiegelten.

Interessanterweise sind jedoch einige Firmen anfälliger für Krisen als andere. In unserer Untersuchung ergab sich das folgende Bild von besonders gefährdeten Unternehmen: Anstelle des geplanten und lang erwarteten Erfolgs folgt ein negatives Ergebnis dem anderen.

Es gibt fünf charakteristische Firmentypen, die gefährdet sind.

Gefährdet – Unternehmen, die nur auf das Tagesgeschäft fokussiert sind

Aufgrund des enormen Arbeitsaufwands dominieren Aufgaben aus dem Tagesgeschäft. Für Planungen, Analyse, Zielsetzungen, Überprüfung der Strategien sowie Controlling fehlt die Zeit oder es fehlen Mitarbeiter, die mit solchen Aufgaben betraut werden können. Eine Krise überfällt solche Unternehmen meist überfallartig –quasi über Nacht. Aufgrund mangelnder Vorbereitung kommt der Betrieb beinahe zum Stillstand.

Gefährdet – technisch orientierte Firmen

Dieses Phänomen ist allen Wirtschaftsprüfern und Steuerberatern bestens bekannt. Ein Unternehmen wird von Ingenieuren, Technikern oder Informatikern gegründet. Das technische Produkt steht im Vordergrund. Die Folge: Es fehlt oft an einem ausgewogenen Verhältnis zwischen dem Produkt und den ebenso wichtigen Parametern wie Kalkulation, Buchhaltung, effizienter Kostenkontrolle sowie der richtigen Vermarktung der Produkte oder der Dienstleistung. Technisch orientierte Unternehmen brauchen eine Balance zwischen technischem und betriebswirtschaftlichem Know-how im Management.

Gefährdet – Unternehmen mit nur einem Standbein

Besonders unerfahrenere Unternehmer und Gründer legen ihr Augenmerk zu Beginn ihrer wirtschaftlichen Tätigkeit sehr oft nur auf ein Produkt oder auf nur eine Dienstleistung. Da die Angebotspalette oder der Kundenkreis zu eng definiert werden, sind sie wegen niedriger Umsätze besonders anfällig für Konkurse. Doch das muss nicht sein: Auch im Dienstleistungssektor können Sie ein zweites Standbein aufbauen. Architekten, die sich im Bereich Gewerbeobjekte engagieren, könnten beispielsweise auch Privatleuten verschiedenste Dienstleistungen und Planungen anbieten. Gastronomen könnten ihr Angebot mit einem Event- und Cateringservice ergänzen. Kleinere Betriebe könnten Kunden im europäischen Ausland ansprechen und damit ihren Wirkungskreis erweitern. Internetfirmen könnten die Dienstleistung mit dem Verkauf von Software abrunden.

Gefährdet – Unternehmen, die auf allen Hochzeiten tanzen

Jeder Auftrag wird angenommen, auch wenn er nicht zum Kerngeschäft des Unternehmens gehört. Das kann so lange gut gehen, bis Kapazitäten (Personal und andere Ressourcen wie Zeit) mit Nebenbeschäftigungen und Verlust bringenden Aufträgen verschwendet werden. Erfahrungsgemäß belasten Nebenbeschäftigungen zusätzlich die Liquidität. Es ist überlebenswichtig, sein Kerngeschäft zu kennen und primär dieses Hauptgeschäftsfeld zu fördern, das ja den Gewinn des Betriebs ausmacht. Selbst wenn dies zu Lasten von kurzfristiger Umsatzrealisierung erfolgt.

Gefährdet – Unternehmen, die zu hohe Forderungsausfälle vorweisen

Der Mittelstand leidet unter der schlechten Zahlungsmoral. Zu hohe Außenstände, Forderungsausfälle und damit verbundene Liquiditätsengpässe sind hierzulande Pleitegrund Nummer eins. Solche Liquiditätsengpässe lassen sich vermeiden, wenn Sie als Unternehmer ein richtiges Forderungsmanagement betreiben.

Seit dem 1. Mai 2000 ist in Deutschland das »Gesetz zur Beschleunigung fälliger Zahlungen« in Kraft getreten. Damit soll Ihnen geholfen werden, Ihre Forderungen zügig bei Gericht geltend machen zu können. Der Kunde kommt in Verzug, wenn er 30 Tage nach Erhalt einer Rechnung beziehungsweise 30 Tage nach dem genannten Fälligkeitsdatum seine Rechnung immer noch nicht beglichen hat.

Gefährdet – Firmen, die zu schnell wachsen

Sie gründen ein Unternehmen, das vom Start weg »brummt«, ohne große Mühen die gewünschten Umsatzerfolge bringt. Ihr Geschäftsplan geht auf. Ihre Dienstleistung oder das Produkt ist gefragt und wird gekauft. Sie befinden sich auf der Welle des Erfolgs und freuen sich über den offensichtlichen Boom. Das Unternehmen wächst über die Erwartungen hinaus. Da das Unternehmen zusätzlich Personal für die Bewältigung der Aufgaben fordert, müssen Sie kurzfristig Einstellungen vornehmen. Die Qualifizierung der neuen und alten Mitarbeiter fällt häufig der Zeitnot zum Opfer. Zusätzlich kommen nun Probleme der Logistik dazu, ein ungeplanter höherer Warenbedarf oder Lieferverzögerungen seitens der Lieferanten können hierfür Gründe sein. Wartezeiten bilden sich und erhöhen das

Risiko, dass Ihre Kunden womöglich unzufrieden werden. Das Unternehmenswachstum kann mit den alten Strukturen nicht mehr Schritt halten. So wird das schnelle Wachstum zum Verhängnis, denn unter der steigenden Nachfrage leidet die Qualität der Produkte oder der Dienstleistung.

Gefährdet – Unternehmen nach dem Gutsherren-Modell

Der Firmenkapitän ist gleichzeitig auch Gründer des Unternehmens. Die gesamte Unternehmensstruktur ist auf den Chef zugeschnitten. Alles dreht sich um seine Person, dem die Gesamtverantwortung obliegt und der die Fäden in der Hand hält. Dieses Phänomen ist bei ziemlich allen Kleinunternehmern und Selbstständigen anzutreffen. Was bei Einmannunternehmen völlig gewöhnlich und umsetzbar ist, stellt für Betriebe mit mehreren Mitarbeiter manchmal ein unüberwindbares Hindernis dar. Ideen von Mitarbeitern sind in solchen Firmen nur schwer durchsetzbar. Kompetenzen werden nicht delegiert. Sobald der Unternehmer aus dem Berufsleben ausscheidet, ist niemand zur Stelle, der seine Position ausfüllen kann.

Besonders bei diesem Unternehmenstyp, aber auch allgemein führen bestimmte, typische Fehler oft zu einer Krise: Eine unzureichende berufliche, fachliche und persönliche Qualifikation des Unternehmers gehört dazu. Sie hat stets Folgen, die in diesen Schwächen begründet sind:

- ungenügendes kaufmännisches Wissen
- ungenügende Führungskenntnisse
- unzureichende Praxiserfahrung
- fehlende Stellvertretungsregelung
- fehlende Marktkenntnisse
- Führungsschwäche

Oder auch persönliche Eigenschaften wie:

- Unzuverlässigkeit
- Kontaktarmut
- wenig Einsatzfreude
- Alkohol-/Drogenabhängigkeit

- Spielleidenschaft
- kostspielige Hobbys
- zu aufwändiger Lebenswandel
- starkes außerberufliches Engagement

Zusammenfassend wurden in unserer Untersuchung von 200 Unternehmen folgende Gründe für die Entstehung einer Krisensituation angeführt:

Gründe für die Entstehung einer Krisensituation:

- Falsches Unternehmenskonzept
  - Fehlplanungen im Finanz- und Marketingbereich. Produkte oder Dienstleistungen finden nicht den geplanten Absatz.
- Mangelnde Planungs- und Marktinformation
  - Die Aufgabenbereiche sind zu groß für eine einzelne Person, Aufgaben werden nicht delegiert, es besteht kein Gleichgewicht zwischen Kontrolle und Vertrauen in der Führungsebene oder zu Mitarbeitern.
  - Ungenügende Vorbereitung auf unvorhergesehene Probleme, keine realistische Planung. In der Regel wird zu optimistisch kalkuliert. Anlaufphasen sind meist zu kurz geplant.
- Falsche Betriebsstätte
  - Fehlentscheidungen bei der Standortwahl (keine gute Lauflage, zu kleines Einzugsgebiet), Fehlentscheidungen bei der technologischen Ausstattung.
- Mangelnde Betriebsstruktur
  - Kapazitäten nicht ausgelastet oder zu schnell erweitert,
  - falsches Warensortiment,
  - überfällige Rationalisierungsmaßnahmen,
  - durchdachte Betriebsstruktur fehlt völlig,
  - veraltete Produktionsanlagen, zu hohe Mietbelastungen.
- Unvorteilhafte Unternehmensgröße
  - Ein Unternehmen sollte mit den Anforderungen im Markt wachsen. Es ist beispielsweise günstiger, mit kleinen Büros und Produktionsräumlichkeiten zu starten (wenn nötig von der Garage aus) und Personal je nach Bedarf einzustellen.

- Nachlässige Ermittlung des Kapitalbedarfs
  - Unzureichende und fehlerhafte Finanzierung,
  - zu wenig Eigenkapital,
  - zu knappe Liquidität,
  - keine Reserven.
- Überschätzung der Ertragskraft
  - Schlechte Organisation und falsche Absatzpolitik,
  - kein oder schlechtes Marketing.
- Falsche oder fehlende Kostenrechnung und Kalkulation
  - Mangelnde Buchführung, Mängel im Rechnungswesen,
  - Unterschätzen des kurzfristigen Finanzierungsbedarfs und der Zinsbelastung,
  - zu hohe Fixkostenbelastung,
  - fehlerhafte Verwaltung und falsches Personalwesen,
  - zu hohe Lohn- und Personalkosten,
  - unzureichende Qualifikation der Mitarbeiter.
- Fehlende Liquiditätsübersicht
  - Wer kennt das nicht: Durch Auslagerung der Buchhaltung geht der Überblick verloren oder die Übersicht ist unverständlich.
  - Fehlende Übersicht über Kunden und Umsätze, veraltete Buchungstechniken und lückenhafte Rechnungsbelege.
- Es wird noch zu viel manuell erledigt, statt leistungsstarke EDV einzusetzen
- Nichtbeachtung der steuerlichen Pflichten
- Falsche Gestaltung der Miet-, Pacht-, Kauf-, Arbeits- und Gesellschaftsverträge
- Falsche Rechtsform, Über- oder Unterversicherung
- Fehlende oder zu späte Beratung

Schon in den ersten Zeilen dieses Buches versprach ich Ihnen Hilfe zur Selbsthilfe. Dazu gehört ein gekonntes Krisenmanagement. Doch leider beherrschen nur wenige Unternehmer und noch weniger Freiberufler dieses Überlebenstraining. Bereits zu Beginn schleichen sich erste Fehler ein:

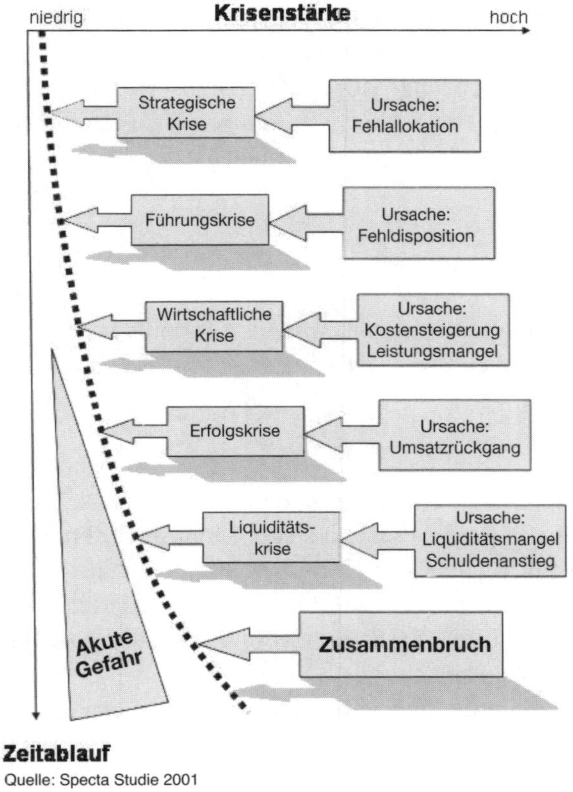

Abb. 2: Analyse einer Krisensituation

Fehler und Probleme beim Krisenmanagement

- Der Sanierungsbedarf wird verkannt und verdrängt, Frühwarnsignale werden nicht wahrgenommen.
- Die Krise wird Lebensmittelpunkt. Es wird zu stark »im« Unternehmen, statt »am« Unternehmen gearbeitet.
- Der Krisenauslöser wird nur extern, nicht intern gesucht.
- Sofortmaßnahmen haben oft kein strategisches Konzept, binden aber die gesamte Kapazität (Ihre wertvolle Zeit).
- Sanierungsstrategien werden nicht komplett umgesetzt, d.h., nach ersten Erfolgen tritt die langfristige Sicherung in den Hintergrund.

- Strategien sind vorwiegend auf Kompromisse angelegt, so dass nur kurzfristige Erfolge erreicht werden können.
- Der Ausbau von langfristigen Problemlösern wird versäumt.
- Befürchtungen und Ängste führen bei den Betroffenen oft zum Boykott von Änderungsmaßnahmen.

Lösungsmanagement

> *»Leider gibt es keine wundersame Notrufnummer, die man anrufen könnte, wenn die Lage kritisch wird.«*
>
> Norman R. Augustine, Top-Manager Lockheed Martin

Auch wenn es im ersten Moment unglaubwürdig klingen mag: In jeder Krise, in jedem Problem steckt die Basis für einen neuen Erfolg. Natürlich gehört zur Krisenbewältigung auch ein Quäntchen Glück, doch mit aktivem unternehmerischem Handeln können Sie eine Krise für Ihre Zwecke nutzen und schließlich auf dem Hochsitz des Erfolgs Platz nehmen.

Als Unternehmer und Selbstständiger ist es schon immer eine Ihrer Hauptaufgaben gewesen, Probleme zu lösen. Wenn es sich dann um ein schwer wiegendes Problem des Unternehmens handelt, sprechen wir viel zu schnell von einer Krise. Sie sollten Krisen lieber als Ereignisse titulieren. Denn geschäftliche Schwierigkeiten sind heute leider eher die Normalität. Leisten Sie sich die Ansicht, dass es nicht Ihr Job ist, an dem Problem zu arbeiten. Ihre Aufgabe ist es, stattdessen an einer Lösung für die Schwierigkeit zu arbeiten und flexibel zu bleiben. Behalten Sie die Nerven und brechen Sie nicht in Panik aus. Vermeiden Sie Schnellschüsse und falschen Aktionismus.

Es ist immer wieder auffallend, wie viele Selbstständige mitten in der Krise deren Auswirkungen mit schnellen Lösungen zu bekämpfen versuchen, statt sich intensiv mit der Ursache, dem Problem und dann mit einer längerfristigen Lösung auseinander zu setzen. Es gibt keine Pille mit dem Namen »Krisenmanagement«, welche für Sie das Problem löst. Im Gegenteil. Sie müssen aufpassen, dass Ihnen während einer Krise in Ihrem Unternehmen nicht das Heft von

Banken, Gläubigern oder Managementberatern aus der Hand genommen wird. Sie sind der Architekt Ihrer Firma und wenn etwas einzustürzen droht, sind Sie die wichtigste Stütze, bis das Problem gelöst ist.

> *»Wenn man mir eine Stunde Zeit gäbe, ein Problem zu lösen, von dem mein Leben abhängt, würde ich vierzig Minuten dazu verwenden, es zu studieren, fünfzehn Minuten, um Lösungsmöglichkeiten zu prüfen und schließlich fünf Minuten, um es zu lösen.«*
>
> Albert Einstein auf die Frage eines Journalisten, wie er seine Zeit einteile

Denken Sie einmal über Murphys Gesetze nach:

- Bleiben die Dinge sich selbst überlassen, entwickeln sie sich immer zum Schlimmsten.
- Sieht es während einer Krise danach aus, als liefe alles gut, dann haben Sie offensichtlich etwas übersehen.
- In jedem Bereich beruflicher Tätigkeit geht das schief, was schief gehen kann.
- Wenn die Möglichkeit besteht, dass viele Dinge schief laufen können, dann läuft genau das schief, was den größten Schaden anrichten wird.
- Die Wahrscheinlichkeit wird sich immer auf die Seite des verborgenen Fehlers schlagen.
- Erwägen Sie grundsätzlich das Schlimmste. Erwarten Sie jedoch den bestmöglichen Ausgang.

> *»Rechtzeitig für eine Krise zu planen ist kein Zeichen von Schwäche oder Angst, sondern ein Gefühl der Stärke, das aus dem Wissen hervorgeht, vorbereitet zu sein.«*
>
> Norman R. Augustine

Beugen Sie der Krise vor, betreiben Sie Prävention, indem Sie sofort eine Liste all dessen verfassen, was Ihrem Unternehmen Ärger bereiten könnte. Berücksichtigen Sie auch mögliche Folgen und kalkulieren Sie die Präventionskosten. Auch wenn Sie nicht alle Unwägbarkeiten unter Kontrolle haben können, sollten Sie sich überlegen, was in einem Ernstfall zu tun ist. Nehmen Sie sich ausreichend Zeit, um Ihren Gedanken freien Lauf zu lassen und setzen Sie verschiedene Techniken ein, um das Problem von allen Seiten zu beleuchten. Zehn Minuten am Tag reichen aus, um sich präventiv mit einem möglichen Problem zu beschäftigen.

- Entwickeln Sie logische Aktionspläne
- Notfallpläne für jeden erdenklichen Fall
- »Back-Up-Systeme« (Datensicherungen) für Ihre Rechner
- Pflegen Sie kontinuierlich Ihre Beziehungen zu möglichen Trouble-Shootern

»Mitten in einer Katastrophe ist es denkbar schlecht,
neue Beziehungen anzuknüpfen und sich
neuen Organisationen vorzustellen.
Hat man sich vorher die Zeit genommen,
Ansprechpartner zu finden, dann kann man auch
um 2 Uhr in der Nacht anrufen,
falls die Flut steigt und man erwartet,
dass gut geplant und reibungslos agiert werden kann.«

Elizabeth Dole, Präsidentin des Amerikanischen Roten Kreuzes

Testen Sie Ihre Notfallpläne im Voraus, denn nichts ist unsinniger, als in Krisensituationen auf mangelhafte Strategien zurückgreifen zu müssen.

Besiegen Sie Ihre Angst!

Dies ist natürlich leichter gesagt als getan. Denn allein das Wort »Problem« oder »Krise« ist beängstigend und beunruhigend. Wenn Sie jemand anruft und eindringlich sagt: »Wir haben hier eine echte Krise«, beginnen Sie bereits am Telefonhörer, sich Sorgen zu machen. Wir können uns nicht einfach umprogrammieren und Probleme von heute auf morgen als Chance oder Herausforderung sehen. Ich behaupte jedoch, dass ich genau weiß, wie Sie Ihr Geld verdienen. Sie schütteln den Kopf?

Nun, ich glaube, dass Sie Ihr Einkommen damit bestreiten, Probleme zu lösen. Denken Sie kurz darüber nach.

Sie werden bezahlt, weil Sie auf die eine oder andere Art Probleme anderer lösen.

Gehen wir einen Schritt weiter.

Die nächste logische Annahme wäre dann diese: Je qualifizierter Sie Probleme lösen, umso höher ist Ihr Einkommen. Es ist als Unternehmer und Selbstständiger Ihre Hauptaufgabe, nach Möglichkeiten zu suchen, um Schwierigkeiten aus dem Weg zu räumen. Für diese These kann ich Ihnen auf Anhieb den Beweis antreten.

Im Vergleich zu Ihrer Tätigkeit vor zehn Jahren lösen Sie heute weitaus anspruchsvollere Probleme als damals. Schwierigkeiten, die Sie bereits in der Vergangenheit erfolgreich überwunden haben, stellen für Sie mit dem heutigen Wissensstand keine größere Hürde mehr dar. Vielleicht werden Ihnen aktuelle berufliche Schwierigkeiten als Bote geschickt, damit Sie klüger, erfolgreicher und belastbarer werden. Quasi als Vorbereitung für die nächstgrößeren Aufgaben in Ihrem Leben. Denn obwohl Sie es sich insgeheim wünschen, werden die Probleme nicht abnehmen. Dafür werden Sie in der Lage sein, in Zukunft qualifizierter darauf zu antworten.

Unterscheiden Sie zwischen dem Zustand, Probleme zu haben und der Situation, diese zu lösen und hören Sie auf, sich ständig Sorgen zu machen. Sich Sorgen über etwas zu machen ist destruktiv und wenig unterstützend. Wir machen uns leider ständig Sorgen über so viele bedeutungslose Dinge.

Täglich begegnen wir durchschnittlich 35 so genannten »Sorgenmachern«, die uns gedanklich beschäftigen und negative Gefühle in uns hervorrufen. Darunter fallen viele Unwichtigkeiten, wie ein verpasster Termin oder eine offene Rechnung, die gerade eben fällig wurde. Da braucht Ihnen nur noch ein nörgelnder Kunde über den Weg zu laufen, der reklamiert, dann haben Sie schon das unerwünschte Gefühl im Bauch. Ihre Lippen verspannen sich allmählich und Sie hegen selbst gestrickte negative Gedanken. Denn auch die Summe von vielen kleinen Schwierigkeiten und Belastungen kann zu einer gewaltigen Krise heranwachsen.

Ein befreundeter Inhaber eines Zahnlabors erzählte mir von seinen Existenzängsten, die ihn meist in den frühen Morgenstunden aufwachen ließen. Der Puls raste und ihm schossen Gedanken durch den Kopf, was er heute dringend erledigen müsse. Viele Menschen leiden bekanntlich unter einem dünnen Nervenkostüm. Wenn Sie berufliche Krisen erleben, bleiben Ängste nicht aus. Wenn wir über Angst im Zusammenhang mit beruflichen Krisen reden, ist meist die Angst vor dem Verlust gemeint. Die Angst vor Misserfolg ist Ihr schlimmster Feind, der Sie geistig und körperlich bekämpft.

Angsterleben überwinden

Es gibt drei unterschiedliche Ebenen von Angsterleben. Die erste Ebene löst körperliche und physiologische Empfindungen wie beispielsweise Atemnot, Herzrasen, Engegefühl und Schwindel aus. Eine zweite Ebene sind Gedanken und Vorstellungen; Ängste, die sich im Kopf abspielen und kognitiv auf unsere Empfindungen wirken. Die dritte Ebene sind motorische Angstgefühle, die sich in unserem Verhalten widerspiegeln. Unruhe, Zittern und eine unsichere Stimme sowie Muskelanspannung und Bewegungsabläufe im Körper. Fortwährende Angst kann eine krankhafte Depression auslösen. Und es gibt Phobien, das sind Ängste vor Situationen, die nicht wirklich gefährlich sind.

Die Außenwelt bekommt davon nur wenig mit. Sorgenbeladene Menschen wirken manchmal apathisch, sind müde und der Gesichtsausdruck spiegelt Mutlosigkeit. Die allerschlimmste Auswirkung ist zweifellos die Resignation. Der Punkt, an dem man aufgibt, weil die Kraft fehlt. Auf die Frage hin, was sich ein Mensch in der Krise oder mit großen Problemen wünscht, antwortete mir ein Interviewpartner:

»Am liebsten würde ich heute Abend einschlafen und erst wieder aufwachen, wenn alles wieder im Lot ist.«

Wir beschäftigen uns mit den Auswirkungen und übersehen meistens wesentliche Faktoren. In diesem Zustand sind wir nicht voll da, wir sehen keine Lösungen, keine Chancen und haben keinen Lichtblick. Wir sind in diesem Stadium nicht wirklich konstruktiv. Selbst unser Sichtfeld wird kleiner, wir richten unsere Aufmerksamkeit auf einen winzigen Punkt. Und zwar auf unseren wunden Punkt, der uns anfällig und krank macht. Bewältigte Krisen dagegen schaffen Selbstvertrauen in das eigene Können.

Wenn etwas Unangenehmes in unserem Leben passiert und wir über ein gesundes Selbstbewusstsein verfügen, sind die Chancen groß, mit der Krise besser umzugehen. Wer in einer tiefen Krise steckt und keine Antworten auf die brennenden Fragen weiß, sucht nicht immer Rat bei anderen Menschen oder bei Experten, die helfen könnten. Die Kommunikation mit Dritten wird wenn möglich vermieden. Ein typisches Fluchtverhalten. Stattdessen umgibt sich ein gebeutelter Mensch lieber mit einer oft unüberwindlichen emotionalen Mauer der Schuldzuweisung und ergibt sich schließlich in ein hoffnungsloses Opferdasein.

Haben wir ein schwer wiegendes Problem zu lösen, sind wir allzu gern Geisel unseres Bewusstseins. Die Methoden, Probleme zu lösen und eine Krise zu überstehen, sind erlernbar, wenn Sie bereit sind, diese auch im täglichen Leben anzuwenden. Machen Sie aus jeder Krise eine Chance und meistern Sie damit jedes Tief. Der Alltag holt Sie ein, eine Reihe von Niederlagen demotiviert Sie, die Kleinigkeiten des Lebens stürzen auf Sie ein. Sie stehen unter Zwängen und tragen übermäßiges Gepäck auf Ihren Schultern, das Sie im wörtlichen und übertragenen Sinn zum Stillstand bringt. Ach, Sie kennen das auch?

Setzen Sie sich mit Ihren Ängsten auseinander und akzeptieren Sie sie als festen Bestandteil Ihres Wesens, sonst werden sie Sie lahm legen und letztlich zu selbsterfüllenden Prophezeiungen werden. Welche Krise Sie in diesem Moment auch plagen mag, Sie brauchen eine motivierende Perspektive. Und dabei hilft nur ein methodisches Vorgehen.

Für alles, was Sie tun, gibt es nämlich Kunstgriffe – auch für die Überwindung von Lebenswidrigkeiten. Hier nenne ich Ihnen einen der besten Kunstgriffe für den kreativen Krisenlösungsprozess, die ich kennen gelernt habe.

Aus vielen Problemen können ganz schnell neue Chancen und Möglichkeiten entstehen, vorausgesetzt, Sie kennen die richtige Methode zum Lösen von Problemen, gehen ein Problem mit der richtigen Einstellung an und lassen Ihre Kreativität zu. Wie steht es mit Ihrer Einstellung zu Schwierigkeiten? Vielleicht neigen Sie zur

Opferhaltung »Da kann ich sowieso nichts machen« oder verdrängen lieber? Eine ganz andere Einstellung ist die Aussage: »Probleme sind Geschenke in Verkleidung.« Mit der richtigen Einstellung können Sie tatkräftig und aktiv an Ihre Problem- und Aufgabenstellungen herangehen.

- Denken Sie über den eigentlichen Grund dieses Problems nach und wie Sie es bei der Wurzel packen können.
- Entwickeln Sie Lösungsalternativen. Nehmen Sie dabei nicht gleich die erste, die Ihnen in den Sinn kommt, sondern sammeln Sie Ihre Ideen und Argumente. Wägen Sie Ihre Argumente ab, hinterfragen Sie sie und versuchen Sie mit Hilfe von Kreativitätstechniken neue Möglichkeiten zur Lösung zu entwickeln.
- Entscheiden Sie sich dann für eine Lösung, setzen Sie sie um und kontrollieren Sie den Erfolg.
- Oftmals hat ein Problem mehrere Ursachen. Versuchen Sie, deshalb möglichst alle Ursachen zu ermitteln, um geeignete Lösungsansätze zu erhalten.
- Formulieren Sie Ihre Ziele sehr genau.

Gute Problemlösungen sind langfristig angelegt und helfen Ihnen ebenso wie gute Präventionspläne, im Krisenfall schnell und verantwortlich reagieren zu können.

Auf diese Weise werden Sie immer schneller in der Lage sein, Probleme zu erahnen und zu verhindern, d. h. Krisen schon im Vorfeld zu erkennen und sie von Anbeginn an nicht allzu groß werden zu lassen.

Die LEBT-Strategie

Die LEBT-Strategie (Locate and Eliminate Business Troubles – wörtlich heißt dies so viel wie: »Lokalisiere und eliminiere deine geschäftlichen Probleme«) ist eine einfache Drei-Punkte-Methode, die sofort umsetzbar ist und in jeder Situation ihre Anwendung finden kann.

LEBT funktioniert in jeder Krise und hat vielen Menschen bei der aktiven Bewältigung von Problemen und Krisen geholfen. Es ist eine

Art von »Trouble-Shooting«, das »Aus-dem-Weg-Räumen« von Problemen, ohne gleich zu rigiden Maßnahmen greifen zu müssen.

Um die LEBT-Strategie zu praktizieren, suchen Sie einen Platz der Ruhe auf. Sorgen Sie dafür, dass Sie die nächsten 60 Minuten nicht gestört werden. Nehmen Sie sich fest vor, innerhalb dieser Stunde konzentriert und aufmerksam zu sein. Entwickeln Sie einen inneren und äußeren Ruhepol, trotz möglicher negativer Einwirkung durch die Krise, in der Sie sich befinden. Zuerst müssen Sie Ihren Intellekt abschalten, um das Innere zu öffnen. Versuchen Sie mit der folgenden Entspannungstechnik Ängste und Sorgen mit dem eigenen Verstand zu neutralisieren:

In den »Fluss« kommen

Legen Sie sich hin und hören Sie fünf Minuten lang beruhigende und entspannende Instrumentalmusik. Lassen Sie sich von der Musik davontragen, ohne an Widrigkeiten des Lebens oder an Probleme zu denken. Gehen Sie ein bisschen zurück in der Zeit und besinnen Sie sich auf einen früheren Zustand, eine Situation, in der Sie sich richtig wohl fühlten – vielleicht beim Sport, geschäftlichem Erfolg oder Zweisamkeit mit dem Partner. Lassen Sie die Gedanken fließen und atmen Sie tief in den Bauch ein statt flach.

Man neigt gewöhnlich dazu, über sehr vieles nachzudenken, wenn man versucht, ein Problem zu lösen. Versuchen Sie nur die reizvollen Gedanken aus früheren Erlebnissen einzublenden und lächeln Sie ein wenig, und zwar befreit von negativen Gedanken. Erfahren Sie einen Zustand von »leisem Fließen«. Seien Sie nicht irritiert, denn »loslassen» kann gleichermaßen schmerzlich und befreiend sein.

Sobald Sie merken, dass Sie angenehm entspannt sind und Ihre Gedanken ruhig werden, richten Sie sich langsam auf, setzen Sie sich an den Schreibtisch und beginnen Sie dann mit den ersten Schritten.

Die LEBT-Strategie in der Praxis

Nehmen Sie einen Schreibblock zur Hand und reflektieren Sie detailliert, worin Ihre berufliche Krise besteht. Was genau ist passiert? Mit welchen Auswirkungen müssen Sie rechnen? Was wird noch auf Sie zukommen? Weshalb ist es überhaupt eine Krise?

Achten Sie darauf, dass Sie nur Fakten benennen. Verzichten Sie auf Namen oder Umstände, die diese Krise beschert haben mögen. Schuldzuweisungen sind alles andere als produktiv. Beginnen Sie wenn möglich jeden Satz mit dem Wort »ich«. Jeder Satz, der mit »ich« beginnt, zeigt eine interessante Ausgangslage:

Ihr Unterbewusstsein wird sofort aktiviert und mobilisiert gleichzeitig Ihren gesamten Erfahrungsschatz, um einer Lösung aus der Krise näher zu kommen. Ihr Unterbewusstsein ist eine Supermacht in unserem Kopf, ein wahres Machtzentrum, aber auch eine Waffe.

Wer es versteht, sein limbisches Nervensystem richtig zu aktivieren, kann beinahe unbegrenzte Kreativität und unterstützende Ideen entwickeln. Und dieser Effekt hilft enorm bei der Bewältigung von Krisen. Statt sich mit Umständen oder anderen Menschen auseinander zu setzen, konzentrieren Sie sich auf positive Dinge, auf Lösungsansätze. Sie schaffen damit neue unterstützende Möglichkeiten.

> *»Die Probleme, denen wir begegnen,*
> *können nicht auf der gleichen Denkebene gelöst werden,*
> *auf der sie entstanden sind.«*
>
> Albert Einstein

Denken Sie über die folgenden Fragen ausführlich nach und seien Sie flexibel in der Beantwortung. Antworten Sie präzise, verzichten Sie völlig auf schwammige Aussagen. Zwingen Sie sich nicht zur Beantwortung. Nehmen Sie sich ausreichend Zeit. Seien Sie erfinderisch, denken Sie nicht daran, was Ihnen Schlechtes passiert ist oder angetan wurde. Verwenden Sie ein gesondertes Stück Papier, um genügend Platz für ausführliche Antworten zu haben:

Die Fragen zur LEBT-Strategie

- Beschreiben Sie das Problem genau: Consider all facts (CAF)
- Was ist passiert oder wird bald passieren?
- Wann ist es passiert oder wird es passieren?
- Wen oder was betrifft das Problem?
- Wie genau äußert sich das Problem?
- Welche Faktoren haben das Problem verursacht?
- Was genau kann ich tun, um solch ein Problem künftig zu vermeiden?
- Worin liegt die Chance in dieser Krise? (Zugegeben ist diese Frage provokativ)
- Welche Lösungen sind möglich?
- Wie kann ich den Schaden begrenzen oder mindern?
- Kenne ich einen Menschen, der solch eine Krise bereits durchlebte?
- Wie hat er sie bewältigt?
- Wer kann mir bei der Bewältigung behilflich sein?
- Mit wem kann ich ausführlich darüber sprechen?
- Was kann schlimmstenfalls passieren?

Haben Sie alle Fragen beantworten können? Dann Sie sind schon weit gekommen. Sie brachten das Problem oder die Krise im ersten Schritt schriftlich zu Papier. Sie haben sich selbst alle Fragen beantwortet und einige Lösungsansätze aufgeschrieben. Mehr noch, vielleicht gelang es Ihnen, etwas Positives zu erkennen, wie Menschen, die in der Vergangenheit ähnlichen Krisen begegneten. Mit den Antworten haben Sie das grobe Rüstzeug erworben, um sich erfolgreich gegen die Krise zur Wehr zu setzen. Sie erkennen allmählich die Richtung. Es fehlt Ihnen nur noch der Wegweiser, um die Sache richtig anzupacken. Aber wie?

Ganz einfach – durch Methodik und Aktion. Das schlechteste Verhalten bei einer Krise ist die Vogel-Strauß-Taktik. Funktioniert zwar immer, bringt aber rein gar nichts. Verdrängung ändert nichts und verschlimmert die Situation in den meisten Fällen. »Methodik« ist die richtige Vorgehensweise und »Aktion« ist die Bewegung.

Das alles hat auch einen interessanten Nebeneffekt. Mit den Aktionen (Bewegung) vermeiden Sie ein so genanntes gedankliches Vakuum. Negative Gedanken haben keine Chance, solange Sie in Aktion, also in Bewegung bleiben. Allein die Tatsache, dass Sie etwas zur Bewältigung unternehmen, wird Ihnen bei der Lösung Ihres Problems helfen. Durch Resignation und Frust dagegen ziehen Sie automatisch noch mehr Probleme und Hindernisse an. Mit Aktion und methodischem Vorgehen bringen Sie Gelegenheiten und Menschen in Ihr Leben, die unterstützend wirken. Dies ist die einfachste Methode, um sich einer Krise zu stellen, ohne gleich den Kopf zu verlieren.

Es gibt noch einen Grund, warum viele Selbstständige und Unternehmer nicht wirklich vorankommen. Sie sehen die Gelegenheiten und Chancen, aber keine davon scheint perfekt genug. Die Wahrheit ist: Chancen und Gelegenheiten kommen getarnt als Probleme in Ihr Leben. Sie werden nicht auf einem silbernen Präsentierteller, üppig mit Geldscheinen dekoriert, angeboten.

Darum fragen Sie sich bei jedem gravierenden Problem: »Was genau könnte ich daraus lernen und was kann ich aus brenzligen Situation an Neuem erschaffen?«

Eine alte Weisheit besagt, dass Probleme nur dann entstehen, wenn etwas dringend geändert werden muss. Vertrauen Sie deshalb auf Ihre eigene gesunde Intuition. Verlassen Sie sich auf Ihr »Bauchgefühl«, besonders dann, wenn es um die Sicherung Ihres Unternehmens geht.

Warum Aufgeben eine schlechte Entscheidung ist

Man kann es drehen und wenden, wie man will. Viele Menschen beginnen mit etwas Neuem oder haben eine brillante Geschäftsidee. Sie überqueren eine Straße, aber bleiben mitten auf der Fahrbahn stehen und kehren schließlich frustriert und unverrichteter Dinge zurück. Schon beim ersten Hindernis streichen sie die Segel, verspüren fürchterliche Angst oder erleiden einen massiven Rückschlag. Einige verlieren den Glauben an das gesamte Projekt, weil die Planungen unrealistisch hoch waren und nun das Gefühl aufkommt, einem Traum nachzujagen, der niemals in Erfüllung gehen kann.

Übrigens liegen die Gründe für das Scheitern von Unternehmen oft darin, dass die Geschäftsergebnisse von vornherein überschätzt wurden.

Statt Rückschläge als eine Anregung zu ständigem Lernen zu sehen, werden Entschuldigungen und Ausflüchte gesucht, um aufhören zu können, um wieder abzubrechen und seine eigenen Ideen und Ziele endgültig zu begraben. Die Konsequenz daraus ist: Denjenigen, der zu früh aufgibt, wird ein leises Gefühl von nagender Unzulänglichkeit beschleichen. Jeder von uns kennt das. Die innere Stimme, die uns sagt: »Du hast verloren.« Aber gegen wen? Verloren gegen das Leben, gegen sich selbst oder gegen den inneren Schweinehund, der Sie als logisch denkende Person um Längen geschlagen hat?

Wenn es auch hart klingt: Aufzugeben ist keine Entscheidung, sondern eine Lebenseinstellung. Womöglich sind Sie gar nicht schuld, wenn Sie aufgeben wollen. Vielleicht ist es ja Ihr innerer Schweinehund, der Sie überreden will, alles hinzuschmeißen. Der Schweinehund argumentiert gnadenlos und brillant. Er kennt Sie nämlich ziemlich gut, kennt Ihre Schwächen und trifft ohne mit der Wimper zu zucken stets Ihre offenen Wunden. Im Kampf mit diesem starken inneren Feind haben Sie wirklich schlechte Karten. Er führt Ihnen bei jedem Rückschlag vor Augen, dass er Recht hat und Sie doch lieber das Handtuch werfen sollten. Ach, wäre das schön, keinen Stress mehr zu haben, niemand, der einen plagt und vor allem endlich Schluss mit den Problemen zu machen!

Das wirklich Schlimme ist, dass Sie erst später merken, dass Sie daran gehindert wurden: von Ihrem eigenen kleinen Saboteur mit äußerst raffinierten Tarnkünsten. Er ist derjenige, der Ihnen ins Ohr flüstert: »Lass es sein ... Das schaffst du nie ... Das ist viel zu schwierig ... Mach dich doch nicht lächerlich ...« Überlegen Sie sich genau, ob Sie wirklich vorzeitig aufgeben wollen.

> *»Wenn jemand an die Wand fährt, so ist der Sachschaden womöglich klein, dafür aber der Dachschaden groß!«*
>
> Franz Josef Strauss

Eine grundlegende Erkenntnis hilft weiter

Wir alle wollen viel mehr in unserem Leben erreichen, wir alle suchen das ultimative Glücksgefühl, den Zuckerguss auf der Torte, mit den Zutaten wie Gesundheit und wirtschaftlichen Erfolg. Es gibt aber keine Formel, die Sie auswendig lernen können, um sich künftig vor allem Ärger zu schützen. Manche Menschen neigen dazu, mystisch zu werden, wenn sie über Herausforderungen sprechen. Eine sorgenfreie berufliche Zukunft werden wir jedoch nur erreichen, wenn wir es verstehen, an jeder Aufgabe auch emotional zu wachsen. Lernen Sie deshalb mit beruflichen Schwierigkeiten aktiv und konstruktiv umzugehen.

2.
Geschäftliche Probleme einschätzen und richtig damit umgehen

*»Krisen kommen erst dann in unser Leben,
wenn etwas nicht stimmt und dringend geändert werden muss.«*

Bernhard Steiner

Eigenverantwortung – das Katapult aus der Schuldenfalle

Zugegeben, unter dem Druck eines scheinbar unüberwindlichen Schuldenbergs spielt jeder Betroffene gelegentlich mit dem Gedanken, alles hinzuschmeißen. In solchen Zeiten entwickeln wir eine extrem gefährliche Kreativität in Bezug auf wirksame Fluchtsysteme.

Schuldner denken in diesen Perioden nur an das Heute und vielleicht noch an das Morgen. Übermorgen ist in weite Ferne gerückt. Mit lauwarmen Aktionen wird fast jeden Tag auf die Schnelle versucht, das Schlimmste zu verhindern. Mit Schulden wird wie mit Bällen jongliert. Jeder sich bietende Rettungsring wird ergriffen, um den Untergang zu vermeiden, selbst wenn er noch so absurd aussehen mag.

Und tatsächlich gelingt es einige Wochen oder Monate lang, sich von Ast zu Ast zu hangeln. Im Laufe der Zeit ist auch die ständige Anspannung fast zur Normalität geworden. Der Abgrund und der fehlende Boden unter den Füßen werden meisterhaft ignoriert. Warum auch in die Tiefe blicken, wenn die Früchte auf dem nächsten Baum so nahe sind? Nur ein großes Geschäft noch, nur einen Abschluss mehr, denkt der Unternehmer – und alles ist geregelt. Familie und Freunden wird Zuversicht vorgespielt – manche entdecken dabei vormals unbemerkte Schauspielkünste. Es wird mit

Hochdruck an Plänen gearbeitet, um Geld zu organisieren und andere finanzielle Löcher zu stopfen. Das geht so weit, dass am Ende das Familiensilber verscherbelt wird oder Bürgschaften von Freunden eingefordert werden – aber irgendwie geht diese Strategie nicht auf. Man kann nicht gutmachen, was die letzten Monate und Jahre falsch gemacht wurde. Viele, die tief in einer Krise stecken, entwickeln eine Art von »unverhältnismäßiger Existenzangst«.

Destruktive Fragen dominieren den Tag. »Kann ich die nächsten Monate meine Miete bezahlen? Wird mich mein Lieferant noch beliefern, obwohl ich seine vorherigen Rechnungen auch nicht zahlen konnte? Kann ich meine Rückzahlungstermine bei der Bank einhalten?« All diese Begleiterscheinungen und Nebenwirkungen machen Betroffene dauerhaft krank. Solche und andere Selbstgespräche zermürben und können den Schlaf rauben. Mit dem Ergebnis, dass die Nächte immer kürzer werden und der innerliche Stress zu quälenden Alpträumen mutiert. Wo ist der Weg aus dieser Negativspirale? Was tun wir, wenn etwas in unserem Leben aus dem Ruder läuft?

Wir greifen zum Telefon und lassen uns beraten, suchen einen Geschäftsfreund auf, um seine Meinung einzuholen, bestellen externe Berater in Haus, besuchen Kurse und kaufen Fachliteratur und Bücher (die dann doch nicht gelesen werden). Es ist Praxis geworden, in jeder Krisensituation beinahe in schamanischer Versenkung ein Heil für unsere Probleme zu beschwören, indem wir andere engagieren, die alles begradigen, organisieren und ordnen sollen. Wenn Sie dann feststellen, dass auch diese Variante keine Abhilfe leistet, ist es meist schon zu spät für eine Rettung.

In einer Krisensituation gibt es jedoch nur eine einzige Lösung: Übernehmen Sie selbst die Verantwortung.

Leichter gesagt als getan. Denn Eigenverantwortung zaubert keine Schulden weg. Das ist auch nicht erforderlich. Aber Verantwortung für etwas zu übernehmen, gibt uns die Kraft aufzustehen und die Dinge anzupacken. Sie holt uns raus aus dem »Opferdasein« und auch raus aus dem »Jammerzirkel«. Es gibt niemanden mehr, dem wir die Schuld zuweisen können – der Finger richtet sich stets allein auf uns selbst. Es wird Zeit, dass wir bei Fehlern handelnd, also konstruktiv reagieren, statt immer nur andere anzuklagen. Kurz und gut – Problem gelöst?

In der Realität sieht dies jedoch meist ganz anders aus. Erstens fällt es niemandem leicht, alte Gewohnheiten abzuschütteln, und zweitens vermeiden wir Veränderungen. Wir sind erst dann bereit, das Ruder herumzureißen, wenn wir wirklich keine Alternative mehr haben. Dieses Zeitfenster nenne ich »Möglichkeitsdenken«.

> *»Wollen hätt' ich schon mögen,*
> *aber dürfen hab ich mir nicht getraut.«*
>
> Karl Valentin

In einer solchen Übergangsphase begegnen wir Verwirrung und Unsicherheit, wissen nicht genau, was richtig oder falsch ist. Wie auf einer wackeligen Hängebrücke, die sich über eine tief klaffende Schlucht erstreckt, suchen wir den schnellen Weg auf die andere Seite. Genau dieser Zustand bietet uns zahlreiche Chancen und Möglichkeiten, etwas zu verändern. Ohne Fluchtweg müssen wir uns nach vorne bewegen, denn ein Rückzug ist ausgeschlossen. Selbstverantwortung hat zudem eine wirkungsvolle Begleiterscheinung. Das Gefühl, von anderen gesteuert zu werden, wird zunehmend geringer, je mehr Sie sich selbst für Ihre Situation verantwortlich fühlen. Außerdem sind geschäftliche Niederlagen ein sehr gut funktionierendes Konzept für Erfolg, vor allem wenn sie früh passieren.

Zucken Sie nicht mit den Schultern, denn diese Aussage stimmt zu hundert Prozent. Genau so verhält es sich. Das Wort Niederlage kommt von »sich niederlegen«. Die nächste logische Folge ist, dass Sie wieder aufstehen müssen – nichts weiter. Halten Sie sich von nun an an die nachfolgende Regel für geschäftlichen Erfolg: Sie müssen nur einmal mehr aufstehen, als sie hingefallen sind!

Es zählt nämlich nicht, wie tief Sie fallen, sondern wie hoch und schnell Sie zurückfedern können. Selbst wenn Sie sich wie der sprichwörtliche Frosch im Mixer fühlen, Sie müssen sich entscheiden, vorwärts zu gehen oder sich von den Umständen Ihr Schicksal vorschreiben lassen. Das Letztere führt zur völligen Selbstaufgabe. Nehmen Sie den Finger vom Abzug und denken Sie daran, dass Sie allein verantwortlich sind – und kein anderer. Nur Sie haben die

Möglichkeiten, sich aus dem Schlamassel rauszuholen. Sie müssen nur wollen, und zwar wirklich wollen, und Ihrem Glück mit etwas Fleiß auf die Sprünge helfen.

Bei einem öffentlichen Golfturnier trat ein weiblicher Zuschauer an die berühmte Golflegende Arnold Palmer heran und sagte: »Oh, Mr. Palmer – ich würde auch gerne so gut Golf spielen wie Sie.«

Palmer legte darauf seinen Golfschläger zur Seite, verschränkte seine Arme und antwortete: »Nein, das wollen Sie nicht ...« »Aber doch, Mr. Palmer, ganz bestimmt will ich das«, erwiderte die energische Dame. »Nein, das wollen Sie nicht wirklich, ganz bestimmt nicht«, entgegnete Palmer und schüttelte seinen Kopf im Zeitlupentempo.

Die Frau war fassungslos und änderte prompt die Tonlage: »Mr. Palmer. Wie können Sie so etwas behaupten? Ich nehme schließlich viele Trainerstunden und lese ausführlich Golfliteratur.«

Palmer kam einen Schritt näher und schaute der Dame direkt ins Gesicht. »Wenn Sie wirklich so gut Golf spielen möchten wie ich, dann würden Sie auch jeden Morgen vor dem Frühstück 200 Bälle abschlagen.«

Früherkennung. Chancen und Risiken

»Eine Chance zu sehen ist keine Kunst.
Die Kunst ist es,
eine Chance als Erster zu sehen.«

Benjamin Franklin

Diese Einsicht Benjamin Franklins gilt besonders für Unternehmer und Selbstständige, die vor einer Krise stehen. Um einen Krisenherd zu umsegeln, gilt es nicht nur zu wissen, wo der Wind herkommt, sondern innovativer und kreativer zu handeln, neue Wege zu gehen. Anstatt zu reagieren, wird von Ihnen erwartet zu agieren. Schritte müssen eingeleitet werden, um Veränderungen herbeizuführen. Selbst wenn wir die notwendigen Schritte kennen, schieben wir die Maßnahmen vor uns her. Sie kennen ja des Teufels liebstes Möbelstück, die lange Bank. Es spielt keine Rolle, ob Sie Handwerker, Dienstleister, Unternehmer mit vielen Mitarbeitenden oder Freiberufler sind.

Eines werden Sie alle gemeinsam haben: Sie haben während Ihrer Gründerphase einen wertvollen Erfahrungsschatz gesammelt und sich in einer mehr oder weniger gut eingespielten Unternehmenssituation befunden. Genau dieser Erfahrungsschatz kann Ihnen bei der Krisenbewältigung sehr hilfreich sein. Denn Ihr Selbstbewusstsein resultiert aus dem Wissen, dass Sie sich wiederholt aus schwierigen Situationen selbst wieder herausgeholt haben.

Alle Unternehmer und jeder Selbstständige, den ich getroffen habe, bestätigen mir eine grundlegende Wahrheit. Sie alle waren schon einmal mit einer schwierigen Situation konfrontiert. Jeder hat schon einmal geschäftliche oder berufliche Probleme gehabt. Das bringt das Abenteuer Selbstständigkeit einfach mit sich. Erinnern wir uns an die Einsicht aus dem ersten Kapitel, dass jedes Problem und eben auch Ihre Krise woanders schon einmal aufgetreten ist und bereits gelöst wurde.

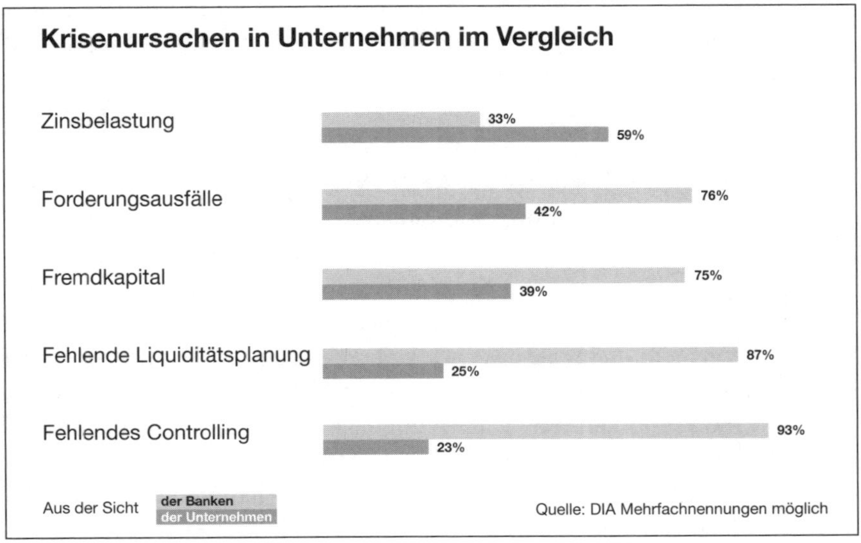

Abb. 3: Krisenursachen in Unternehmen im Vergleich

Die meisten Unternehmenskrisen ähneln sich sogar. Und genau hier liegt Ihre Chance. Es gibt Lösungen, die in der Praxis erprobt sind und funktionieren. Sie müssen nur die Hand ausstrecken, sich die Informationen organisieren und, ganz wichtig, auch anwenden. Wissen bedeutet nicht Macht. Verstand besteht nicht nur aus Wissen, sondern auch in der Fähigkeit, das Wissen anzuwenden. Wenn es Maßnahmen gibt, die Ihre Firma retten oder Ihr Problem lösen, dann warten Sie nicht bis zum jüngsten Tag, sondern gehen Sie an die Arbeit. Lassen Sie jedoch die Hände weg von lauwarmen Aktionen. Entweder Sie tanzen den Walzer oder Sie bleiben dem Tanzparkett fern.

Gehen wir nun einmal davon aus, dass Ihre Firma am Markt mehr oder weniger etabliert ist. Erfahrungsgemäß wage ich zu behaupten, dass Sie selbst stark im Betrieb eingebunden sind und demzufolge chronisch wenig Zeit haben. Vielleicht haben Sie sich aus diesem Grund auch zu wenig um die Vorzeichen und Krisensymptome Ihrer Firma gekümmert. Sie planten zwar höhere Umsätze und mehr Gewinn und dachten auch über Ihre weitere Etablierung und Expansion nach. Wie in den meisten Betrieben gab es jedoch vermutlich keine professionelle Planung, oder sie wurde nicht konsequent genug verfolgt. Mit diesem Buch können Sie die Fehler aus der Vergangenheit zwar nicht völlig retuschieren, aber Sie können dafür sorgen, dass Sie und Ihr Unternehmen wieder auf Kurs gehen und die Segel setzen können.

Ist Früherkennung der beste Weg für die Vermeidung von Krisen?

Diese Frage werden Sie sich sicher auch mit großem Interesse stellen, denn dies würde ja bedeuten, dass Sie nie wieder eine Krise heimsucht, wenn Sie das Unwetter rechzeitig auf dem Wetterschirm heranziehen sehen! Wie verlockend der Gedanke auch ist: leider kann Früherkennung Unternehmenskrisen nicht ausschließen. Immer wieder wird Unvorhersehbares passieren. Denn Sie können unmöglich Vorkehrungen für alle Eventualitäten treffen. Das brauchen Sie auch nicht. Selbst die bestausgebildeten Wirtschaftsexperten erwischt es bisweilen mit einer vollen Breitseite. Irgendein Umstand schafft immer wieder neue unübersehbare Anforderungen. Sehen Sie in dieser Tatsache dennoch kein unüberwindliches Problem für Ihre berufliche Zukunft. Das braucht es nicht zu werden, denn Selbstständige erleben gewissermassen Prüfungen. Jeder muss das Auf und Ab im beruflichen Alltag verkraften. Das sind die unumstößlichen Spielregeln unserer Wirtschaft.

Ohnehin könnten wir das ganze Leben als Abfolge von lösbaren Herausforderungen betrachten, die nie aufhören werden. Wie eine Welle aus dem Meer spült Ihre berufliche Tätigkeit jeden Tag neue Probleme ans Land. An Ihrer Reaktion auf berufliche Schwierigkeiten werden Sie gemessen, ob Sie bestanden haben oder durchgefallen sind. Dieser Gedanke soll niemanden in Sicherheit wiegen, sondern als Appell verstanden werden, damit Sie Ihr Augenmerk auf die Früherkennung legen.

Denn mit einer Früherkennung sind Sie weitestgehend Ihr eigener Pilot und bestimmen die Richtung. Dafür wiederum brauchen Sie einen zuverlässigen Kompass, der Ihnen verrät, wohin Sie sich bewegen werden.

Standortbestimmung

Um den Kompass ausrichten zu können, brauchen Sie eine Standortbestimmung. Beantworten Sie zunächst einmal die beiden folgenden Fragen ausführlich und genau auf einem gesonderten Blatt Papier.

Wie sieht mein Unternehmen in drei bis fünf Jahren aus?

Welche Leistungen erwarten meine Kunden?

Nun ist es Zeit für eine Bestandsaufnahme, für Ihre Standortbestimmung. Greifen Sie zu einem weiteren Blatt Papier und führen Sie diese Übung durch.

Übung zur Standortbestimmung

Schwächen und Stärken Ihres Unternehmens

Welche Produkte oder Dienstleistungen bieten Sie insgesamt an?

Wo liegen Ihre Kernkompetenzen?

Sind die Preise konkurrenzfähig?

Sind die Produkte und Dienstleistungen noch innovativ oder veraltet?

Wie sieht die genaue Kostenstruktur der Unternehmung aus?

Mit welchem Produkt verdienen Sie Ihr Geld?

Chancen und Gefahren

Wohin entwickelt sich der Markt?

Welches sind die Mitbewerber?

Sind die Kunden zufrieden mit der Dienstleistung oder dem Produkt?

Gibt es externe Entwicklungen, die das Unternehmensziel beeinflussen, wie neue Gesetze oder Technologie?

Und hier schließt sich nahtlos ein Thema an, das wenige Selbstständige lieben: Buchhaltung.

Früherkennung befasst sich vor allem mit der Beherrschung Ihrer Finanzen und Ihrer Kosten, dann auch mit der Entwicklung Ihres Unternehmensumfeldes, mit Ihren Fähigkeiten als Unternehmer, mit der Motivation Ihrer Mitarbeiter, der Zufriedenheit Ihrer Kunden, der Verbesserung Ihrer Leistung und nicht zuletzt mit der Gestaltung Ihrer ganz persönlichen Zukunft.

Früherkennung hat etwas mit »das Gras wachsen hören« zu tun. Ereignisse aufgrund von Informationen bereits im Voraus zu erkennen hilft enorm beim Entscheidungsprozess, wenn dunkle Wolken am Horizont auftauchen. Es ist zu vergleichen mit einem Seismographen, der alle Erdaktivitäten aufzeichnet und Hinweise auf ein drohendes Erdbeben gibt. Genauso werden Sie als Unternehmer sensibel auf bestimmte Vorzeichen und Ereignisse reagieren, die Gefahr für Ihren Betrieb bedeuten könnten.

Früherkennung ist überlebenswichtig.

Späterkennung

Wirken sich Ereignisse, die Sie bisher nicht berücksichtigt haben, bereits aktuell auf Ihr Unternehmen aus, handelt es sich um Späterkennung. Die Büchse der Pandora ist nun geöffnet. Ihnen bleibt dann nur die Möglichkeit, aus der eingetretenen Situation das Bestmögliche zu machen.

Beispiel

»Die Wirtschaftsflaute in der Reisebranche hat mich voll erwischt«, beschwert sich Mario Hegel, Reisebüroinhaber aus Lindau. Die Flugbuchungen gehen immer weiter zurück. Früher hatte er noch mit Aktionen steigende Umsatzeinbußen abfedern können. Er veranstaltete auch mal Sonderreisen für Gruppen und glaubte damit eine drohende Krise in den Griff zu bekommen. Doch die Kunden sind noch preisbewusster geworden, bedienen sich meist bei Last-Minute-Angeboten von Billiganbietern.

Mario Hegel sieht mit Sorgen in die Zukunft.

»Zu-spät-Erkennung«

Wenn Sie als Selbstständiger oder Unternehmer eine prekäre Situation zu spät erkennen, bringt Sie das gezwungenermaßen in eine Notlage. In solch einem gravierenden Fall sollten Sie sich professionelle Hilfe ins Haus holen und ein aktives Krisenmanagement einleiten, wenn Sie in diesem Endstadium einem Untergang in letzter Minute entgegenwirken wollen. Jetzt müssen Sofortmaßnahmen ergriffen werden ohne Rücksichtnahme auf andere wichtige Tätigkeiten.

Die Mechanik der Früherkennung

Installieren Sie eine eigene Mechanik der Früherkennung, um drohende Situationen rechtzeitig zu erkennen und zuverlässig bestimmen zu können.

»Wenn du den Feind kennst
und dich selbst,
musst du auch hundert Schlachten nicht fürchten.«

Sun Tzu, aus: *Die Kunst des Krieges*

Und das ist nach wie vor die schwierigste Aufgabe für jeden Unternehmer.

Mechanik der Früherkennung

- Erstes Erkennen
- Bewertung
- Handeln
- Lernen

Aber nur wenn Sie sich selbst und Ihr Unternehmen kennen, Ihre Stärken und Schwächen, Ihre Ziele und Motive, können Sie Erfolg im tieferen Sinn des Wortes haben. Aktive Früherkennung betreiben bedeutet, sich immer wieder folgende Fragen vor Augen zu führen:

- Verändern sich in meinem Unternehmen wichtige Dinge, auf die ich keinen direkten Einfluss habe?
- Muss ich auf diese Veränderung reagieren? Wenn ja, warum?
- Was kann passieren, wenn ich nicht oder zu spät reagiere?
- Was werde ich tun und bis wann werde ich womit aktiv?

Früherkennung ist demnach der Weg, wie Sie vom Erkennen von Themen über die Bewertung zum konkreten Handeln kommen und aus den Ergebnissen für die Zukunft lernen.

Folgen Sie mir weiter zum nächsten Schritt:

Erkennen

Sich nähernde Krisen bauen sich zwar schleichend auf, aber ihre Auswirkungen sind meist überfallartig. Deshalb sollten Sie im Rahmen Ihrer täglichen und wöchentlichen Routine ausreichend Zeit für die Aufnahme von Informationen aus Ihrem Unternehmen und Ihrem Umfeld reservieren. Nehmen Sie dazu die Checkliste aus dem vorherigen Kapitel (Symptome für Krisen) zur Hand und gehen Sie sie jeweils Punkt für Punkt durch. Um Veränderungen rechtzeitig erkennen zu können, müssen Sie sich auch die Zeit zum Hinschauen nehmen.

Bewerten

Nicht jedes Problem darf gleich zur Nagelprobe der Überlebensmöglichkeit Ihrer Firma werden. Wägen Sie deshalb ab, ob es sich wirklich um eine handfeste Krisensituation handelt. Es bringt nichts ein, sich bei jeder kleinen Schwierigkeit einen Notfallplan zurechtzuschustern. Das berufliche Leben hat nun mal nervtötende Facetten. Also bewahren Sie in allen schwierigeren Situationen erst mal ruhig Blut und analysieren Sie, in welche Schublade das Problem gehört, bevor Sie zu Ad-hoc-Maßnahmen greifen, die schlussendlich in eine ungewollte Krise münden. Dabei hilft schon eine Änderung des Sprachschatzes: Versuchen Sie einmal, statt von »Problemen« von »Ereignissen« zu sprechen. Die Wirkung ist offensichtlich!

Handeln

> *»Es gibt nichts Gutes – außer man tut es.«*
>
> Erich Kästner

Dieser Satz gilt auch für Unternehmer. Alles Erkennen und Bewerten nützt nichts, wenn Sie nicht handeln. Wie Sie genau vorgehen können, lesen Sie etwas später.

Lernen

Lernen Sie aus eigenen Erfahrungen und den Erfahrungen anderer. Fehler gehören zum Leben; man kann sie nicht immer vermeiden, aber doch hoffen, dass sie einen nicht teuer zu stehen kommen. Sie dürfen jedem Fehler mindestens einmal erliegen. Wenn Sie sehr schnell lernen wollen, verdoppeln Sie Ihre Fehler einfach. Dies gilt auch bei Aktivitäten zur Leistungssteigerung in Ihrem Unternehmen.

»Ein alter Hund lernt keine Kunststücke mehr.« Wer dieses Sprichwort geprägt hat, weiß ich zwar nicht, seine Aussage aber ist völlig falsch. Wir allen leben mit Veränderungen, an die wir uns laufend anpassen müssen. Natürlich haben Sie die Wahl. Sie können auch, wenn Sie wollen, gegen den Strom schwimmen, wenn Sie bereit sind, den Preis dafür zu zahlen. Nichts ist umsonst. Da ich kein Freund von komplizierten Konzepten bin, bevorzuge ich den direkten Weg, selbst beim Lernen.

Es gibt drei wirksame Arten, Erfolg zu erlernen:

Erstens: Durch Erfahrung anderer wie Bücher, Beratung, Schulung, Studium. Das ist ein langwieriger Weg.

Zweitens: Durch eigene Erfahrungen und Selbstversuche sowie Niederlagen. Das ist der mühsamste und am teuersten bezahlte Weg.

Drittens: Durch Imitation von erfolgreichen Modellen. Das ist der Königsweg!

Am meisten lernen Sie aus eigenem Handeln. Doch meist reicht die Lebenszeit nicht aus, um alle Erfahrungen selbst zu machen. Auch Bücher von Autoren, die nicht aus der Praxis schreiben, sind nicht hilfreich, sie verwirren mit Fach-Kauderwelsch, das Leser nicht auf Anhieb verstehen. Nicht umsonst gilt »Imitation« oder Nachahmung von bestehenden erfolgreichen Modellen als Königsweg des aktiven Lernens. Sie brauchen nichts weiter zu tun, als herauszufinden, wer ähnliche Erfahrungen gemacht hat und sie lösen konnte. Wenn Sie wissen, wer diese Person ist, dann greifen Sie zum Telefonhörer und vereinbaren Sie einen Termin. Sie können nicht einfach einen wildfremden Menschen anrufen und von Ihren Problemen erzählen? Doch, Sie können – Sie werden sich wundern, wie schnell Sie Gehör finden. Erfahrene Unternehmer helfen gerne bei Problemen, besonders wenn sie selbst in der Vergangenheit einen solchen Krisenprozess erfolgreich durchgestanden haben.

Gehen Sie dabei allerdings bitte nicht zu plump vor. Es genügt, sich im Telefonat vorzustellen, um einen Termin für Ihre Angelegenheit zu vereinbaren. Werfen Sie einen Kommunikationsköder aus, an dem Ihr Ansprechpartner anbeißen wird. Erklären Sie sehr kurz, dass Sie einen Rat von ihm als erfahrenen Menschen einholen möchten. Versprechen Sie, sich kurz zu halten. Sollte Sie dennoch jemand am Telefon abwimmeln, dann fällt Ihnen bei einem »Nein – hab keine Zeit« auch kein Zacken aus der Krone.

Erfolgsfaktor Finanzen

Natürlich weiß ich genau, was Sie jetzt denken. Finanzen sind den meisten Unternehmern ein Gräuel, besonders wenn sie mit dem Rücken zur Wand mit der eigenen akuten Firmenkrise zu kämpfen haben.

Erinnern Sie sich an das Prinzip von Ursache und Wirkung? Die Finanzen sind erwiesenermaßen der Hauptgrund für den Untergang eines Unternehmens. Es bringt nichts, sich sektoral mit den Wirkungen zu beschäftigen. Sie müssen die Ursachen erforschen und die Grundlagen verstehen. Finanzen sind a priori nicht komplizierter als beispielsweise das Zusammenbauen eines Ikea-

Schrankes. Sie brauchen dazu lediglich etwas Zeit und ein wenig Aufmerksamkeit.

Auch wenn Sie ein noch so guter Verkäufer, Problemlöser, Handwerker oder Dienstleister sind: Ohne Kenntnis über Finanzen zu haben, werden Sie mit hoher Sicherheit als Selbstständiger scheitern.

Warum? Ganz einfach. Sie müssen sich in einem solchen Fall immer auf andere verlassen. Sie können die Arbeit von Dritten wie beispielsweise Ihrem Steuer-, Wirtschafts- und Finanzberater nicht kontrollieren. Wenn ich für etwas sehr Wichtiges in meinem Leben die Verantwortung übernommen habe, möchte ich es auch zumindest in den Grundlagen verstehen können.

Und ich wage zu behaupten, dass der eigene Betrieb Ihnen sehr am Herzen liegt. Wir alle haben nicht in einer Stunde laufen gelernt. Also keine Angst, wenn Ihnen manche Finanzbegriffe Mühe bereiten. Lesen Sie das Folgende aufmerksam durch und kommen Sie später wieder zu den schwierigen Themen zurück, die ich Ihnen so schmackhaft wie möglich aufzubereiten versuche. Am besten markieren Sie die Stelle mit einem Leuchtstift. Denn was nützt es, über mögliche Chancen von morgen nachzudenken, wenn Sie derzeit noch nicht wissen, wie Sie die nächsten zwei Monate finanziell über die Runden kommen sollen? Sie dürfen bei aller Zukunftsorientierung das Heute nicht vergessen. Denn heute schaffen Sie das Fundament, auf welchem Sie morgen Ihr Haus errichten. Wenn dieses Fundament nicht solide ist, kann das ganze Haus einstürzen.

Deshalb werden wir nun die finanzielle Situation eines Unternehmens etwas genauer unter die Lupe nehmen. Das Verständnis der Finanzseite ist ein wesentlicher Erfolgsfaktor für die Prosperität Ihres Unternehmens. Daher sollten Sie die folgenden Seiten bitte nicht überblättern, sondern mindestens einmal durcharbeiten.

Die sechs wichtigsten Kennzahlen

Wie »fit« ist Ihr Unternehmen in diesem Augenblick, also heute? Kennen Sie die Kennzahlen für die finanzielle Stabilität Ihres Unternehmens?

Beginnen wir also mit den wichtigsten Kennzahlen:

Die **Liquiditätsreserve** gibt an, wie lange Ihre finanziellen Mittel, die Ihnen zur Begleichung Ihrer Zahlungsverpflichtungen in einem bestimmten Zeitraum zur Verfügung stehen, noch ausreichen.

Der **Liquiditätsgrad** sagt aus, innerhalb welchen Zeitraums Ihre Firma mit ihren flüssigen Mitteln und Kundenguthaben (Forderungen und Debitoren) ihre kurzfristigen Schulden problemlos bezahlen kann.

Die **Eigenkapitalquote** gibt Auskunft darüber, ob Sie im Verhältnis zu Ihrer Bilanzsumme genügend Eigenkapital oder zu viele Schulden haben.

Diese Zahlen finden Sie meist in der Betriebswirtschaftlichen Auswertung (BWA), die Ihr Steuerberater erarbeitet.

Das **Betriebsergebnis** ist der Saldo zwischen betrieblichen Aufwendungen und Erträgen. Kosten minus Umsatz gleich Betriebsergebnis.

Das **Eigenkapital** setzt sich zusammen aus Unternehmerkapital und Beteiligungskapital. Es entspricht grundsätzlich der Differenz zwischen Vermögen und Schulden. Seine speziellen bilanziellen Formen werden maßgeblich von der Rechtsform des Betriebes beeinflusst.

Das **Gesamtkapital** setzt sich aus Eigenkapital (Unternehmerkapital, Beteiligungskapital) und Fremdkapital (Gläubigerkapital) zusammen.

Diese sechs wichtigsten Kennzahlen, die Ihr Steuerberater liefern kann, sollten Sie aktuell jeden Monat auf dem Tisch haben. Das Dilemma daran ist, dass Ihr Steuerberater diese notwendigen Zahlen nur dann erarbeiten kann, wenn Ihre Buchhaltung à jour ist.

Welche Bedeutung hat die Liquiditätsreserve?

Liquidität ist für Ihr Unternehmen lebenswichtig, sie ist die DNA oder Lebensader Ihrer Firma. Wenn die Firma nicht liquide ist, droht die Zahlungsunfähigkeit. Ein Tipp, den Sie auf alle Fälle beherzigen sollten: Als Unternehmer sollten Sie immer einen bestimmten Betrag als Reserve verfügbar haben. Diese flüssigen Mittel, zusammen mit Ihrer Kreditlinie bei der Bank, soweit sie nicht oder nicht voll ausgeschöpft ist, sind Ihre Liquiditätsreserve. Rechnen Sie selbst aus, wie hoch der Betrag dieses Notnagels mindestens sein muss, um Ihren Zahlungsverpflichtungen nachzukommen. Als Faustregel gilt, dass die Liquiditätsreserve mindestens drei Monate ausreichen sollte. Damit verbunden ist Ihr finanzieller Handlungsspielraum. Es ist erstaunlich, wie viele gesunde Unternehmen in den Konkurs schlittern, nur weil zu wenig Liquiditätsreserve zur Verfügung stand.

Selbst wenn die Geschäfte brummen wie nie zuvor, können Sie schnell an die Grenzen Ihrer Liquidität gelangen. Denn erhöhter Umsatz kostet zuerst mal Liquidität. Vielleicht liegt es an dem erhöhten Warenlager oder dem erhöhten Forderungsbestand (Kundenrechnungen), der später als geplant auf dem Geschäftskonto eintrifft. Neuunternehmer gehen davon aus, dass Erfolg grundsätzlich von Banken finanziert wird. Was macht also schon ein Liquiditätsengpass, wenn die Umsätze stimmen? Fehlanzeige. Auch eine gute und wohlwollende Hausbank stoppt Ihre Expansion als erfolgreicher Unternehmer, wenn der Kreditrahmen ausgeschöpft und unerlaubt überzogen ist.

Franziskas Geschichte

Franziska Fuchs betreibt zusammen mit ihrer Schwester Manuela, die für Finanzen und Einkauf zuständig ist, ein Geschäft für Damenmode im Herzen von Würzburg.

Durch einen Umbau gewannen die beiden letztes Jahr 110 Quadratmeter Verkaufsfläche dazu. Aufgrund der zusätzlichen Anschaffung von Kleidung und Geschäftsausstattung schnellte das Geschäftskonto bei der Hausbank über die vereinbarten Kreditlimits. Das beunruhigte weder die Bank noch Manuela, die für die Buchhaltung zuständig war.

Seit Jahren verkauften die beiden zudem ihre Restposten an ein anderes Damenoberbekleidungsgeschäft am Stadtrand. Das war eine praktikable Lösung, um die ohnehin schon hohen Lagerbestände regelmäßig zu reduzieren. Gerade als die Rechnung in Höhe von 18 300 Euro für die letzte Lieferung der Restposten fällig wurde, rief der Kunde an und vermeldete Zahlungsunfähigkeit. Manuela insistierte und erkundigte sich nach der Lieferung, die jedoch längst verkauft war.

Rechtlich gesehen konnte die Forderung natürlich eingeklagt werden, allein vor dem Hintergrund des Eigentumsvorbehalts (Eigentum geht erst nach Zahlung an den Käufer). Diese Summe riss ein tiefes Loch in die Kasse und in nullkommanichts waren die nächsten wichtigen Zahlungen wie Miete und Löhne gefährdet, denn eine Liquiditätsreserve war nicht vorhanden. Die Bank winkte aufgrund der hohen Überziehung ab.

Sie müssen handeln und beispielsweise Ihre Außenstände schneller eintreiben. Bedenken Sie: Fehlende Liquidität und eine schlechte Zahlungsmoral sind für die Unternehmen das größte Problem und der Konkurs- und Insolvenzgrund Nummer eins. Wirken Sie dem entgegen!

Mein Tipp Berücksichtigen Sie folgenden Grundsatz: **»Liquidität geht vor Rentabilität!«**

Was ist Eigenkapital?

Bei einem Einzelunternehmen beträgt das Eigenkapital die Differenz zwischen Betriebsvermögen und den Schulden. Bei bilanzierten Gesellschaften wie beispielsweise der Gesellschaft mit beschränkter Haftung (GmbH) oder der Aktiengesellschaft (AG) ist dieser Wert in der Bilanz ablesbar und stellt das Vermögen der Gesellschaft dar, welches nicht fremdfinanziert ist.

Das Eigenkapital sichert daher die Zukunft Ihres Unternehmens und ist die strategische Richtschnur für die finanzielle Gesundheit eines Unternehmens. Wenn Sie sich als Unternehmer offensiv den Chancen und Herausforderungen der nächsten Jahre stellen wollen, wird die Ausstattung mit ausreichendem Eigenkapital zum Erfolgsfaktor für Wachstum und unternehmerischen Erfolg.

Die Eigenkapitalausstattung ist nämlich der Maßstab für die Investitionsfähigkeit und Unabhängigkeit Ihres Unternehmens. Berücksichtigen Sie, dass auch die öffentliche Hand, also Bund und Länder, Erfolg versprechenden Projekte mit positiven Geschäftsaussichten ohne banküblichen Sicherheiten bei der Erhöhung der Eigenkapitaldecke unter die Arme greift.

Welche Bedeutung hat Cash-flow?

Der Cash-flow (Geldfluss) bestimmt, inwieweit Ihre Firma aus finanzieller Sicht in der Lage ist, alle notwendigen Geldmittel aus eigener Kraft bereitzustellen. Der Cash-flow gibt Auskunft über die Liquidität und die Ertragskraft des Unternehmens. Nicht zu verwechseln mit dem Gewinn, ist diese Kennzahl ein Teil des Umsatzes, der für Investitionsausgaben, Tilgung von Verbindlichkeiten oder als Gewinnausschüttung und natürlich für Steuern zur Verfügung stehen sollte. Ein echter Gradmesser Ihrer finanziellen Unabhängigkeit.

Was bedeutet Umsatzrendite?

Die Umsatzrendite ist die eigentliche Gewinnspanne Ihres Unternehmens. Je höher die Umsatzrendite ist, umso mehr Spielraum besteht, mögliche Verkaufspreisrückgänge und Kostensteigerungen aufzufangen.

Kennzahlen sind von entscheidender Bedeutung für die Früherkennung einer Krise. Zudem ermöglichen Ihnen aktuelle Kennzahlen die rechtzeitige Weichenstellung, wenn Gefahr droht.

Erfolgsfaktor Mitarbeiter und Organisation

Ihr Unternehmen sollte stets von einer verantwortungsbewussten und vertrauensvollen Atmosphäre geprägt sein. Arbeit, die Spaß macht, lässt Sie und Ihre Mitarbeiter zur Höchstform auflaufen. Das Gegenteil wird allerdings der Fall sein, wenn Sie genau diesen Bereich in den letzten Jahren vernachlässigt haben. Schlimmer noch: Vielleicht legten Sie einen richtig schlechten Führungsstil an den Tag und leiden schon sehr lange unter der mangelnden Motivation Ihrer Mitarbeiter. Kein Wunder, wenn das Personal in immer kürzeren Abständen abwandert und einige von ihnen schon längst gekündigt haben – nämlich innerlich.

Es ist nie zu spät, etwas daran zu ändern – selbst in einer Krisensituation können Sie als Unternehmer Ihr Personal helfend einbinden, statt es mit vollendeten Tatsachen zu konfrontieren.

Gehen Sie folgende Checkliste durch und prüfen Sie, ob nicht das eine oder andere kurzfristig zu ändern ist.

Checkliste Mitarbeiterführung

- Ist die Qualität Ihrer Mitarbeiter insgesamt hervorragend?
- Sind Ihre Mitarbeiter Neuerungen gegenüber sehr aufgeschlossen und probieren sie gemeinsam mit Ihnen vieles Neue aus?
- Sind Ihre Mitarbeiter bereit und fähig, neue Aufgaben zu übernehmen?

- Sind Ihre Mitarbeiter flexibel genug, um auf beispielsweise veränderte Öffnungszeiten reagieren zu können?
- Mobilisieren Sie gezielt die Ideen und die Kreativität Ihrer Mitarbeiter?
- Nehmen Sie Verbesserungsvorschläge Ihrer Mitarbeiter ernst und honorieren Sie diese Vorschläge? Wenn ja, wie?
- Suchen Sie mit Ihren Mitarbeitern gemeinsam nach Problemlösungen? Wenn ja, wie gehen Sie vor?
- Verlangen Sie von Ihren Mitarbeitern nur das, was Sie selber können oder bereit sind zu geben, oder fordern Sie Ihre Mitarbeiter über das Maß hinaus?
- Geben Sie Ihren Mitarbeitern das Gefühl der Verantwortung und übertragen Sie diese auf sie?
- Können Sie wichtige und leistungsfähige Mitarbeiter in Ihrem Unternehmen halten? Welchen Anreiz bieten Sie?
- Ist die Auslastung Ihrer Mitarbeiter optimal oder sind sie unter- oder überfordert?
- Haben Sie selbst und Ihre Mitarbeiter an durchschnittlich zwei Aus- und Weiterbildungsseminaren im letzten Jahr teilgenommen? Haben Sie sich überhaupt Zeit genommen, sich selbst weiterzubilden?

Wie sieht es mit der Organisation Ihres Unternehmens aus? Zur erfolgreichen Sanierung und Sicherung für die Zukunft muss mehr organisiert werden, statt gemanagt. Beantworten Sie sich Frage für Frage.

Checkliste Organisation des Unternehmens

- Haben Sie veraltete Maschinen, technische Ausrüstungen und Arbeitsgeräte? Gibt es Möglichkeiten, durch neue Technologie oder neue Maschinen Zeit zu sparen und effizienter zu arbeiten? Vielleicht bringt die Anschaffung eines leistungsfähigeren Computers schon eine Zeitersparnis.
- Gibt es in Ihrem Unternehmen dokumentierte Aufgabenverteilungen und Verantwortungsbereiche? Weiß jeder Angestellte, was er zu tun hat und wofür er bezahlt wird? Viele Menschen ha-

ben einen Job und erledigen die Aufgaben. Doch die wenigsten wissen, warum sie bezahlt werden. Verteilen Sie Verantwortungsbereiche und überprüfen Sie diese auch?
- Besitzt Ihr Unternehmen Checklisten für den Verkauf, Logistik, Kundenberatung, Buchhaltung?
- Können Sie ein- oder zweimal im Jahr beruhigt in den wohl verdienten Urlaub gehen?
- Gibt es Bereiche, die Dritte oder Ihr Personal besser und schneller erledigen können? Durch Delegation mit ausreichender Kontrolle können Sie Ihre Kräfte für andere Aufgaben nutzen. Sie müssen zudem den Kopf frei haben, um sich um die wichtigen Chefsachen zu kümmern, die kein Mitarbeiter für Sie erledigen kann. Kleine Schritte erzielen dabei oft eine große Wirkung. Überlegen Sie sich, wie Sie Ihr Unternehmen durch die Auslagerung von administrativen Aufgaben auf Fremdfirmen »verschlanken« können. Beispielsweise einen Büroservice für Anrufe, einen Schreibservice für den Schriftverkehr, eine Buchhaltungsfirma für die Rechnungen und Debitoren- sowie Kreditorenüberwachung, eine Marketingfirma, die für Ihre Werbung zuständig ist und die erfolgsabhängig bezahlt wird.

Erfolgsfaktor Kundengewinnung

Sind Ihre Kunden wirklich mit Ihrer Dienstleistung und Ihren Produkten zufrieden? Wenn ja, dürften Sie eigentlich keine Absatzprobleme haben, stimmt das? Wenn Sie der Meinung sind, dass Sie viel mehr Umsatz tätigen könnten, stehen Sie vor einem Dilemma:
- Sie könnten zwar die Umsätze erhöhen, haben dafür jedoch zu wenig Kapazität (Personal, Lager, Verkaufsfläche).
- Sie haben die Kapazität, Ihnen fehlen jedoch die zahlenden Kunden.
- Sie haben die Kapazität, die gewünschten Kunden, aber das Produkt stimmt nicht.
- Sie verfügen über das richtige Produkt, Kunden und Kapazität, aber Ihr Unternehmen steckt aufgrund dringender Probleme in einer tiefen Krise, die Ihnen die Ausschöpfung nicht ermöglicht.

Diese zentrale Frage zum Thema Kundengewinnung müssen Sie sich als Unternehmer trotz beruflicher Anspannung oder Krise stellen und beantworten:

Ist der Kunde bei Ihnen wirklich König, oder hat er eher Glück gehabt, wenn er die erwartete Leistung zum vereinbarten Zeitpunkt und zum angebotenen Preis erhält?

Mich erstaunt es immer wieder, wenn ich ein exklusives Geschäft betrete, durchaus kaufwillig bin und mir dann ein gelangweiltes Gegenüber den Rücken zukehrt und hofft, ja nicht angesprochen zu werden. Es gibt in den deutschsprachigen Geschäften mehr »Warenaufpasser« als Verkäufer. Dieser Ausdruck wurde übrigens vom Einkaufstester und Unternehmensberater Minoru Tominaga geprägt.

Einkaufen ist schon lange kein Erlebnis mehr, sondern nur eine Befriedigung unserer notwendigsten Bedürfnisse. Das gleiche traurige Bild zeigt sich regelmäßig in vielen Restaurants. Genervte Kellnerinnen und Kellner, die uns mit Verachtung strafen, wenn wir aufgrund eines schlechten Services kein oder wenig Trinkgeld geben.

Oft ist es ein viel einfacherer Weg, sich seinen Kunden auf indirekte Weise zu nähern, ohne gleich auszurechnen, wie viel Sie mit einem Abschluss verdienen werden. Mich beeindruckte die Firmenphilosophie von Home Depot, einem Baueinzelhandel in den Vereinigten Staaten. Nur selten habe ich in Deutschland oder der Schweiz solch ein kundenorientiertes Verkaufen oder besser gesagt das »Bemühen um den einzelnen Kunden« erlebt. Obwohl ich während meines Urlaubs in Orlando, Florida nur ein kleines Küchenutensil im Wert von 2 Dollar kaufte, verbrachte der Verkäufer über 20 Minuten mit mir, um alles in Ruhe zu erklären und, welche Überraschung, ohne aufdringlich zu wirken.

Gleich beim Eingang stand eine kleine farbige Theke. Es wurde frischer Kaffee aus gerösteter Zichorie in schönem Porzellan angeboten. Aus einem blumig dekorierten Körbchen roch es nach frischen Zimt-Cheddar-Kaffeebrötchen. Es war schon eigenartig. Mir kam es vor, als würden Kunden sich hier zu einem Happening treffen und nicht um einzukaufen.

Nach meinem Einkauf kehrte ich am späteren Nachmittag nochmals in das Geschäft zurück und sprach mit dem Manager Samuel Rips, der mir sein Erfolgsgeheimnis verriet. »Schauen Sie«, sagte er und schmunzelte vor sich hin.

> *»Behandeln Sie Ihre Kunden,*
> *als wären sie allesamt Millionäre.«*
>
> Credo der US-Baumarktkette Home Depot

»Wir sehen jeden einzelnen Kunden so an, als würde er 100 000 Dollar bei uns liegen lassen.« Er begleitete mich in sein provisorisches Büro in der ersten Etage und zeigte mir seine eindrückliche Statistik. Mit einem aufrichtigen Lächeln breitete er seine Liste vor mir auf dem Tisch aus.

Auf farbigen Blättern zeigte er mir, wie viel Geld ein wirklich zufriedener Kunde durchschnittlich im Laufe von 20 Jahren in einem Do-it-yourself-Geschäft ausgibt. Selbstsicher bestätigte er mir, dass die ersten Einkäufe neuer Kunden in den meisten Fällen unter 15 Dollar liegen. »Wir behalten diesen Kunden nicht nur, weil wir billiger sind als die anderen, sondern weil der Kunde gerne zu uns kommt. Wir gehen davon aus, dass er auch künftig bei uns einkauft und uns sogar weiterempfehlen wird. Dann wird ein Durchschnittskunde gemäß unseren Berechnungen rund 97 500 Dollar bei uns ausgeben – Neukundenvermittlung eingeschlossen. Wir behandeln alle unsere Kunden wie 100 000-Dollar-Kunden. Und wir meinen es ernst damit.«

Er erinnerte mich an den verheerenden Hurrikan Andrew, der 1992 einen großen Teil von Florida zerstörte. Während alle anderen Baumärkte nach der Katastrophe ihre Preise drastisch erhöhten, senkte Home Depot als einziger Baumarkt die Preise. Die Menschen waren darauf angewiesen, Baumaterial für den Wiederaufbau günstig einzukaufen zu können. »Das war übrigens unser schlechtestes Gewinnjahr seit Gründung der Ladenkette«, feixte er. »Zwei Jahre später dankten uns die Kunden unsere Geschäftspolitik in diesen schwierigen Zeiten und machten uns zum Marktführer in den USA.«

Keiner braucht sich zu wundern, wo die Kunden bleiben, wenn die Unternehmen und ihre Mitarbeiter nicht begreifen, wer ihren Lohn bezahlt. Es ist nicht der Chef oder der Direktor, sondern die Kundschaft. Damit die erwünschten Kunden bei Ihnen kaufen, reichen neue Ideen alleine nicht aus. Auch sind Vorteile gegenüber den Mitbewerbern nicht ausschlaggebend für eine Kaufentscheidung. Vergessen Sie nicht, Sie sprechen immer einzelne Menschen an und keine anonymen Organisationen. 90 Prozent der Kaufentscheidung laufen emotional ab, nicht rational.

Fragen Sie sich besonders in einer Umsatzkrise, wer genau Ihre Kunden sind. Wie sieht Ihre heutige Kundengruppe aus, wissen Sie genug über Ihre Zielgruppe? Zum Beispiel das Alter, die Konsumgewohnheiten, Einkommensstrukturen und vieles mehr?

Wer sind Ihre Kunden?

- Haben Sie eine aktuelle Kundendatei? Worin unterscheiden sich Ihre Kunden? Adresse, Telefonnummer, Geburtsdatum, Aufstellung der Interessen oder der gekauften Artikel. Was bevorzugt Ihr Kunde?
  Beispiel Restaurant: Welchen Wein oder welches Gericht mag der Kunde?
  Beispiel Reisebüros: Welche Länder mag der Kunde? Hier können Sie gezielt Angebote unterbreiten und auf Aktionen hinweisen
  Beispiel Finanzdienstleister: Welche Versicherungen bestehen, Höhe des Einkommens, welche Sparziele, welcher Risikotyp?
- Wie hat sich Ihre Kundengruppe (als Beispiel die Anzahl der Stammkunden) in den vergangenen Jahren entwickelt?
- Wer können Ihre Kunden von morgen sein? Denken Sie immer an McDonald's. Kinder wachsen mit dem Clown auf, dem Spielplatz auf dem Gelände des Schnellrestaurants und den Spielsachen, die sie regelmäßig als Geschenk erhalten. Hier wird in die Kunden von morgen investiert. Überlegen Sie sich, wer Ihre Kunden werden können. Wagen Sie einen Blick in die Zukunft.
- Welche Kundengruppe findet ausschließlich bei Ihnen das gewünschte Produkt oder die gewünschte Dienstleistung? Zugegeben ist das eine der härtesten Nüsse, die ich Ihnen zu knacken ge-

be. Finden Sie eine eindeutige Antwort auf diese Frage, so brauchen Sie sich um Ihre Umsätze keine großen Gedanken mehr zu machen.

Warum verschwinden Geschäfte von der Bildfläche, die schon viele Jahre existieren?

Womöglich haben sich die Bedürfnisse der Kunden verändert, aber das Angebot blieb gleich oder ähnlich. Stellen Sie sich darauf ein, dass die Kunden morgen ganz neue Wünsche haben. Sie müssen aufpassen, dass Sie hier »den Zug nicht verpassen«. Denn: Ohne Kunden kein Umsatz! Wenn Sie nicht wissen, was genau das Richtige für Ihre Kunden ist, dann sprechen Sie Ihre Kunden unmittelbar an, denn nur so können Sie erfahren, wo der »Schuh drückt« und wofür sie bereit sind, Geld auszugeben.

Überlegen Sie sich ganz genau, welche Maßnahmen Sie ergreifen können, um im Hinblick auf die Bedürfnisse Ihrer Kunden weiterhin »am Puls der Zeit« zu sein. Ihre Fragestellung sollte hier lauten: Wie könnte meine Kundengruppe morgen aussehen? Was fällt mir ein, um diese zu erreichen?

Überwinden Sie Krisen dank Kundenbindung!

Sie wissen, wer Sie bezahlt. Ihre Kundschaft ist es, die Einnahme- und Geldquelle, Ihr Gradmesser für Erfolg oder Misserfolg. Damit haben die Kunden auch die erste Priorität – vor allem anderen. Scheitern Sie nicht an einer Unternehmenskrise, nur weil Sie Ihre Kundschaft aus den Augen verloren haben. Kümmern Sie ganz besonders in beruflichen Krisen um Ihre Umsätze. Rückblickend kann ich Ihnen versichern, dass die meisten Unternehmenskrisen mit Geld aus der Welt geschafft werden konnten. Wenn Sie als Unternehmer über ausreichend Umsatz und flüssige Mittel verfügen, überwinden Sie erwiesenermaßen über 80 Prozent aller Schwierigkeiten, die sich Ihnen während Ihrer Schaffenszeit in den Weg stellen.

Bleiben Sie unbedingt am Ball und in Kontakt mit Ihren Kunden, selbst wenn Sie unter der Last der Probleme zusammenzubrechen drohen.

Taylors Geschichte

Jedes Jahr wird vom Verband der Automobilindustrie der beste Autoverkäufer des Jahres prämiert. Und seit vielen Jahren gewinnt immer der gleiche Verkäufer diesen heiß begehrten Preis. Sein Name ist Hans Taylor. Als er den Preis drei Jahre lang in Folge abräumte, fragte ihn der Präsident des Automobilverbands, woran es liege, dass er jedes Jahr viel mehr Neuwagen verkaufte als alle anderen.

»Liegt es daran, dass Sie einen guten Standort haben oder viel Werbung machen und Marketing betreiben?«

Taylor antworte bescheiden: »Nun, einen guten Standort haben wir nicht, auch sind wir nicht die Billigsten. Für Werbung geben wir eigentlich sehr wenig Geld aus.«

»Ah ja, aber was ist dann?«, fragte der Vorsitzende mit Nachdruck.

»Wissen Sie, es ist eine alte Gewohnheit von mir, sämtliche Visitenkarten zu sammeln und die Interessenten und Kunden nach dem Geburtsdatum zu fragen. Viele meiner Kunden vergessen schon bald wieder, dass ich sie je danach gefragt habe. Ich mache eigentlich nichts anderes, als ein- bis zweimal im Jahr eine Postkarte zu verschicken. Die eine schicke ich zum Geburtstag meiner Kunden, eine zweite zu Weihnachten. Irgendwie habe ich mir eine Gewohnheit daraus gemacht und signiere jede einzelne Karte von Hand. Und mittlerweile versende ich rund 840 Postkarten pro Jahr in ganz Europa. Meine Kunden legen teilweise riesige Strecken zurück, nur um bei uns ein Fahrzeug zu kaufen. Warum das so ist, das weiß ich selbst nicht genau.«

Bauen Sie Ihren Kundenkontakt aus und schaffen Sie eine Präsenz bei Ihrer Kundschaft, indem Sie mindestens zweimal im Jahr eine Postkarte schicken. Verzichten Sie auf eine maschinelle Erstellung oder einen Massenversand. Verwenden Sie vielmehr eine schöne Briefmarke und schreiben Sie von Hand. Diese kleine Marketingaktion kann unvorstellbare Wunder bewirken.

Netzwerke, die Ihr berufliches Leben retten können

Netzwerke sind nichts anderes als Informationsquellen. Mit der richtigen Information zur richtigen Zeit können Sie viele Krisen bereits im Keim ersticken. Bauen Sie sich, wenn möglich, schon sehr früh ein persönliches Netzwerk. Sie werden sehen, es lohnt sich! Denn Sie werden »alte Hüte ablegen und neue Hüte aufsetzen«. Stellen Sie sich dabei immer die Frage: »Welche Quellen stehen mir zur Verfügung?«

Kennzeichnen Sie wichtige Beziehungen und Kontakte farbig in Ihrem Adressbuch. Ein guter Kontakt in guten Zeiten hilft in schwierigen Situationen! Einer meiner größten eigenen Fehler in der Vergangenheit war es, mich immer nur auf mich selbst zu verlassen. Das Prinzip funktioniert nur für einige Jahre. Schon bald sind Ihnen andere mit Netzwerken und strukturiertem Kontaktnetz um Längen voraus. Manchmal ist es auch klüger, mit anderen zusammen eine persönliche Beziehung aufzubauen, die sich einfach pflegen lässt. Ein Netzwerk braucht ohne Frage viel Zeit. Das zeitliche Engagement zahlt sich allerdings tausendfach aus. Versprochen.

Liegt vielleicht noch Potenzial in den Beziehungen brach? Sind manchmal Kontakte vielleicht eingeschlafen oder benötigen Sie neue Kontakte?

Hier ein Beispiel, aus welchen Bereichen Ihres Umfeldes Sie Informationen zu welchen Themen bekommen können. Wer könnte zu solch einem persönlichen Netzwerk gehören?

Checkliste für Ihr eigenes Netzwerk:

- Ein oder zwei Rechtsanwälte, die ihnen nicht jedes Telefonat in Rechnung stellen
- Ihr Steuerberater, der alle Finanzinformationen Ihrer Firma kennt
- Unternehmer, die in einer ähnlichen oder gleichen Branche arbeiten
- Freunde und Geschäftspartner, die nicht von Ihnen abhängig sind und sich Ihnen gegenüber auch mal kritisch äußern
- Mitglieder der Handelskammer sowie Verbandsmitglieder

- Vorstände aus dem regionalen Stadtmarketing
- Mitglieder aus Business- oder Service-Clubs
- Erfolgreiche Unternehmer, die Sie als Mentoren gewinnen könnten
- Mitglieder aus Politik und Stadtverwaltung
- Banker von verschiedenen Instituten
- Unabhängige Finanzberater
- Medien und lokale Redaktionen
- Wichtige Kunden, die regelmäßig ein Feedback für die Verbesserung Ihrer Dienstleistung und Ihrer Produkte abgeben
- Wer könnte zudem zu Ihrem persönlichen Netzwerk gehören?

Informieren Sie sich und lassen Sie sich beraten

Die Krux externer Berater ist, dass sie teuer sind und nicht immer den Erfolg mit sich bringen, den Sie sich als Unternehmer davon versprechen. Halten Sie sich hier an die Regel, sich für heikle Angelegenheiten Spezialisten ins Haus zu holen und lehnen Sie generelle Beratungen für den Hausgebrauch grundsätzlich ab. Unter Umständen vergeuden Sie Ihre kostbare Zeit und zahlen teure Tageshonorare. Doch gerade für die Früherkennung von Chancen und Risiken ist unternehmerische Weitsicht gefragt. Dies schließt auch Kenntnisse über mögliche Risiken bei der Unternehmensführung mit ein. Eine Möglichkeit ist, sich vorbeugend zu informieren oder auf die vielfältigen Beratungsmöglichkeiten zurückzugreifen. Im Folgenden habe ich Ihnen zahlreiche Institutionen und Verbände zusammengestellt, die Ihnen dabei mit Rat und Tat – in der Regel auch kostenlos – zur Seite stehen. Und dieses Angebot sollte sich jeder Selbstständige zu Nutze machen:

Industrie- und Handelskammern, Handwerkskammern

Fragen Sie hier unter anderem nach Betriebsberatern, die kostenlos zu Ihnen ins Unternehmen kommen. Sie beraten Sie auch bei Fragen zur Unternehmensnachfolge.

Deutsche Ausgleichsbank (DtA)

Die DtA verfügt sowohl über eine so genannte Info-Line mit Beratungsservice (Tel. 02 28/8 31-24 00) als auch über Beratungszentren »vor Ort«. In den neuen Bundesländern werden mit Hilfe der »Runden Tische« individuelle Problemlösungen gesucht.

Kreditanstalt für Wiederaufbau (KfW)

Im KfW-Beratungszentrum Berlin (Tel. 0 30/2 02 25-0, Fax -2 50) ist unter anderem eine Beratung für Unternehmen und Privatpersonen, die sich selbständig machen wollen, über Förderprogramme, zur Finanzierung von Innovationen und bei der Erstellung von Finanzierungskonzepten möglich.

Bundesministerium für Wirtschaft und Technologie (BMWi)

Die Förderberatung des BMWi (Tel. 0 30/20 14-76 48/9, Fax -70 33) berät Sie über Fördermöglichkeiten, Antragswege, Adressen.

Seniorenberater

Nach dem Motto »Alt hilft Jung« können Sie aber auch Hilfe von gestandenen Senioren der deutschen Wirtschaft in Anspruch nehmen. Dabei handelt es sich um wohlverdiente Unternehmerpersönlichkeiten, die ihr Wissen und ihre jahrzehntelange praktische Erfahrung jungen Unternehmern gerne zur Verfügung stellen. Weitere wichtige Adressen entnehmen Sie dem Anhang.

Zeit für Entscheidungen

Krisen entstehen, wenn wir früher die falschen Entscheidungen getroffen haben. Täglich trifft jeder Unternehmer durchschnittlich fünf wichtige Entscheidungen. Heutzutage können Sie jedes Problem lösen und alle beruflichen Schwierigkeiten in den Griff bekommen, solange Sie »richtig« entscheiden und darauf reagieren.

Wie entscheiden Sie?

- Entscheiden Sie eher auf der Basis von Zahlen und analytischen Grundlagen?
- Oder entscheiden Sie eher intuitiv »aus dem Bauch heraus«?
- Beziehen Sie andere in Ihre Entscheidung ein?
- Wie wichtig sind nichtmonetäre Informationen für Sie?
- Machen Sie Kompromisse, wenn Sie Entscheidungen treffen?
- Machen Sie Ihre Entscheidungen transparent?
- Wie schnell setzen Sie getroffene Entscheidungen um?

Gute Entscheidungen allein haben noch kein Unternehmen erfolgreich gemacht. Erst eine konsequente Umsetzung wird erfolgswirksame Ergebnisse bringen.

In bedrohlichen Situationen müssen Sie womöglich schnelle Entscheidungen treffen, und wenn möglich die richtigen. Wenn Sie mit der Entscheidung nicht warten können, bis alle Fakten und Informationen bekannt sind, treffen Sie einfach eine Teilentscheidung und bestimmen Sie die verschiedenen Maßnahmen, die getroffen werden müssen.

Schnelle, klare und nachvollziehbare Vorab-Entscheidungen sind immer besser, als gar nichts zu tun. Versuchen Sie, glaubwürdig zu bleiben. Berücksichtigen Sie menschliche Gesichtspunkte, kümmern Sie sich und übernehmen Sie die Verantwortung.

Jede Entscheidung zielt darauf ab, einen unklaren Zustand zu beenden. Dabei werden Alternativen verworfen. Wer allerdings immer nur auf Nummer sicher gehen will, riskiert, entscheidungsunfähig zu werden. Oftmals ist es nicht so wichtig, dass Sie die beste Option finden, sondern dass Sie mit vertretbarem Aufwand überhaupt eine akzeptable Lösung herbeiführen.

Unsere Großeltern wussten schon: »Guter Rat ist teuer.« Als Mensch machen wir Fehler und leider treffen wir nicht immer die richtige Entscheidung. Hinzu kommen weitere menschliche Faktoren, die uns bei der Entscheidungsfindung beeinflussen.

Erstens: Die meisten Menschen können nicht über mehrere Sachen gleichzeitig nachdenken, geschweige denn entscheiden. Da die Denkkapazität in Krisenzeiten begrenzt ist, neigen wir dazu, unsere

Ressourcen und unseren Erfahrungsschatz sparsam einzusetzen. Die Kreativität für eine schnelle Lösungsfindung wird durch langes, meist negatives Grübeln sabotiert. Unternehmende, die in einer Krise stecken, nehmen nur Brückstücke wahr, nicht den gesamten Umfang der vorliegenden Schwierigkeit. Sie sehen nur die Bäume, aber nicht den Wald.

Zweitens: Voreilige Prognosen produzieren Kardinalfehler im Entscheidungsprozess. Betroffene Selbstständige orientieren sich an der gegenwärtigen Situation und vermögen nicht abzusehen, was die Zukunft bringt. Als Mercedes vor Jahren das Debakel mit der A-Klasse erlebte, unterschätzte die Unternehmensführung das Krisenpotenzial völlig. Ein Auto war aufs Dach gefallen – doch sie glaubten, das dies ein Weltunternehmen nicht wirklich beeinträchtigen könne. Diese irrige Annahme entpuppte sich schon bald als eine der fatalsten Gegenwartseinschätzungen: Denn das Unternehmen schlitterte damit geradewegs in eine gewaltige Imagekrise.

Drittens: Völlig unterschätzt wird auch die emotionale Belastung eines Selbstständigen, der vor einem Haufen Problemen sitzt und unter der Last zusammenzubrechen droht. Angst, Wut, Sorgen und Ärger verändern das Denken in Krisensituationen. Die Gefahr des Tunnelblicks ist in dieser Situation größer denn je und die extreme Form von geistigem »Blackout« lässt nicht lange auf sich warten. Wir können Stress nicht beherrschen, auch nicht kontrollieren, aber damit umgehen und balancieren.

Probieren Sie folgendes beliebtes Handlungsmodell für komplexe Entscheidungsfindung:

Die schnelle Entscheidung nach Gefühl

In Krisensituationen können unüberlegte Schnellschüsse ein Todesurteil bedeuten. Kurzfristige Lösungen helfen in den seltensten Fällen weiter. Trotzdem ist die Versuchung hoch, bei ersten Anzeichen sofort zu reagieren und damit die Probleme aus der Welt zu schaffen. Aber diese Rechnung geht nicht auf. Im Alltag sind häufig rasche Entscheidungen gefragt. Aufgrund unseres Arbeitspensums

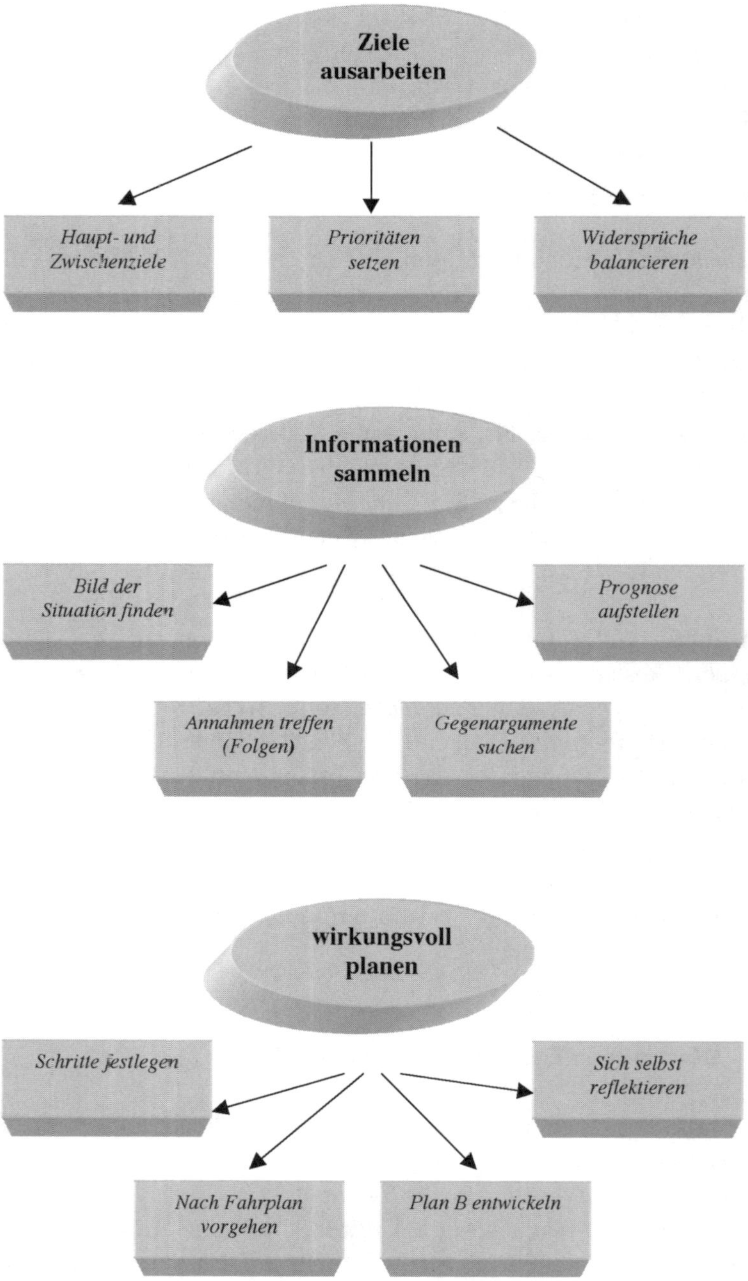

Abb. 4: Komplexe Entscheidungsfindung

und permanenten Zeitmangels entscheiden wir intuitiv, nach Gefühl. Das kann folgenschwere Nachteile mit sich bringen, denn unsere Entscheidungsfindung ist nicht transparent und die Intuition ist bei komplexen Entscheidungen überfordert. Fehlentscheidungen sind kaum noch analysierbar. Entscheidungen unter Zeitdruck bergen leider weit reichende Gefahren, weil sie zu wenig durchdacht sind. Es werden leicht Alternativen übersehen.

Gefühlsentscheidungen haben aber auch einen entscheidenden Vorteil: Sie sind häufig richtig oder zumindest brauchbar und bedürfen keines langen Entscheidungsverfahrens.

Vorsicht bei Entscheidungen mit langfristigen Auswirkungen. Wichtige geschäftliche Entscheidungen ziehen automatisch nachhaltige Konsequenzen mit sich. Prüfen Sie jede Entscheidung nach folgenden Gesichtspunkten:

Kurzcheck Entscheidungen

- Verlassen Sie sich nicht einfach auf Ihre Intuition, sondern stellen Sie Ihr Bauchgefühl auch einmal in Frage.
- Versuchen Sie herauszufinden, welche langfristigen Konsequenzen auf Sie zukommen könnten.
- Gestalten Sie Ihre Entscheidungen so, dass Sie in Zukunft noch korrigierend eingreifen können. Vermeiden Sie wenn möglich endgültige Entscheidungen. Mit einer gewissen Flexibilität sollten Sie sich die Türen offen lassen.

So vermeiden Sie Fehlentscheidungen

1. Sich auf das eigene Gefühl verlassen

Um Fehler in der Entscheidung zu reduzieren, müssen Sie zunächst sämtliche Entscheidungsansätze in Frage stellen. Gefühlsentscheidungen lassen sich schlecht analysieren und wir wollen das auch gar nicht. Die Faustregel lautet: Bei komplexen Situationen sind Gefühlsentscheidungen meist nicht geeignet.

2. **Wir übersehen das Wesentliche**
Tief greifende Entscheidungen gestalten unsere Zukunft und brauchen daher volle Aufmerksamkeit. Nehmen Sie sich Zeit zum Nachdenken bei der Entscheidungsfindung. Gewöhnen Sie sich an, auf dem Papier zu denken. Malen, skizzieren und zeichnen Sie Wörter, Bilder, Fragen und Antworten. Und schon bald ergibt sich ein Ganzes. Achten Sie unbedingt auf das Wesentliche!

3. **Folgen Sie nicht blind dem Rat von Experten**
Sie können unmöglich auf jedem Gebiet erstklassig sein. Sich Rat von Spezialisten zu holen liegt deshalb nahe. Seien Sie trotzdem kritisch und prüfen Sie genau, welche Interessen der Experte verfolgt, die Ihren Zielen zuwider laufen könnten.

4. **Entscheidung aufschreiben und abwarten**
Manchmal ist es klüger, Entscheidungen zu vertagen, da vielleicht nicht alle Informationen vorliegen oder weil es ratsam wäre, nochmals darüber zu schlafen. Ad-hoc-Entscheidungen in Krisensituationen können fatale Folgen haben. Riskieren Sie nicht, dass andere Ihnen die Dinge aus der Hand nehmen, nur weil Sie Entscheidungen verschleppen. Selbst wenn die Bank oder Gläubiger Sie zur schnellen Entscheidung drängen, sollten Sie als Unternehmer gelassen bleiben.

5. **Durchschauen Sie die Risiken**
Risiken und Fallstricke erkennen Sie nur dann, wenn Sie ein Problem durchschauen. Seien Sie daher gründlich in der Prüfung der Optionen, Alternativen und möglichen Konsequenzen. Nur dann gelingt Ihnen eine optimale und sichere Entscheidung mit begrenztem Risiko.

6. **Ertrinken Sie nicht in Problemen**
Verbeißen Sie sich nicht in vielen nebensächlichen Problemen, Kümmern Sie geradewegs um die wichtigsten Entscheidungen. Gewöhnen Sie sich an, erst die härtesten Nüsse zu knacken, bis Sie sich um Nebensächlichkeiten kümmern.

So treffen Sie die richtige Entscheidung in allen Situationen

Als größtes Übel haben sich während meiner Tätigkeit als Trouble-Shooter für KMU (Klein- und Mittelunternehmen) die professionellen »Entscheidungsverweigerer« erwiesen: Unternehmer und Selbstständige, die genau wissen, was zu tun wäre, um sich selbst aus dem Schlamassel zu ziehen. Selbst wenn es bereits fünfnachzwölf ist, kommen sie nicht zu einer Entscheidung. Selbst wenn die Situation auf Herz und Nieren geprüft wurde und die nächsten Schritte offensichtlich sind. Selbst dann warten alle vergebens auf den Startschuss. Entscheidungsverweigerung ist übrigens kein Charakterzug, sondern wird schleichend über Jahre antrainiert.

Trotz aller Widrigkeiten haben Not leidende Unternehmen immer die Wahl. Die nachfolgenden Schritte sollen bei der Entscheidungsfindung helfen.

In 5 Schritten zur richtigen Entscheidung

Vorbereitung:

Die Entscheidung ist stark abhängig von Ihrer Fragestellung.

Wo genau ist Ihr Ausgangspunkt? Wo genau stehen Sie?

1. Klären Sie, **was** Ihnen wichtig ist und **wie** wichtig es ist. Welches Ziel oder welchen Ausgang verfolgen Sie?
2. Sammeln Sie die verschiedenen Möglichkeiten und versuchen Sie, den Entscheidungsprozess auf mehrere Stufen zu verteilen. Dadurch wird er effizienter und transparenter.
3. Was passiert, wenn Sie falsch liegen? Was kann überhaupt schlimmstenfalls passieren? Welches sind die Konsequenzen? Wer außer Ihnen ist noch betroffen und inwiefern?
4. Treffen Sie Ihre Entscheidung. Prüfen Sie alle Optionen, inwieweit sie Ihren Zielen und Anforderungen entsprechen. Die beste Alternative wählen Sie aus.
5. Wenn die Folgen Ihrer Entscheidung absehbar werden, beginnen Sie sofort damit, den Verlauf zu analysieren. Geht alles in die richtige Richtung?

Wie treffen Sie die richtigen Entscheidungen?

Die erste und meistverbreitete Methode, die ich Ihnen hier vorstelle, eignet sich vor allem, wenn Sie aus einer Vielzahl von ähnlichen Alternativen auswählen können. Sie entscheiden sich einfach für die beste Möglichkeit. Wie ein Bussard halten Sie Ausschau nach der besten Entscheidung. Sie kreisen Ihre Favoriten allmählich ein, bis Sie sich dann auf die richtige Wahl stürzen.

Als Grundlage benötigen Sie lediglich klare Kriterien, wie beispielsweise bestimmte Anforderungen, die erfüllt werden sollten.

Diese Anforderungen könnten sein:

- Kleinstmöglicher Schaden
- Verlustarme Konsequenzen
- Schnellster Weg aus der Situation
- Schmerzloser als andere Alternativen
- Naheliegender als andere Möglichkeiten
- Konsequenz und Klarheit Ihrer eigenen Werte
- Bestimmte Charaktereigenschaft
- Weitere Anforderungen, die zu Ihnen passen

Was fehlt in dieser Aufstellung?

Richtig, der Faktor, welcher 90 Prozent unserer Entscheidungsfindung ausmacht: die Emotionen.

Oft ist es besser, analytisch vorzugehen und damit die besseren mittel- bis langfristigen Entscheidungen zu treffen. Emotionsgerichtete Entscheidungen bringen in der Regel nur kurze Befriedigung. Da Sie ein Profi sind und eine Firma leiten oder ein Unternehmen aufbauen, sollten Sie von sich selbst erwarten, auch wie ein Profi zu handeln.

Zurück zur Methodik: Je nach Anforderung treffen Sie klare Ko.-Kriterien, nach denen die verschiedenen Alternativen aus dem Rennen fallen. Nach und nach überprüfen Sie die Kriterien und sobald eine Anforderung nicht erfüllt wird, lassen Sie die Option fallen. Stellen Sie sich zu diesem Zweck einfach ein großes Sieb vor, an dessen Öffnungen die verschiedenen Alternativen hängen bleiben, weil sie nicht richtig zur Situation passen.

Soll Ihr Entscheidungsprozess erfolgreich enden, so kommt es darauf an, dass Sie Ihre Möglichkeiten möglichst sinnvoll filtern. Das Filtersystem arbeitet nach einem sehr einfachen Prinzip. Allgemeine Kriterien, die viele Ihrer Anforderungen (siehe Checkliste oben) nicht erfüllen, bleiben sofort im Filter hängen und scheiden damit aus. Je mehr Übereinstimmung mit Ihren Anforderungen besteht, desto länger bleiben die Alternativen im Spiel und kommen sozusagen eine Runde weiter. Am Schluss bleiben nur wenige Antworten übrig. Damit schaffen Sie eine grobe Eingrenzung Ihrer möglichen Entscheidungen. Die Trefferquote für eine richtige Entscheidung ist damit sehr hoch.

Mein Tipp

Halten Sie sich alle Optionen bis zur letzten Minute offen. Zu oft verwerfen wir Möglichkeiten und sagen nein zu einer Variante. Schlagen Sie die Türen nicht zu früh hinter sich zu.

Guter Rat in schwierigen Situationen ist stets teuer. Letztendlich sind Sie selbst verantwortlich und haften für Ihre Entscheidungen zu 100 Prozent, selbst wenn Sie intensiv beraten wurden. Sie müssen schließlich den Kopf hinhalten.

Außerdem kann bei der Entscheidungsfindung das »Worst-case-Szenario« weiterhelfen. Die Vorstellung des »schlimmsten Falls, der eintreten könnte«, ist eine wichtige Hilfe bei Entscheidungen, die mit großer Unsicherheit und hohem Risiko verbunden sind. Fragen Sie sich bei jeder Ihrer möglichen Handlungsalternativen, also möglichen Entscheidungen, welche Folgen im schlimmsten Fall eintreten könnten.

Finden Sie mit dieser Methode heraus, welche Alternative die am wenigsten bedrohlichen Konsequenzen hat. Nur so erhalten Sie ausreichend Aufschluss über mögliche Schwachstellen und Gefahren und können sie gegeneinander abwägen. Erstaunlicherweise und zu Ihrer Beruhigung möchte ich hier erwähnen, dass der so genannte »Worst case« in den allermeisten Fällen nicht oder anders eintritt. Dies liegt daran, dass unsere Vorstellungskraft unmöglich alle Konsequenzen aus unseren Entscheidungen erfassen kann. Im Zuge einer wichtigen Entscheidungsphase kommen manchmal unerwartet neue Gegebenheiten dazu, die unterstützend wirken können und hilfreich sind bei der Findung einer Entscheidung.

Die Mutter aller Regeln ist daher:

Lassen Sie sich immer ausreichend Zeit bei schwierigen und folgenreichen Entscheidungen, selbst wenn die Zeit noch so drängt. Besser eine richtige Entscheidung mit etwas Verzögerung als eine falsche zum richtigen Zeitpunkt. Wie immer hat jede Regel eine Gegenregel. So ist es nicht ratsam, zu lange zu warten, um eine Entscheidung zu treffen. Timing kann überlebenswichtig sein. Finden Sie einen annehmbaren Mittelweg.

Was ist, wenn Sie eine Fehlentscheidung treffen?

In einem solchen Fall müssen Sie zunächst in den sauren Apfel beißen und die Verantwortung dafür übernehmen. Doch nutzen Sie diese Fehlentscheidungen, um daran zu wachsen, spätere Entscheidungsfindungen zu verbessern und zu lernen. Voraussetzung dafür ist eine aufrichtige Analyse nach Eintritt aller Folgen aus dieser Fehlentscheidung. Auch wenn es wehtut, überlegen Sie, welche Entscheidung die bessere gewesen wäre und warum Sie sie nicht getroffen haben. Was war der Grund Ihrer Fehleinschätzung? Persönliche Werte, Emotionen oder unzureichende Information, Unvermögen, Zeitmangel oder Zufall? In beruflichen Krisen haben wir die Tendenz, die Konsequenzen eher pessimistischer einzuschätzen. Vielleicht haben Sie die Situation einfach unter – oder überschätzt?

Handeln Sie so, dann haben Sie mit dieser Methode einen unschätzbaren Vorteil erworben! Mit Hilfe diese Analyse erhalten Sie schließlich die Möglichkeit, Ergebnisse aus Ihrer Fehlentscheidung heraus mit allen ihren Konsequenzen nachzukorrigieren.

Und noch etwas: Ihre Möglichkeiten zur Nachbesserung sollten Sie nicht unterschätzen, selbst wenn Sie von der ursprünglichen Entscheidung erheblich abweichen.

Vielleicht können Sie durch ein Gespräch oder eine Handlung etwas an der Situation verbessern. Scheuen Sie sich keine Sekunde, nach dieser Erkenntnis etwas zur Schadensbegrenzung zu unternehmen. Auch das zeichnet einen Profi aus.

Wichtigkeit versus Dringlichkeit

Die Zeit rennt davon, geht Ihnen das auch so? Dieses Gefühl von Zeitmangel haben immer mehr Menschen, besonders wenn wir unter Spannung sind, Probleme lösen müssen, uns um das Geschäft intensiver als sonst kümmern müssen und unser Familienleben dafür zu kurz kommt. Das ist ein hoher Preis, den ein Unternehmer zu zahlen hat. Aber es geht auch anders: Lernen Sie richtig zu unterscheiden zwischen **»dringend«** und **»wichtig«**.

Hier noch ein paar Beispiele: Es wird nur noch das erledigt, was gerade am dringlichsten ist. Wir sind dann ständig am Feuerlöschen. Auf der psychologischen Ebene bedeutet das »Reparaturdienst-Prinzip«: Ein Selbstständiger unter Druck scheint für nichts mehr Zeit zu haben. Vieles wird angedacht und nur wenig wird richtig erledigt – die Leidtragenden sind Ihre Ergebnisse. Es wird geplant und entschieden, ohne mögliche und künftige Nebenwirkungen zu beachten. Eine andere Kategorie von Unternehmern sind diejenigen, die nach dem Motto »Planoptimismus« leben. Es wird schon gutgehen, weil es gutgehen muss. Auf der Ebene der menschlichen Biologie und Physiologie sind in Krisensituationen Erschöpfung und Ermüdung relevant. Zudem sind viele Menschen abhängig von biologischen Rhythmen, die, wenn sie einmal gestört werden, zu Konzentrationsproblemen führen. Um nicht die Übersicht zu verlieren und an allen Fronten zu kämpfen, sollten Sie lernen, mit den Ereignissen in geordneter Reihenfolge umzugehen. Das ist leichter gesagt als getan. Aber mit einigen grundlegenden Strategien bekommen Sie diese Unsicherheit in den Griff.

Selbst wenn Sie sich fühlen wie eine Tube Zahnpasta, die von allen Seiten zusammengedrückt wird, so müssen Sie besonders in dieser heiklen Phase das eigene Krisenmanagement bewältigen. Schwere geschäftliche Probleme zu lösen erfordert nicht nur rationelles Vorgehen, sondern auch eine große Portion Erfahrung.

Gerade in heiklen Phasen verdichtet sich bei vielen Menschen das Gefühl »Ganz gleich, wie sehr ich mich auch anstrenge, es gelingt mir immer schlechter und fällt mir immer schwerer, allen Anforderungen gerecht zu werden«.

Fragen Sie sich selbst: Was ist wirklich wichtig, aber nicht dringend?

Dagegen: Was ist sehr dringend, aber nicht wirklich wichtig?

So salopp sich diese Regel anhören mag – diese Erkenntnis ist der Schlüssel, der Sie aus jeder beruflichen Krisensituation führt.

Beispiele

- Es ist nicht dringend, auf eine erste Mahnung sofort zu reagieren, aber dafür wichtig.
- Es ist nicht wichtig, ein Projekt abzuschließen, aber dringend, weil ein Termin ansteht.
- Es ist nie dringend, joggen zu gehen und sich gesund zu ernähren, es wäre aber gut für die Gesundheit, also ist es wichtig.
- Es ist nie dringend, viel Zeit mit der Familie zu verbringen, es wäre aber für Sie wichtig.
- Es ist nie dringend, sich Zeit für ein Gespräch mit dem Lebenspartner oder guten Freunden zu nehmen, aber für die Beziehungen sehr wichtig.
- Es ist natürlich nicht dringend, sich zu fragen: „Welche Ziele habe ich im Leben?«, dafür wäre es sehr wichtig, um nicht in einigen Jahren in eine Sinnkrise zu geraten.

Viele Dinge im Leben sind nicht dringend, deshalb kümmern wir uns nicht darum, aber irgendwann ist es für sie zu spät. Erstaunlicherweise sind wirklich wichtige Dinge nie dringend. Was tun wir? Genau, wir schieben sie vor uns her bis zum Sankt-Nimmerleins-Tag. Es stimmt auch nicht, wenn wir sagen, dass wir noch schnell einige Dinge erledigen müssen und dann Zeit hätten.

Selbstverständlich kenne ich Ihren Einwand. Sie haben Ihre Arbeit gut organisiert und besitzen sogar ein gut strukturiertes Zeitplanbuch. Schön, aber wie oft halten Sie Ihren Plan oder Ihre Termine wirklich ein? Zeitplanung funktioniert nicht minutiös. Das braucht sie auch nicht. Aber wie oft fallen andere wichtige Aktivitäten unter den Tisch, nur weil wir falsch mit unserer Zeit umgehen?

Sie brauchen eine Balance zwischen allen geschäftlichen und privaten Bereichen. Manchmal sind private Dinge eben wichtiger, trotz beruflicher Schwierigkeit. Gut möglich, dass Sie an einem freien Wochenende mal wieder richtig Kraft tanken, zur Ruhe kommen, und daraufhin entspannter an schwierige Entscheidungen gehen. Vielleicht auch mit Ihrem Lebenspartner oder mit Freunden darüber in Ruhe diskutieren können. Zu spüren, dass ein Rückhalt da ist, kann Ihnen die Energie geben, um die beruflichen Probleme schneller in den Griff zu bekommen. Man muss sich hin und wieder aus der Alltagshektik zurückziehen. Der entscheidende Schlüssel zum »Gewinnen« oder »Verlieren« ist, Klarheit zu bekommen. Wer ein klares Bild von seinem künftigen Leben vor seinem inneren Auge hat, kann seine Lebensziele formulieren. Sie wissen – alles hat seinen Preis: Mit einem *Ja* zur Karriere sind automatisch viele *Neins* in anderen Bereichen verbunden.

Richtiges Zeitmanagement in Krisensituationen

Wie sieht Ihr Schreibtisch aus? Liegen da Stapel von unerledigten Akten, offene Rechnungen, Notizen, Bücher und Schreibutensilien, vielleicht noch Stempelkissen und Locher? Machen Sie den ersten Schritt in Sachen Zeitmanagement und räumen Sie alles weg. Die Berger-Studie belegt, dass ein aufgeräumter Schreibtisch mehr Leistung garantiert. Durchschnittlich verlieren wir täglich über 35 Minuten mit dem Suchen von Unterlagen auf einem Schreibtisch, der mit ungefähr 30 Stunden unerledigter Arbeit belegt ist. Werfen Sie zudem alle Blätter, Notizen und Papierkram, den Sie nicht mehr benötigen, einfach weg, oder legen sie alles in Ordner ab.

Nur wenn Sie gut organisiert sind, sind sie auch in der Lage, geschäftliche Schwierigkeiten mit Erfolg anzugehen. Fangen wir an:

Richtiges Selbstmanagement im Krisenfall in fünf Schritten

Mich erstaunt immer wieder, wie manche Unternehmer mit dem Thema Schreibtischarbeit umgehen. Es wird jede Akte zwei- bis dreimal in die Hand genommen und unbearbeitet wieder zurück ins Fach gelegt. Schnell zu erledigende Arbeiten werden bevorzugt und wichtige Arbeiten, die etwas mehr Zeitaufwand erfordern, werden auf den nächsten Tag verschoben. Wenn Sie zu diesem Typ zählen, dann kann ich Ihnen nur raten, früh morgens ins Büro zu gehen und sich ohne Verzögerungen sofort an die Arbeit zu machen.

Erster Schritt: Fangen Sie sofort damit an, Ihren Schreibtisch oder Ihr Büro aufzuräumen. Legen Sie nun sechs Stapel an:

• Noch zu bearbeiten	
• Erledigt	(Ablage)
• Wiedervorlage	(pendent halten)
• Archiv	(Ablage Archiv-Ordner)
• Weitergabe an Dritte	(delegieren)
• Müll (vertikale Ablage)	(eliminieren)

Bei den unerledigten Aufgaben setzen Sie sich bitte Prioritäten. Das Eisenhower-Prinzip hat sich bewährt:

• Wichtig und dringend	= Priorität A
• Wichtig, aber nicht dringend	= Priorität B
• Dringend, aber nicht wichtig	= Priorität C
• Weder dringend noch wichtig	= wegwerfen

Die Aufgaben können auch in drei Kategorien aufgeteilt werden:

• Was muss getan werden?	—> Aufgaben A
• Was soll getan werden?	—> Aufgaben B
• Was kann getan werden?	—> Aufgaben C

Achtung: A- und B- Aufgaben sind in der Regel Chefaufgaben. Wenn eine Ihrer Aufgaben an Dritte (beispielsweise Mitarbeiter) übertragen wird, dann erstellen Sie einen Maßnahmenplan mit Zuständigkeiten. Von wem, bis wann wird welche Aufgabe erledigt? Überprüfen Sie diese in kurzen Zeitabständen.

Zweiter Schritt: Überlegen Sie sich bitte bei allen Aufgaben: Bringt mich diese Tätigkeit jetzt meinem Ziel näher oder davon weg?

Nach dem Pareto-Prinzip verbringen Menschen 80 Prozent ihrer Zeit mit Tätigkeiten, mit denen sie nur 20 Porzent ihres Ergebnisses erzielen. Machen Sie es anders: verbringen Sie 80 Prozent Ihrer Zeit mit Aufgaben, die Sie Ihren Zielen näher bringen. Planen Sie vorsichtig und maximal eine A-Aufgabe pro Tag, nicht mehr. Die meisten Zeitplanungen funktionieren nicht, weil in Krisensituationen zu viel in einem zu kurzen Zeitraum geplant wird. Meist ist das Pensum nicht zu schaffen und sehr oft werden Zeitfresser und Ruhestörer überhaupt nicht eingeplant. Das führt zu Demotivation und dem Gefühl der Überforderung.

Die Faustregel dafür lautet. Maximal 65 Prozent der Zeit (besser noch nur 50 Prozent) verplanen oder für unvorhergesehene Aktivitäten einplanen. Damit liegen Sie goldrichtig und werden in der Planung und der effizienten Erledigung Ihrer Aufgaben bestätigt.

Dritter Schritt: In Krisenfällen steht dem Unternehmer in der Regel nur sehr wenig Zeit zur Verfügung. Er sollte sich vierteilen können und an allen Fronten gleichzeitig Aufgaben erledigen. Das führt zu maximalem Disstress. Schaffen Sie sich also ausreichend Zeit. Beraumen Sie nur kurze Mini-Meetings mit maximal 5 bis 15 Minuten an. Selbst wenn es noch so viel zu besprechen gäbe, reduzieren Sie in dieser Phase Ihrer Unternehmung auf die Daten und Fakten. Kombinieren Sie Kaffeepausen mit diesen kleinen Sitzungen. Bündeln Sie Aktivitäten (Kundentermine, Briefe lesen und beantworten, Telefonate führen): so sparen Sie Zeit!

Vierter Schritt: Planen und reservieren Sie sich Ruhephasen, in denen Sie unter keinen Umständen gestört werden wollen. Sie sind dann auch nicht für Kunden oder Mandanten zu erreichen. In diesen Phasen können Sie sich dann auf wichtige A-Aufgaben konzentrieren. Richten Sie sich diese störungsfreien Arbeitsphasen ein, wenn Sie am leistungsfähigsten sind. Berücksichtigen Sie für die Planung dieser Zeitphase auch Ihre persönliche tägliche Leistungskurve.

Fünfter Schritt: Zugegeben: Ich bin ein großer Freund der Kommunikation per E-Mail. Kurze E-Mails brauchen weit weniger Zeit als ein Telefonat. Zudem ersparen E-Mails Gesprächsnotizen und das mühselige Organisieren und Ablegen in irgendwelche Ordner. Sie erinnern sich an die verschwendete Zeit, die Sie mit dem Suchen von Belegen oder Notizen verbrachten? Heutzutage ermöglichen die gängigen E-Mail-Programme einen nahezu kinderleichten Umgang mit dem Medium.

Wenn Sie telefonieren müssen, dann planen Sie dafür wenig Zeit ein und vermeiden Sie »Smalltalk«, wenn Sie dringend an der Front gebraucht werden. Verdeutlichen Sie Ihrem Gesprächspartner von vornherein, dass Sie im Moment über nur sehr wenig Zeit verfügen und sich deshalb knapp halten werden. Bei jeder Tätigkeit sollten Sie überlegen, ob es sich dabei um wiederholende Tätigkeiten handeln könnte. Arbeiten Sie mit Briefvorlagen oder Briefen und Texten, die Sie bereits früher verfasst haben und wieder einbauen können. Beispielsweise könnten Sie Anschreiben an bestimmte Kunden immer mit dem gleichen Textbaustein versehen und jeweils mit geringem Aufwand an den aktuellen Inhalt anpassen.

3.
So sanieren Sie sich im Handumdrehen selbst

Sehen Sie trotz Krise gut aus!

Bevor Sie damit beginnen, sich in die Arbeit zu stürzen, um Ihre Firma auf Vordermann zu bringen, brauchen Sie die Kraft und die Motivation, um das Ruder herumzureißen. Im letzten Kapitel haben Sie Ihre eigene Situation analysiert, die Chancen und Risiken abgewogen, sich dazu entschieden, etwas gegen die Misere zu unternehmen und sind sich der Tatsache bewusst geworden, dass nur Sie selbst das Schiff in sichere Gewässer manövrieren können. Schiffe sind aber nicht dafür gebaut, nur im sicheren Hafenbecken zu liegen. Sie werden immer wieder auf unbekannte Tiefen stoßen, gegen gewaltige Stürme kämpfen und Unwetter überstehen müssen. Setzen Sie also Ihre Segel und gehen Sie an die Arbeit.

Sehen Sie trotz Krise gut aus! Es mag auf den ersten Blick abwegig klingen. Aber in schwierigen Zeiten brauchen Sie alle Kraft der Welt und die erhalten sie durch mentale und körperliche Fitness. In Krisenzeiten sollten Sie ohnehin wenig und nur ausgewogen essen. Trinken Sie viel natürliches Wasser und halten Sie Ihren Körper fit. Der Griff zu Vitaminpräparaten ist empfehlenswert. Ein befreundeter Sportarzt und Buchautor rät zu erhöhtem Magnesiumkonsum.

Das so genannte »Anti-Stress-Mineral« Magnesium wird in allen Belastungsphasen vermehrt ausgeschüttet, umgekehrt erhöht ein bestehender Mangel an Magnesium die Stressempfindlichkeit. Der Mineralstoff ist an mehr als 350 Stoffwechselprozessen im Körper wesentlich beteiligt und nimmt daher auch eine Schlüsselfunktion bei der Bereitstellung von Energie im Körper ein. Magnesium kontrolliert auch das gesunde Funktionieren des gesamten Muskelapparates, es steuert die Reizübertragung auf Muskeln und Nerven. Bei einseitiger Ernährung (eiweiß-, fleischbetonte Kost, regelmäßiger Alkoholkonsum) kann es schnell zu einer Magnesium-Unterversorgung kommen. Und diese hat Auswirkungen auf das gesamte Nervensystem und zeigt sich mitunter auch in Konzentrationsstörungen, depressiven Verstimmungen, Lustlosigkeit und Störungen des Herz-Kreislaufs-Systems.

Treiben Sie Sport, wenn Sie unter Stress leiden oder unternehmen Sie lange Spaziergänge, um den Kopf frei zu bekommen. Berücksichtigen Sie, dass ein ausgedehntes schweres Mittagessen nachmittags müde und träge macht und Sie in Ihrem Vorhaben sabotiert. In diesem Zustand können Sie keine Probleme lösen, geschweige denn kreativ und tatkräftig sein.

Tanken Sie Energie, kleiden Sie sich gut und achten Sie auf ein strahlendes Äußeres, wenn es Ihnen ernst damit ist, dass Sie Ihre Firma aus dem Tief herausholen wollen.

Vor drei Jahren verblüffte mich ein Mandant mit einer überraschenden Vorgehensweise. Sein Betrieb veredelte Motorräder und lieferte an einen Hauptabnehmer nach Norddeutschland. Das Geschäft lief prächtig. Was vor Jahren als Hobby begann, entwickelte sich bald zu einem kleinen Unternehmen mit drei Angestellten. Eines Tages flatterte ein Schreiben einer technischen Behörde ins Haus und verbot ihm aufgrund der gesetzlichen Zulassungsbestimmungen, weitere Motorräder herzustellen oder zu verkaufen. Der Käufer aus Kiel drohte wutentbrannt mit Stornierung aller Aufträge.

Als ich den Mandanten am nächsten Morgen zu einem Meeting traf, blickte ich durch die Tür seines kleinen Büros auf den Hinterhof der Garage und sah ein mir bislang ungewohntes Bild.

Mein Mandant, der gewöhnlich im Arbeitsanzug, mit schmutzigen Händen und zerzausten Haaren durch die Garage hetzte, stand vor seinem Bürotisch in einem dunkelblauen Anzug, einem weißem Hemd und einer adretten Krawatte, die Hände ungewohnt gepflegt, das Gesicht glatt rasiert und das Haar perfekt zurechtgemacht. »Haben Sie einen Banktermin?«, fragte ich. Er schüttelte den Kopf und meinte: »Immer wenn ich Probleme habe, dann ziehe ich mich gut an. Das gibt mir das Gefühl von Kontrolle und hilft mir, wenn es mal nicht gut läuft. Ich setze mich dann im Anzug an den Schreibtisch und kann besser denken.«

Das können Sie auch. Während Sie Probleme lösen und Krisen überwinden, sollten Sie auf Ihr Äußeres achten. Kleiden Sie sich in dieser Phase besonders gut. Lassen Sie sich nicht gehen, auch wenn Ihnen danach zu Mute ist.

Trouble-Shooting

Die meisten Unternehmer und Selbstständigen sind in einer Krisensituation auf sich allein gestellt. Hilfe von Dritten wie beispielsweise Kredite von Banken erhalten sie in einer brenzligen Notlage nur im seltensten Fall. Wer will schon in ein fallendes Messer greifen?

In diesem Fall haben Sie nur zwei Optionen. Entweder Sie sanieren sich selbst oder Sie holen sich einen Experten ins Boot, der Sie durch Unwägbarkeiten und unsichere Gewässer lotsen kann. Allerdings kann ich Sie an dieser Stelle nur warnen. Einige Berater sind wahre Hochseilartisten, die ohne Netz, aber dafür mit doppeltem Boden arbeiten. Lassen Sie sich, egal in welcher Situation, das Heft niemals aus der Hand nehmen.

Gutgläubigkeit wird nämlich von Mutter Natur generell bestraft. Sie als Unternehmer brauchen das Gefühl der Machbarkeit. Wenn Ihr Berater Strategien vorschlägt, die Sie nicht verstehen, dann warten Sie mit der Entscheidung, bis Sie das Konzept in allen Facetten vollständig verstanden haben und sämtliche Konsequenzen kennen.

Es ist immer wieder erstaunlich, wie Not leidende Unternehmer titelgewichtigen Rechtsanwälten sinnbildlich aus der Hand fressen, ohne darüber nachzudenken und zu verstehen, welche Folgen ihnen daraus erwachsen können. Fragen Sie sich bei allen Entscheidungen, auf welchem Rücken diese schlussendlich ausgetragen werden. Richtig – alle Folgen aus den Entscheidungen werden Sie tragen müssen. Warum vertrauen wir also dem Urteil wildfremder Menschen? Weil wir in Krisenzeiten zu jedem Strohhalm greifen? Nein, der Grund ist ein anderer: Wir glauben, dass andere, nicht involvierte Personen die Lage besser und schneller überblicken und deshalb die entscheidenden Antworten geben können. Vergessen Sie niemals, die Vorschläge Ihrer Berater auch selbst zu durchdenken und sich, wie auch im medizinischen Bereich üblich, eine zweite Meinung einzuholen.

Vermeiden Sie, auf diese Weise am Tropf zu hängen, hören Sie lieber auf Ihr Bauchgefühl. Wenn Sie kein gutes Gefühl bei der Vorgehensweise Ihres Anwalts haben, erteilen Sie einfach keinen Auftrag. Ohnehin sollten Sie Kanzleien meiden, bei denen Sie eine Prozessvollmacht unterschreiben müssen, noch bevor Sie den Fall ausführlich geschildert haben und Ihr Anliegen verstanden wurde. Fallen Sie auch nicht auf die Anfütterung durch angeblich große Erfahrungen herein. Fragen Sie nach überprüfbaren Referenzen. Merken Sie sich: Gute Anwälte sind auf integere Weise skrupellos und setzen sich unabhängig von der geforderten Honorarnote der Sache wegen ein.

Während meiner turbulenten Tätigkeit als Verleger des Wirtschaftsmagazins *BOOM* in Zürich war ich mit kniffligen juristischen Anforderungen konfrontiert. Die Kapitaldecke der Aktiengesellschaft war bereits zu Beginn sehr dünn. Mit viel Optimismus und den festen Willen der Initiatoren wurde das Magazin trotzdem in den dicht besiedelten Blätterwald lanciert. Aus heutiger Sicht ein äußerst waghalsiges Projekt.

Das Risiko wurde belohnt und viele helfende Hände tauchten plötzlich auf, die alle mitwirken wollten. Leider traf ich bezüglich der Investoren viele Fehlentscheidungen und holte die falschen Interessengruppen an Bord. Alles drohte innerhalb von kurzer Zeit aus dem Ruder zu laufen. Mitten in dieser heißen Phase traf ich einen jungen engagierten Anwalt mit MBA-Wirtschaftsabschluss, der erst kurz zuvor bei der führenden Anwaltskanzlei der Schweiz seine Stelle antrat. Ich schilderte ihm die Situation und machte gleich zu Beginn deutlich, dass wir über nur begrenzte Geldmittel verfügten. Für ihn war die Herausforderung, eine Lösung zu finden, Anreiz genug – für die Arbeit ein Honorar zu erhalten von geringerer Bedeutung. Er nahm das Mandat an und präsentierte eine vorzügliche Strategie für das Investorenproblem.

Wenn Sie in Krisensituationen Berater engagieren, achten Sie darauf, dass sie sich zu 100 Prozent in Ihre Angelegenheit hineinknien und nach Lösungen suchen. Immerhin sprechen wir über heikle Angelegenheiten, die Ihr externer Spezialist für Sie erledigen soll.

Wir alle wissen, dass in Notfällen kurzfristig durchgegriffen werden muss, um rasch Änderungen herbeizuführen. Verhindern Sie daher alle lauwarmen Aktionen von durchschnittlichen Beratern.

Sie in Ihrer Situation brauchen kein routinemäßiges Vorgehen, denn jeder Fall ist anders. Überlegen Sie sich deshalb gut, ob und welchen Begleiter Sie für die kräftezehrende Sanierungsphase wählen.

Viele Unternehmer sind durch den jahrelangen Kampf ums unternehmerische Überleben und eine Existenz am Minimum zermürbt und einfach nicht mehr in der Lage, die Sanierung selbst durchzuführen.

Mir läuft es auch jedes Mal den Rücken eiskalt herunter, wenn das Vokabular der Berater sich auf die Worte »Kürzungen, Zerschlagung, Verkauf und Entlassungen« beschränkt. Sie müssen nicht den Heißhunger von selbst ernannten Unternehmensberatern stillen, es sei denn, dies geht zu Ihren Bedingungen.

Eine Tatsache aber spricht für einen Berater: Gläubiger und Banken verlangen in der Regel Beweise, dass die Zukunft andere Ergebnisse bringt. Ein erfahrener Coach kann nicht nur dabei helfen, neue Strukturen im Betrieb einzuführen, sondern auch das Vertrauen der Gläubiger und Banken wiederherstellen.

Ein Joker in Ihrer Hand ist Ihr eigener Steuerberater, denn er ist durch seinen Beruf schon verpflichtet, sich intensiv mit den Zahlen seiner Mandanten auseinander zu setzen. Zudem bringt er Ihnen höchste Glaubwürdigkeit gegenüber Banken und Gläubigern.

Um gegenüber der Bank handlungsfähig zu werden, brauchen Sie aktuelle Daten und Zahlen aus der Finanzbuchhaltung. Wenn dies der Fall ist, sollte der Steuerberater umgehend um eine finanzielle Einschätzung der Unternehmenssituation gebeten werden. Ihren Steuerberater sollten Sie von Beginn an in das Sanierungsvorhaben fest und aktiv einbinden.

Vorsicht: Kann ein fälliger Honoraranspruch des Steuerberaters durch das Krisenunternehmen nicht vollständig bezahlt werden, hat dieser zwar möglicherweise ein Zurückbehaltungsrecht an den durch ihn erstellten Unterlagen, aber nicht an den Unterlagen, die ihm durch das Unternehmen überlassen wurden.

Ohne Angst schüren zu wollen, sollte bedacht werden, dass die Vernachlässigung der Buchführungspflichten als ein so genanntes »Insolvenzdelikt« strafrechtliche Konsequenzen haben kann, die auch zum Versagen der Restschuldbefreiung führen können.

Neben dem Honorar für den Steuerberater gibt es noch andere prioritäre Gläubiger. Gibt es beispielsweise Rückstände bei der Abführung von Steuern und Sozialversicherungsbeiträgen, ans Finanzamt und Sozialversicherungsträger? Diese sind in der Lage, schneller zu vollstrecken als andere Gläubiger, da sie nicht den Weg über das zuständige Vollstreckungsgericht gehen müssen. In aller Regel sind erst einmal die Geschäftskonten von einer Vollstreckung betroffen.

Was die Spatzen bereits von den Dächern pfeifen, sollte jedem Unternehmer bekannt sein. Nicht nur ein GmbH-Geschäftsführer haftet persönlich für falsch angemeldete Steuern oder nicht abgeführte, aber treuhänderisch einbehaltene Gelder. Darüber hinaus wird die Nichtabführung von Arbeitnehmerbeiträgen zur Sozialversicherung unter Umständen durch das Strafrecht sanktioniert.

So erstellen Sie ein Konzept für Ihre privatrechtliche Sanierung

Sie müssen kein Künstler sein, um eine desolate unternehmerische Situation in ein Chancenmeer zu verwandeln.

Ohnehin macht es einen großen Unterschied, ob ein Unternehmen über viele Jahre »heruntergewirtschaftet« wurde und nun völlig überschuldet ist oder ob es in einer konjunkturell schwierigen Situation Marktanteile eingebüßt hat und dadurch illiquide wurde. Nicht selten könnte die Krisensituation durch einen überraschenden Forderungsausfall eines großen Kunden eingetreten sein.

Liegen bereits vollstreckbare Titel, also Urteile oder gerichtliche Vollstreckungsbescheide oder eine Ladung zur Abgabe einer eidesstattlichen Versicherung vor? Vollstreckbare Titel können einen Pfändungs- und Überweisungsbeschluss bewirken. Ein solcher zielt vor allem auf die Geschäftskonten des Unternehmens ab, erschwert die Aufrechterhaltung des Geschäftsbetriebes und mindert die Sanierungschancen erheblich.

Nicht selten reagieren Kreditinstitute auf eine Kontenpfändung mit der Kündigung der Kontokorrentverträge oder gar des Gesamtengagements. Sinnvoll und erforderlich ist es, die Hausbank offen über bestehende Risiken zu informieren und frühzeitig über eine potenzielle Gefährdung des Unternehmens zu sprechen. Beachten Sie besonders folgende Risiken:

Besondere unternehmerische Risiken:

Risiken
- Zahlungsunfähigkeit
- Konkursverschleppung
- Haftungsinanspruchnahmen
- Betriebsprüfungen
- Gläubigerzugriffe incl. Telefonterror
- Strafanzeigen
- Hausdurchsuchungen
- Verlust des Privatvermögens
- Nachversteuerungen
- Gewährleistungsansprüche
- Prozessrisiko
- Aufwändige Insolvenzabwicklung
- Verlust der persönlichen Kreditwürdigkeit
- Persönlicher Bonitätsverlust
- Folgekosten einer Insolvenz
- Gewerbeverbot

Ursachen
- Wettbewerbssituation
- Konjunkturlage
- Forderungsausfälle
- Probleme mit Mitarbeitern
- Probleme mit Lieferanten
- Probleme mit dem Finanzamt
- Probleme mit Krankenkassen
- Probleme mit der Hausbank
- Probleme wegen geringer Liquidität
- Kontokorrent zu gering bemessen
- Fehlende staatliche Unterstützung
- Hohe Verschuldung
- Mangelhafte Bonität

Überlegen Sie sich gut, ob die erhoffte Sanierung tatsächlich eine sinnvolle Lösung für Ihr Unternehmen ist.

Sollte nicht doch eher eine Beendigung der selbständigen Tätigkeit oder eine Liquidation des Unternehmens angeraten sein? Selbstverständlich hoffen fast alle Unternehmer, Geschäftsführer und Selbstständige in einer existenzbedrohenden Krise, dass es für das Unternehmen eine »Rettung« gibt, es für eine Sanierung noch nicht zu spät ist. Es gibt allerdings auch immer wieder Berater, die im Nachhinein meinten, dass in manchen Fällen eine unternehmerische Selbstständigkeit besser gar nicht erst begründet worden wäre.

Diese Analyse hilft keinem weiter, jetzt müssen griffige Konzepte kommen, um die Gläubiger davon zu überzeugen, dass sie dem Unternehmen eine zweite Chance einräumen sollten. Das Unternehmen muss eine Marktfähigkeit vorweisen können, die zum Zeitpunkt der Krise noch nicht oder nicht mehr ausreichend erschlossen werden konnte. Dieses Potenzial muss sich in spezifischen Wettbewerbsvorteilen in einem aufnahmebereiten Markt niederschlagen. Und da gibt es eine ganze Reihe von Möglichkeiten wie:

- die Erfahrungen der Unternehmerpersönlichkeit,
- das Know-how der Belegschaft,
- eine spezifische Dienstleistung,
- ein innovatives Produkt,
- eine günstige Kostenstruktur oder auch
- einen festen Kundenstamm.

Denken Sie auch über die Möglichkeit eines Verkaufs nach. Prüfen Sie einen Teilverkauf von Unternehmensteilen. Gibt es Aktiva in Ihrem Betrieb, die sich veräußern lassen? Teure Maschinen und Anlagen, Patente oder Rechte?

Sie müssen in der ersten Liga spielen, um erstklassige Entscheidungen zu treffen. Diesem Leitsatz eines befreundeten Unternehmers könnte leicht widersprochen werden, denn nicht jeder hat so viele Mittel zur Verfügung, um erstklassige Berater engagieren zu können, die man in der Regel nicht einmal namentlich kennt.

Die Geschichte des Software-Millionärs

Vor einigen Jahren fiel mir ein 40-jähriger deutscher Erfolgsunternehmer auf. Er war der Eigentümer eines Software-Unternehmens mit etwa 25 Mitarbeitern und wies in seinen Geschäftspublikationen einen vergleichsweise hohen Jahresgewinn aus.

Ich war neugierig darauf, in Erfahrung zu bringen, wie dieser offensichtlich smarte Mensch seinen Erfolg erlangte und wie er seine Entscheidungen traf, denn seine Karriere war spektakulär.

Beim Besuch seiner eher konservativen Website sprang mir eine Kontaktadresse ins Auge. Ich rief an und bat um ein persönliches Gespräch.

Er lud mich drei Wochen später in sein Privathaus zu einer Tasse Kaffee ein und zwar früh morgens. Am vereinbarten Tag parkte ich mein Auto auf seiner imposanten Auffahrt zur Villa.

Er saß an seinem Arbeitstisch aus massivem Tupelo-Ahorn inmitten von einem ungeordneten Stapel Fachzeitschriften, aus denen farbige Stoffbänder herausragten.

Er lehnte sich in seinem ledernen Drehsessel nach hinten, die Ellenbogen wie Flügel in die Luft gestreckt und die Finger im Nacken verschränkt. »Sie haben 15 Minuten«, grinste er mir entgegen, als wolle er meine Reaktion auf eine provozierende Art testen.

Aus dem geplanten Interview wurde ein persönliches und für mich äußerst wertvolles Gespräch. Heute sind wir Freunde und ich kenne einige seiner brillanten Erfolgsgeheimnisse. Eines davon ist so verblüffend einfach wie ungewöhnlich. Er verriet mir, dass er bei allen Entscheidungen, die er treffe, immer nur von den besten Beratern umgeben sei.

»Du musst in der ersten Liga spielen. Nur so konnte ich die bestmöglichen Entscheidungen über meine berufliche und finanzielle Zukunft treffen«, meinte er. Natürlich könnte man jetzt kontern, nicht jeder hat die Mittel zur Verfügung, um erstklassige Berater engagieren zu können, die man in der Regel nicht einmal namentlich kennt.

Aber weit gefehlt. Der Millionär arbeitete vor zehn Jahren als einfacher Sachbearbeiter in einem kleinen maroden Speditionsunternehmen, welches haushoch verschuldet war.

Der Eigentümer war kurz vor der Aufgabe und informierte die Belegschaft. Das Unternehmen brauchte dringend Hilfe von Profis.

Aufgrund einer fortgeschrittenen Krankheit übertrug der Eigentümer sämtliche Befugnisse an einen Sachbearbeiter, der sich die letzten Monate ohnehin um die Belange der Geschäftsleitung kümmerte.

Mit erweiterter Kompetenz ausgestattet, telefonierte der findige Sachbearbeiter einen ganzen Tag lang und engagierte schließlich einen der bekanntesten Unternehmensberater der Branche.

Neugierig geworden, fragte ich ihn, wie er diesen erstklassigen Berater bezahlen konnte. »Zu diesem Zeitpunkt …? Gar nicht«, antwortete er mir. »Schon allein mein Kommunikationsberater war bereits zu diesem Zeitpunkt einer der teuersten der Branche und nahm kein Mandat unter 60 000 Euro Honorar an. Unbeeindruckt fragte ich ihm um Rat und bat ihn um Hilfe. Fairerweise eröffnete ich ihm bereits im ersten Gespräch, dass ich ihn nicht bezahlen könne und riskierte, dass er mich gleich vor die Tür seines luxuriösen Büros setzte. Das Speditionsunternehmen, für das ich arbeitete, stand kurz vor der Pleite.

Der Eigentümer war schwer erkrankt und ich war lediglich ein Angestellter ohne nennenswerte Erfahrungen. Aber ich sah eine realistische Möglichkeit weiterzumachen und brauchte für meinen Plan dringend Hilfe von Dritten. Also bot ich meinem Wunschexperten an, seine Hilfe auf die Randzeiten zu legen und auf ein Coaching zu reduzieren. Im Gegenzug versprach ich ihm, ihn zu bezahlen, sobald das Unternehmen aus der Krise käme.

Der waghalsige Deal klappte und die ersten zwei Jahre arbeitete er quasi kostenfrei für uns, weil er Spaß an der verrückten Idee hatte und nicht auf meinen Auftrag angewiesen war. Später strukturierten wir das gesamte Unternehmen um: es entstand ein Software-Unternehmen, das sich auf Logistik spezialisiert hat.«

Er freute sich darüber, ein Unternehmen vor dem drohenden Bankrott retten zu können und dies wurde auch in der Presse bekannt und er erntete verdientermaßen damit etliche Lorbeeren.

Diese Anekdote muss nicht bedeuten, dass jetzt alle Spitzenberater kostenlos für Sie arbeiten werden. Ganz bestimmt nicht.

Aber warum prüfen Sie nicht, ob es auch in Ihrem Bereich Spitzenberater gibt? Wenn ja, lesen Sie deren Bücher und Veröffentlichungen. Informieren Sie sich im Internet und dann empfehle ich Ihnen die persönliche Kontaktaufnahme. Das erste Telefonat ist einfacher, als Sie denken. In der Regel kommen Sie an jede erfolgreiche Person heran, wenn Sie ernsthafte und seriöse Absichten verfolgen. Im Telefonat oder bei einem Briefwechsel sollten Sie darauf achten, dass Sie ihn als Experten im Gebiet anerkennen und ihm deutlich machen, dass Sie aus diesem Grund einen Ratschlag bei ihm einholen wollen.

Wie wir wissen, lässt sich kein erfolgreicher Mensch so einfach in die Verpflichtung nehmen. Deshalb sollten Sie in Ihrem Schreiben unmissverständlich formulieren, dass es sich um ein knappes Gespräch handeln wird. Erst wenn Ihr künftiger Berater an Ihnen und dem Projekt Gefallen gefunden hat, können Sie Hilfe in Form von beratender Unterstützung erwarten.

Erzwingen Sie nichts mit ständigen Anrufen oder vielen Briefen. Ein Brief, eine E-Mail oder ein Anruf genügt. Wenn Sie keine Antwort erhalten, warten Sie vier Wochen und versuchen Sie es erneut, jedoch ohne penetrant oder aufdringlich zu wirken.

Zentrale Maßnahmen bei geschäftlichen Schwierigkeiten

Es gibt zwei Maßnahmen, die für die Abwendung einer Krise oder einer drohenden Pleite Voraussetzung sind:

Erstens: Notieren Sie sich, was zu Ihrer Situation geführt hat. Achten Sie darauf, dass Sie keine Umstände oder Personen aufführen. Je sachlicher Sie dieses Arbeitsblatt anfertigen, umso klarer werden die Lösungsansätze ausfallen.

Zweitens: *Sie* müssen das Problem lösen – nicht andere. Dies scheint auf den ersten Blick völlig logisch. Logisch ja – selbstverständlich nein.

Viele meiner Mandanten suchen Berater, die für sie diese unangenehme Aufgabe erledigen. Sie verlassen sich auf irgendwelche Finanz- oder Unternehmensberater, die ihr Handwerkszeug nur aus Büchern oder vom Studium her kennen und keine eigenen Erfahrungen mit einbringen können. Nehmen Sie Empfehlungen nur von Spezialisten entgegen, die ähnliche Situationen gemeistert haben und einen in der Praxis erprobten, sofort umsetzbaren Rat geben können. Die besten Businesspläne und viel versprechenden Finanzpläne scheitern oft nur, weil Theoretiker am Werk sind. Deshalb müssen Sie trotz Krise genau abwägen, welcher Rat richtig und für Sie am besten geeignet ist. Leiten Sie sämtliche gegensteuernden Maßnahmen selbst ein.

Denken Sie daran, dass Sie sich in die schwierige Situation selbst hineinmanövriert haben. Sie können sich deswegen auch nur selbst wieder aus dieser Situation befreien. Hören Sie auf herumzuspielen. Gehen Sie mit dem notwendigen Engagement am besten sofort an die Arbeit.

Die Gründe für einen Konkurs

Ganz realistisch betrachtet, gibt es viele Gründe für eine drohende Pleite. Was, glauben Sie, ist der Hauptgrund?

Zu wenig Umsatz? Falsches Personal? Mangelndes Marketing?

Weit gefehlt. Aus der in den Jahren 2001 und 2002 bei über 244 Selbstständigen und Kleinstunternehmern durchgeführten Studie resultieren folgende Ergebnisse.

Pleiten und Konkurse drohen meist bei zu geringem Gewinn, zu optimistischen Annahmen während der Anfangsphase, häufig gepaart mit gravierenden Managementfehlern.

Die wichtigsten Gründe für eine drohende Pleite sind aus Sicht der Befragten:

- Zu geringe Finanzmittel 41,8 %
- Zu wenig Umsatz 36,5 %
- Standort 13,1 %
- Sonstiges 8,6 %

Dagegen zeigte uns die Auswertung der Studie ein völlig anderes Bild. Für eine drohende Pleite sind folgende Gegebenheiten verantwortlich: Spitzenreiter ist ein zu geringer Gewinn. Hier unser Ergebnis:

- Zu geringer Gewinn 59,4 %
- Managementfehler 19,7 %
  (inklusive zu optimistische Einschätzung des Geschäftsverlaufs)
- Fehlende Liquidität 11,1 %
- Keine Positionierung 7,0 %
- Sonstiges 2,9 %

Nach dieser Studie ist klar, dass die Selbsteinschätzung von Betroffenen deutlich ein anderes Bild widerspiegelt als die Ergebnisse in unserer Untersuchung. Über 85 Prozent der Befragten sind zudem direkt von Banken und Kreditgebern abhängig. Überraschenderweise sahen über 78 Prozent aller Befragten die Lösungsansätze ausschließlich in der Steigerung von Umsätzen. Nur wenige sprachen von »zu geringen« Gewinnen und nur zwei der Befragten räumten eigene Management- oder Entscheidungsfehler ein. Die Positionierung des eigenen Unternehmens wurde völlig unterschätzt und nimmt aus Sicht der Betroffenen nur einen geringen Stellenwert ein.

Stellen Sie sich vor, Sie diagnostizieren bei sich selbst »chronischen Umsatzschwund«. Also konsultieren Sie einen Facharzt. In Wirklichkeit leiden Sie aber an einer langwierigen Infektion von »kleinen Gewinnmargen«. Ein Rezept aufgrund Ihrer eigenen Einschätzung wäre völlig daneben. Die Wirkung wäre zwar gelindert, aber die Ursachen würden sich in immer kürzeren Abständen erneut bemerkbar machen.

Ein typisches Verhalten vor dem Kollaps eines Unternehmens oder der drohenden Einstellung des Betriebs eines Selbstständigen ist, dass noch auf Teufel komm raus versucht wird, die Wirkungen zu bekämpfen, statt sich über die Ursachen Gedanken zu machen. Auf Biegen und Brechen werden Geldgeber für die Überbrückung der finanziellen Notsituation gesucht oder die Bank wird um eine Krediterweiterung gebeten. Wäre es nicht sinnvoller, zunächst eine klärende Situation zu schaffen, die eine Wiederholung der Krise unmöglich macht?

Es müssen andere Lösungen her, die schnell funktionieren, die auch mögliche Kreditgeber und Banken auf Anhieb verstehen und nachvollziehen können. Mit anderen Worten, die »Besserung« muss darstellbar sein und kommunizierbar werden. Erst dann haben Sie eine gute Chance, Ihren Geschäftsbetrieb auf gesunde Beine zu stellen. Die Lösungsansätze zur Abwendung eines Konkurses liegen bereits in den Ergebnissen der Studie.

Checkliste für mögliche Managementfehler

Überdenken Sie mit Hilfe der folgenden Fragen Ihr gesamtes Geschäftskonzept:

- Liegen die existenziellen Probleme im Bereich Vermögens- und Kapitalstruktur?
- Verfüge ich über nicht betriebsnotwendige Aktiva? Ist es möglich, Teile der Aktiva zu veräußern, um meine Liquidität zu steigern?
- Zahle ich übermäßig hohe Zins- und/oder Tilgungsraten?
- Ist der Kostenapparat überschaubar und hält er sich im Rahmen?
- Betragen Personal- und Materialkosten zusammen in meiner Firma mehr als 70 Prozent des Umsatzes?
- Habe ich hohe sonstige Kosten?
- Habe ich komplizierte und aufwändige Lösungen, sowohl im Unternehmen wie beispielsweise EDV als auch im Produkt?
- Habe ich einen teuren Fuhrpark und teure Verwaltungsgebäude, aufwändige Einrichtungen?
- Sind meine Produkte inzwischen von Wettbewerbsprodukten eingeholt worden?
- Gibt es neue Trends, die für mein Geschäft wichtig sind?
- Sind die Märkte gesättigt?
- Ist meine Vertriebsmannschaft schlagkräftig?
- Welche Verantwortung habe ich delegiert?
- Haben die Verantwortlichen die nötige Kompetenz?
- Habe ich geeignetes Führungspersonal oder mache ich alles selbst?
- Sind die entsprechenden Produkte heute noch so gefragt wie früher? Wenn nein, warum nicht?
- Bin ich als Unternehmer heute noch so erfolgreich im Vertrieb, wie ich es einmal war?
- Habe ich einen Vertrieb aufgebaut?

Pleiten-Hauptgrund Nummer eins: zu wenig Gewinn

Sabines Geschichte

Sabine ist Farb- und Modeberaterin und betreibt ihr Geschäft bereits fünf Jahre. Sie kommt gut über die Runden und betreut rund 140 Stammkunden im Raum Süddeutschland. Sie arbeitet gewöhnlich zehn Stunden am Tag und manchmal auch an Wochenenden. Das liegt daran, dass sie teilweise lange Wegstrecken zu ihren Kunden zurücklegen muss und daher nur wenige Kunden pro Tag besuchen kann.

Ein Beratungsgespräch beim Kunden dauert in der Regel ein bis zwei Stunden. Mit viel Glück schafft sie es, zwei Kunden an einem Tag zu besuchen. Sabine glaubt, so viel arbeiten zu müssen, weil sie sonst nie auf einen grünen Zweig kommen würde. Schließlich habe sie als Freiberuflerin hohe Berufsnebenkosten. Allein die Reisekosten sind hoch im Vergleich zu anderen Berufsgruppen, die freiberuflich tätig sind. Um die Kosten in den Griff zu bekommen, braucht sie eine bestimmte Anzahl von Kundenaufträgen pro Monat. Daher bietet Sabine ihre Dienstleistung günstiger an als ihre Mitbewerber und begründet damit ihren vollen Terminkalender. Tatsächlich decken die Umsätze gerade mal die Kosten sowie die laufenden privaten Ausgaben in Sabines Leben.

Sabine lebt für das Geschäft. Aber das Geschäft lebt nicht für Sabine. Das leuchtete ihr nach einem längeren Gespräch ein. Daraufhin analysierten wir gemeinsam den Aufwand und die Kosten ihrer Arbeit, teilten dann den Ertrag durch den Arbeitseinsatz und kamen auf einen Stundenlohn von nur 4,90 Euro. Das ist eindeutig zu wenig.

Irgendwie musste es doch zu schaffen sein, mit gleicher oder weniger Arbeit mehr zu verdienen, aber wie? Dafür gab es verschiedene Lösungsansätze.

Erstens: Sabine erhöhte das Honorar und verlangte ab sofort eine Wegpauschale, um die Kosten der Anfahrt decken zu können.

Zweitens: Sie bot den Kunden an, in ihr Büro zu kommen und damit die Wegpauschale einzusparen. In ihrem Atelier konnte sie schließlich die gesamte Kollektion zeigen, war zudem in ihrem Element und beriet dadurch noch überzeugender als bei Kundenbesuchen.

Drittens: Um die Stammkunden nicht zu verärgern, bot sie einen Jahresbetreuungsvertrag an. Die Kunden zahlten jetzt nicht mehr pro Sitzung, sondern monatlich bequem per Lastschrifteinzug eine angemessene Pauschalgebühr. Dafür konnten sie Sabines Dienstleistungen zehn Mal im Jahr in Anspruch nehmen. Diese Lösung hatte einen echten Vorteil. Denn erstens wies Sabine ab sofort ein berechenbares monatliches Einkommen aufgrund der laufenden Monatsgebühren auf. Und zudem konnte sie ihre Arbeit standardisieren.

Einige Kunden sprangen aufgrund der Preiserhöhung ab. Aber das machte nichts, den Sabine hatte ab sofort mehr Zeit und nutzte diese, um beispielsweise Newsletter für Kunden zu schreiben, die wöchentlich verschickt wurden und rund um den Bereich Farben und über Neuheiten im Modebereich informierten. Sie organisierte Meetings und regionale äußerst beliebte Treffs, um mehrere Kunden gleichzeitig zu treffen. Das neue Konzept wurde mit Begeisterung aufgenommen. Schon bald stieg ihre Kartei auf stolze 260 Klienten an, und das, obwohl sie weniger arbeitete als vor einem Jahr.

Warum erzähle ich Ihnen diese Geschichte so ausführlich? Ich will Sie überzeugen, dass es Ihnen gelingen muss, Ihren Gewinn zu steigern. Umsatzerhöhung bringt nicht zwangsläufig einen höheren Gewinn mit sich. Sie müssen auch Ihre Kosten in den Griff bekommen.

Strategien für die Steigerung des Gewinns

Erstens: Verlangen Sie einfach mehr

Eine wirksame Methode für Selbstständige und Freiberufler, die im Dienstleistungsbereich tätig sind, lautet: Verlangen Sie einfach mehr. Durch eine Erhöhung Ihrer Preise oder Honorare von 20 Prozent werden Sie vermutlich einige Kunden verlieren. Wahrscheinlich nur die schlechteren. Außerdem ergibt sich folgender wünschenswerter Nebeneffekt: Sie arbeiten für weniger Kunden und bekommen dafür erheblich mehr Geld. So entsteht die Wertschöpfung aus der von Ihnen eingesetzten so wertvollen Zeit. Hören Sie also auf, überall der oder die Günstigste sein zu wollen.

Zweitens: Flexible Preisgestaltung – das kann jeder!

Einige pfiffige Airlines haben diese Preisgestaltung bereits vor Jahren eingeführt und bieten buchenden Privatreisenden niedrige Preise und für den kurz entschlossenen Geschäftsreisenden höhere Preise an.

Die erste Reaktion: »Die machen ihre eigenen Preise kaputt.« Doch das Konzept der Airlines geht blendend auf. Statt den Flieger nur halb besetzt starten zu lassen, werden die restlichen Sitzplätze aufgefüllt und bringen somit einen zusätzlichen realisierten Gewinn, denn die Kostenzunahme bei einer Mehrauslastung von Passagierflugzeugen ist minimal. Aber wie funktioniert diese Kalkulation?

Die meisten Unternehmer bieten ihre Dienstleistungen und Produkte zu einem festen Preis an. Damit schöpfen sie den Kundenkreis aus, der bereit ist, diesen bestimmten Preis zu zahlen. Durch unterschiedliche Preise kann das Absatzpotenzial drastisch erhöht werden, da das Angebot jetzt auch für andere Kundengruppen interessant wird. Ein Unternehmen kann nicht nur von Sonderpreisen leben und die Gefahr der Abwanderung von Kunden ist ebenso hoch. Aber genau da liegt der Trick. Das Angebot muss so gestaltet werden, dass Abwandern schwer oder, besser noch, gar nicht möglich ist. Die Marketingspezialisten sprechen davon, »Zäune einzurichten«.

Sie als Unternehmer haben die Möglichkeit, Ihren Markt in unterschiedliche Zielgruppen mit unterschiedlicher Preissensibilität einzuteilen. Besonders in Branchen wie dem Dienstleistungssektor, der auf die Auslastung seiner Kapazitäten angewiesen ist, passt diese Strategie ideal. Dazu zählen beispielsweise Dienstleistungshandwerker, Friseure, Restaurantbesitzer, Freiberufler, Autowerkstätten, Planungsbüros, Praxen, Reiseveranstalter, Clubs, Freizeit- und Vergnügungsstätten, Bars, Wellness-Einrichtungen, Solarien und Einzelhandel.

Drittens: Kosten senken

Das Lieblingsthema jedes Wirtschafts- und Steuerberaters ist das Thema Kostensenkung. So einfach ist das allerdings nicht, wenn wir uns in einer Krise befinden und auf die gesamte Infrastruktur unseres Unternehmens angewiesen sind, um weiter Umsätze zu machen, unsere Kunden zu betreuen und uns um Werbung und Buchhaltung kümmern müssen. Sie haben sich schließlich das Ziel gesetzt, den Gewinn oder das Ergebnis aus Ihrer Tätigkeit zu erhöhen. Hilfreich dazu sind Kosten sparende Methoden. Verwenden Sie die nachfolgende Checkliste:

Checkliste Kosten sparen:

- Geringfügige Kosten gibt es nicht.
- Fangen Sie bei den Lieferanten und Zulieferern an und verhandeln Sie regelmäßig mit allen Lieferanten und Zulieferern neu. Es gibt keine Nettopreisliste. Verlangen Sie höchstmögliche Rabatteinstufung. Denken Sie immer an den Markt. Prüfen Sie regelmäßig neue Lieferanten und lassen sie sich Angebote für ähnliche Produkte unterbreiten.
- Halten Sie den Personalstand so niedrig wie irgend möglich.
- Stellen Sie Ihren Verkaufs- und Büroraum zur Disposition.
- Führen Sie sämtliche Zahlungen selbst aus.
- Optimieren Sie Ihren Einkauf.
- Halten Sie das Lager klein.
- Vermeiden Sie Konferenzen und unnötige Besprechungen.
- Konzentrieren Sie sich auf Tätigkeiten, die Einkommen bringen.
- Geben Sie Geschäftsbereiche auf, die sich nicht rentieren.
- Reduzieren Sie die Produktvielfalt.
- Machen Sie sich und Ihren Mitarbeitern klar, dass Sie mehr Leistung verlangen.
- Steigern Sie den Umsatz und behandeln Sie Ihre Kunden wie Millionäre.

Verordnen Sie sich eine Gelddiät

Die meisten Selbstständigen und Unternehmer, die in finanziellen Schwierigkeiten stecken, wissen ganz genau, was zu tun wäre, um sich selbst am Schopf aus diesem Sumpf zu ziehen. Kostenreduzierung schmeckt zwar bitter, ist aber eine der wichtigsten Maßnahmen für das Überleben Ihres Unternehmens. Sie haben als Unternehmer ohnehin nur zwei Möglichkeiten, um finanzielle Schwierigkeiten zu überwinden:

- Sie senken Kosten
- Sie erhöhen den Umsatz (Gewinn)

So banal es auch klingen mag, Sie haben keine andere Wahl. Auch die Gläubiger und Banken möchten hören, wie Sie Kosten reduzieren wollen oder den Umsatz erhöhen können. Beides ist wichtig. Bei Kostenreduzierung denken wir sofort an schmerzliche Eingriffe in den Betriebsablauf.

Es geht nicht darum, den unternehmerischen Finanzgürtel enger zu schnallen. Oft hilft bereits eine größere Anzahl von kleineren Kosteneinsparungen, um das Ergebnis wesentlich zu verbessern. Im Folgenden habe ich einige wichtige Sparmöglichkeiten aufgelistet, die Ihnen bei einer angespannten Finanzlage sicher nützliche Hilfestellung geben können.

Wichtige Sparmöglichkeiten in angespannten Finanzsituationen

- Verzichten Sie vorläufig auf Werbung, Inserate und kostspielige Marketingmaßnahmen.
- Überstunden von Mitarbeitern werden ausschließlich mit Zeitkompensation abgegolten.
- Überprüfen Sie sämtliche Verbandsmitgliedschaften und Gebühren für Organisationen.
- Denken Sie über die Auslagerung von Tätigkeitsbereichen nach, sofern dies eine Einsparung mit sich bringt.

- Verhandeln Sie die Mieten für Ihre Büroräumlichkeiten, Lager und Ladenlokale neu. Prüfen Sie ohnehin den Standort, der mittel- bis langfristig günstiger ist. Sollten Sie über große Flächen verfügen, könnte auch eine Untervermietung Mietkostenersparnis bringen.
- Vergleichen Sie regelmäßig Ihre Einkaufspreise mit anderen Angeboten von Lieferanten.
- Nutzen Sie Niedrigtarife und vermeiden Sie Rückrufe. Faxen Sie lieber, statt zu telefonieren. Schreiben Sie eine kurze E-Mail statt einen langen Brief.
- Überprüfen Sie teure Leasing- und Leihgebühren wie beispielsweise Telefonanlage und Autos.
- Reduzieren Sie Ihren Fuhrpark auf ein Minimum.
- Engagieren Sie freie Versicherungsmakler, die Ihnen sämtliche Versicherungen optimieren.
- Reduzieren Sie Ihr Gehalt und Ihre Privatentnahmen auf ein Minimum. In den meisten Fällen wird das von den Gläubigern und Banken unausgesprochen im Ansatz erwartet.

Eine der größten Schuldenfallen ist eine typisch menschliche Gewohnheit: Wir müssen uns ständig mit anderen Selbstständigen vergleichen. Sie werden immer jemanden finden, der etwas mehr hat oder in einigen Bereichen besser ist als Sie. Vielleicht fährt der Ladenbesitzer von gegenüber einen neueren Geschäftswagen oder tüftelt bereits an der Eröffnung eines zweiten Geschäftsstandorts.

Folgen Sie nicht dem Trugschluss, immer besser sein zu müssen als andere. Bleiben Sie sich selbst treu. Seien Sie stolz auf Ihren Erfolg und auf das, was Sie im Leben bewegen.

Machen Sie sich nichts vor, denn
»Nichts ist einfacher als der Selbstbetrug«.

Demosthenes

Nur wenn Sie offen sind für das Problem,
können Sie es auch lösen.

Maßnahmen zur Sanierung in der Krise

Über 90 Prozent aller Konkurse von Klein- und Mittelbetrieben sowie von Selbstständigen sind auf mangelnde Liquidität zurückzuführen. Mit anderen Worten: Das Unternehmen kann seinen Zahlungsverpflichtungen nicht länger nachkommen. Die Zahlungen stocken und Illiquidität führt unweigerlich zum Firmenzusammenbruch. Und hier beginnt der Teufelskreis: Mit zu geringen Mitteln ist ein Not leidender Betrieb nicht aufrechtzuerhalten. Der Spielraum für die Einleitung von Sofortmaßnahmen wird eingeschränkt. Dabei gehört es zu den Hauptaufgaben des Managements, die Zahlungsfähigkeit zu sichern. Wenn absehbar ist, dass eine Krise in Ihrem Unternehmen andauert, dass sich vor allem die Liquiditäts- und/oder Ertragssituation nicht kurzfristig und anhaltend verbessert; wenn die Kreditmöglichkeiten weitgehend ausgeschöpft sind und dringende Zahlungen anstehen – dann muss entschlossen gehandelt und »das Ruder herumgeworfen« werden.

Wenn das Unternehmen sich bereits in einer Krise befindet, müssen Sie zu Sofortmaßnahmen greifen, danach ist das weitere Vorgehen zu planen (Strategie). Schließlich gehört zu einer erfolgreichen Krisenbewältigung auch eine professionelle Informationspolitik im Innen- und Außenverhältnis.

Bevor Sie die Sanierung Ihres Unternehmens selbst in die Hand nehmen, bedenken Sie zwei wichtige Faktoren, die für den erfolgreichen Ausgang der Krisensituation unabdingbar sind:

- Sanierung ist grundsätzlich Chefsache.
- Überlassen Sie heikle Angelegenheiten den Experten.

Sie als Unternehmer sind verantwortlich für den Erfolg und Misserfolg Ihres Unternehmens. Wenn Sie dieser Aussage zustimmen, können Sie sich sofort an die Lösung für Ihre geschäftliche Krise herantasten. Im Gegensatz zur Pleite oder zum Konkurs ist die Sanierung ein wirksames Sofortwerkzeug, um den drohenden Untergang aufzuhalten. Sanierung tut grundsätzlich fast allen Beteiligten weh. Der Einzige, der nichts davon zu spüren bekommen sollte, ist Ihr Kunde oder Mandant. Mitarbeiter, Lieferanten, Gläubiger, Banken und Sie selbst als Unternehmer müssen bei einer Sanierung Federn lassen, Kompromisse schließen und sich mit weniger zufrieden geben – in der Hoffnung, dass die Firma auf gesunde Füße gestellt werden kann. Das klingt einfach. Doch Sanierung ist Knochenarbeit und verlangt von Ihnen beinahe übermenschlichen Einsatz.

Nicht zuletzt spielt das Timing bei einer Sanierung eine bedeutende Rolle. Sie können sich nur in einem frühen Stadium selbst sanieren. Dazu müssen Sie ein Frühwarnsystem installieren (wie in Kapitel 2 genauer beschrieben), das Ihnen rechtzeitig die Informationen liefert, wie es um Ihr Unternehmen bestellt ist.

Im Folgenden werden Ihnen nun in fünf Schritten, angefangen bei Sofortmaßnahmen über die Konzipierung der kurzfristigen und der mittelfristigen Ziele bis hin zur strategischen Neuausrichtung des Unternehmens und zur Neuverhandlung von Finanzierungen, die geeigneten Maßnahmen für die konkrete Arbeit an der Krise vorgestellt.

Zunächst sollten Sie Ihr Unternehmen so absichern, dass eine Sanierung möglich wird.

1. Schritt: Einleitung von Sofortmaßnahmen

Die folgenden Sofortmaßnahmen sollten Sie durchführen, um eine drohende Illiquidität zu vermeiden und Zeit für die Planung und Durchführung der Sanierung zu gewinnen.

- Verkauf von nicht betriebsnotwendigen Vermögensteilen. Verkaufen Sie sämtliche Anlagen, Maschinen und wertvolle Büroausstattungen, die Sie kurz- bis mittelfristig nicht mehr benötigen.
- Waren- oder Bestands-Sonderverkauf. Reduzieren Sie Ihr Warenlager so schnell wie möglich, selbst wenn dies einen niedrigeren Ertrag als geplant einbringt. Die Liquidität ist die Lebensader Ihres Unternehmens und hat höchste Priorität.
- Massives Einholen von Forderungen. Straffen Sie Ihre Debitorenkontrolle. Fakturieren Sie ohnehin täglich. Warten Sie nicht auf das Monatsende und schieben Sie diese Tätigkeit nicht so lange auf, bis es sich Ihrer Meinung nach lohnt, sich an den Computer zu setzen. Verschicken Sie Rechnungen grundsätzlich nach

Erledigung des Auftrages mit kurzem Zahlungsziel, innerhalb von zehn Tagen. Warten Sie nicht zu lange mit dem Schreiben von Zahlungserinnerungen, sondern reagieren Sie unverzüglich. Ein kleiner Trick: Eine hohe Erfolgsrate erzielen Sie, indem Sie persönlich zum Telefonhörer greifen und sich freundlich, aber bestimmt nach der Begleichung der Rechnung erkundigen. Vereinbaren Sie bei größeren Bestellungen eine Akontozahlung. Nehmen Sie diese Vorauszahlungspflicht in Ihre Geschäftsbedingungen mit auf.

- Übergeben Sie faule Debitoren an Inkassofirmen. Kurz bevor Sie die Akten Ihrem Rechtsanwalt oder Inkassounternehmen zum Einzug übergeben, versuchen Sie eine Sofortliquidität zu erreichen. Bieten Sie einzelnen größeren Schuldnern bei akutem Liquiditätsnotstand einen Nachlass von 25 Prozent an, wenn dafür die Zahlung sofort erfolgt. Zeigen Sie sich kompromissbereit, selbst wenn es sich um bestrittene Forderungen handelt.
- Besorgen Sie sich, wenn möglich, »frisches« Beteiligungskapital.
- Reduzierung von Privatbezügen. Unter Bankern herrscht die einhellige Meinung, dass Selbstständige ihren Umsatz oft mit Gewinn verwechseln. Diese pauschale Behauptung kann ich nach meiner Recherche nicht bestätigen. Auffällig ist nur, dass besonders unerfahrene Neuunternehmer dazu neigen, sich unverhältnismäßig aus der Firmenkasse zu bedienen. Aber das ist nicht die Regel und nur in wenigen Fällen der Grund für die Insolvenz. Völlig klar ist, dass der Inhaber und Unternehmer im Sanierungsfall seine eigenen Bezüge der neuen Situation zwingend anpasst und reduziert. Das ist nicht nur oft ein wichtiges Signal für die Mitarbeiter, sondern auch eine bedeutende Maßnahme, die Gläubiger und Banken erwarten.
- Denken Sie auch über eine Privateinlage des Inhabers oder des Managements nach. Privateinlagen können zur Sicherung der Liquidität als zeitlich befristetes Darlehen eingebracht werden.
- Verkauf und dann Leasing von Objekten (Sale and lease back). Verkaufen Sie Anlagevermögen an Leasinggesellschaften und leasen Sie es zurück. Sie erzielen mit dieser Maßnahme sofort zusätzliche Liquidität. Dafür kommen neue monatliche Leasingkosten zur Ihren Betriebsausgaben dazu. Mein Tipp: Langfristige Leasingverträge schließen, die eine niedrige Rate beinhalten. Üb-

rigens können Sie nicht nur Maschinen, Geräte und Fuhrpark zurückleasen, sondern auch werthaltige Computersysteme und Geschäftsausstattungen.
- Das Gleiche gilt für Immobilien. Sollte Ihr Unternehmen über Immobilienvermögen verfügen, denken Sie über einen Verkauf und Vermietung an das eigene Unternehmen nach. Leasing und »Rentback-Systeme« sind flexible Instrumente für eine hervorragende Liquiditätspolitik.

Mit diesen Sofortmaßnahmen verschaffen Sie sich erst einmal Zeit. Dann geht die Aufgabe allerdings erst richtig los. Glauben Sie nicht, dass die kurzfristige Entspannung schon ein Erfolg ist, auf dem Sie sich ausruhen können! Folgende Ziele müssen bestimmt und in Einzelpunkten definiert werden. Wichtig ist dabei eine eindeutige und klare Formulierung!

2. Schritt: kurzfristige Ziele angehen

Bei den folgenden kurzfristigen Zielen handelt es sich in erster Linie um liquiditätsverbessernde Maßnahmen, aber sehen Sie selbst:

- Einigung mit Kreditinstituten zum »Stillhalten« (Tilgung, Aussetzung und Zinsstundung).
- Suchen Sie sich einen Rechnungswesen-Profi, der für Sie und mit Ihnen sämtliche betriebswirtschaftlichen Angelegenheiten aufarbeitet, damit Sie aktuelle aussagekräftige Zahlen auf den Tisch bringen. Sie müssen als Unternehmer wissen, wo Sie finanziell stehen. Denn schon bei den ersten spürbaren Symptomen einer Unternehmenskrise verlangen Gläubigerbanken beinahe reflexartig aktuelle Bilanzen und Abschlüsse. Hier mein Tipp: Es macht überhaupt keinen Sinn, Ihren Rechnungswesen-Profi mit dieser für das Überleben des Unternehmens nicht dringenden Aufgabe zu betreuen. Legen Sie lieber aktuelle betriebswirtschaftliche Auswertungen (BWA) und aktuelles Zahlenmaterial (Debitorenbestände, Lieferantenverbindlichkeiten etc.) vor. Für eine Bilanzerstellung ist später noch immer Zeit.

- Lieferantenschulden sind in der Regel kurzfristige Schulden, die mit einem durchschnittlichen Zahlungsziel von 20 Tagen bedient werden müssen. Wenn das Unternehmen aus der Sicht des Lieferanten ein wichtiger Kunde ist, wird er einer Umwandlung dieser kurzfristigen Forderung in eine mittel- bis langfristige Verbindlichkeit zustimmen. Je nach Unternehmensform können Sie als GmbH oder Aktiengesellschaft anbieten, Lieferantenschulden in Eigenkapital umzuwandeln, indem Sie Unternehmensanteile abtreten und Lieferanten und Banken an dem Unternehmen beteiligen. Der Vorteil liegt auf der Hand. Bei dieser eleganten Lösung einer Sanierung und Entschuldung wird das Fremdkapital (Schulden an Lieferanten und Banken) zu Eigenkapital und muss nicht mehr zurückbezahlt werden. Das Unternehmen profitiert von der neuen Finanz- und Kapitalsituation und ist mehrheitlich schuldenfrei. Die Gläubiger hingegen haben zur Rettung des Unternehmens beigetragen und können sich langfristige Lieferverträge sichern. Die Bank sichert sich damit das verbundene Engagement als dritter Mitspieler ab: eine Lösung, bei der alle Gewinner sind.
- Vergleichen Sie sich! Aus meiner Sicht eine der besten Sanierungsmöglichkeiten, wenn die Krisensituation fortgeschritten ist. Aus diesem Grund stelle ich sämtliche Möglichkeiten und Auswirkungen im 5. Kapitel dar.
- Beantragung von Liquiditätssicherungsdarlehen (KfW, DtA)
- Verhandlungen mit Factoring-Unternehmen. Factoring ist die sofortige Absatzfinanzierung von Inland- und Exportgeschäften und damit eine interessante Alternative zu Bankkrediten. Durch Factoring erzielt das Unternehmen durch Bevorschussung der Debitorenguthaben erhöhte Liquidität. Zudem verringert sich der Administrationsaufwand, da Factoring-Gesellschaften die Debitorenkontrolle durchführen und nicht selten das Delkredere-Risiko (Risiko des Forderungsausfalles) übernehmen.

Wenn die Krise erst im Entstehen ist, kann man noch verhandeln und sogar die Konditionen verbessern. Hier zeigt sich, wer einen guten Kontakt zu seinen Banken gepflegt hat. Hier einige Beispiele:

- Kontokorrentkredite in langfristige Darlehen umwandeln.
- Förderungen der KfW (Kreditanstalt für Wiederaufbau) und DtA (Deutsche Ausgleichsbank) beantragen (Liquiditätsdarlehen, Risikokapitalprogramme).
- Wenn die ersten Hürden mit den Gläubigerbanken geschafft sind und das Vertrauensverhältnis zum Unternehmen wieder hergestellt ist, sollte das Management innerhalb einer kurzen Frist in die Zinsverhandlungen mit den Banken einsteigen. Eine bessere Gelegenheit als diese gibt es nicht.
- Wenn möglich, erhöhen Sie im gleichen Atemzug die Kreditumfänge, ohne diese gleich voll zu nutzen. Stärken Sie damit das Vertrauen. Dann werden die Kreditinstitute auch nicht gleich den »Hahn zudrehen«, wenn es ernst wird. Wichtig ist: Besinnen Sie sich auf Ihre Stärken – auf das, was Sie am besten können.

3. Schritt: mittelfristige Ziele

Mit den mittelfristigen Zielen arbeiten Sie bereits an der Konsolidierung und Stabilisierung des Unternehmens.

- Straffung der Organisation (»Keep it simple and flexible«).
- Die »outgesourcte« Buchhaltung im Unternehmen selbst durchführen.
- Verminderung der Arbeitskosten (Werkskantine, Dienstwagen, Zulagen).
- Einführung einer leistungsbezogenen Vergütung.
- Stellen Sie Investitionen, die nicht unbedingt notwendig sind, vorläufig zurück.
- Optimieren Sie Ihren Einkauf. Nutzen Sie günstige Lieferquellen im In- und Ausland. Suchen Sie zuverlässige Partner, statt immer den billigsten zu wählen. Wägen Sie Vor- und Nachteile stets gut ab.

Checkliste: Kosten senken bei Lieferanten

- Vergleichen Sie regelmäßig die verschiedenen möglichen Lieferanten?
- Denken Sie über die Verringerung der Zahl Ihrer Lieferanten nach. Dadurch steigern Sie bei weniger Lieferanten den Umsatz, um so Rabatte und günstigere Einkaufspreise zu erzielen.
- Nutzen Sie das Internet für Ihren Einkauf von Waren für den Betriebsbedarf wie Büromaterial?
- Prüfen Sie die Möglichkeit von Konsignationsware (Produkte werden erst dann an den Lieferanten bezahlt, wenn sie verkauft sind). Diese selten genutzte Variante verschafft eine erhöhte Liquidität und einen kleinen Kapitaldienst (Kapitalbereitstellung für Waren, die Sie sonst am Lager halten und die bereits bezahlt sind).
- Haben Sie die Möglichkeit einer Kooperation beim Einkauf mit anderen Unternehmen in Erwägung gezogen?
- Möglicherweise bieten Verbände, denen Sie angehören, besondere Einkaufskonditionen aufgrund von Rahmenverträgen mit den Lieferanten an.
- Nutzen Sie die Möglichkeit des Tausches von Leistungen mit Kunden und Lieferanten?
- Verhandeln Sie bei größeren Anschaffungen grundsätzlich, auch wenn Sie schon ein günstiges Angebot in Händen halten?
- Haben Sie mit Ihren Lieferanten Rabatte ausgehandelt (Mengen- oder Sondermodellrabatte)?
- Erhalten Sie Lieferantenkredite?
- Erhöhen Sie das Zahlungsziel bei Lieferanten. Verhandeln Sie mit Ihren Lieferanten neu, sobald sich die Situation zu entspannen beginnt. Beispielsweise könnten Sie vorschlagen, das Zahlungsziel von 30 Tage auf 60 Tage zu erweitern. Winken die Lieferanten bei dieser Variante ab, fordern Sie dafür eine höhere Skontoabzugmöglichkeit für Sofortzahlung. Beispielsweise 4 statt nur 2 Prozent bei Zahlung innerhalb von fünf Tagen nach Erhalt der Rechnung.
- Können Sie zugekaufte Materialien noch besser standardisieren, um Preisvorteile zu erzielen?

- Überprüfen Sie regelmäßig, ob Fremdleistungen noch Sinn machen oder in bestimmten Bereichen sinnvoll sind. Je nach Ausgangslage intensivieren Sie oder bauen Sie Fremdleistungen und Aufträge an Dritte ab.
- Optimierung der Lagerbestände sollte monatlich erfolgen.
- Die Verkürzung von Durchlaufzeiten hilft, den Lagerbestand in den Griff zu bekommen

Die Umsetzung des Maßnahmenplans

Nehmen Sie ein Blatt Papier und einen Stift zur Hand und legen Sie am besten gleich fest:

> Wer soll es machen?
> Wann soll er anfangen?
> Wann soll es beendet sein?
> Was soll zur Erreichung eines Zieles konkret gemacht werden?

Achtung: Die Umsetzung des erarbeiteten Maßnahmenplans muss koordiniert und überwacht werden. Sanierung ist Chefsache. Vorbildliches Verhalten der obersten Führungsebene ist dabei die unabdingbare Voraussetzung zur Akzeptanz und Realisierung. Beziehen Sie auch Ihre Mitarbeiter mit ein, sie müssen die Sanierungsmaßnahmen schließlich mit umsetzen. Ganz wichtig: Sprechen Sie auch mit Ihrem Bankberater, er muss auf jeden Fall über den Stand des Unternehmens und die Sanierungsmaßnahmen informiert werden.

Typische Restrukturierungsmaßnahmen bei Unternehmenskrisen

- Neue Finanzplanung und Hinterfragung jeder Finanzdisposition
- Führen Sie sofort Leistungsprämiensysteme ein (auch für sich selbst)
- Senken Sie die Lager- und Materialkosten
- Erstellen Sie eine »Make-or-buy«-Analyse (Fremdvergabe von Arbeiten)

- Oft unterschätzt: Eindeutige und transparente Kompetenzregelung (wer macht was und ist wofür verantwortlich), insbesondere bei Familienunternehmen
- Verhandlungen mit Banken, Lieferanten und sonstigen Gläubigern
- Außergerichtliche Vergleichsverhandlungen
- Beantragung öffentlicher Subventionen und Fördergelder
- Straffen Sie zudem die Anzahl der verschiedenen Artikel
- Reduzieren Sie sofort unrentable Unternehmensbereiche
- Entlassen Sie wenn notwendig Mitarbeiter
- Decken Sie Verlustquellen und »Geldvernichter« innerhalb und außerhalb des Betriebs auf
- Führen Sie eine Kalkulation ein, in der Sie den exakten Gewinn (Deckungsbeitrag) errechnen können. Halten Sie sich dann unbedingt an diese neue Kalkulation
- Ein Controlling-System mit Budgetierung und Reporting ist kein Hexenwerk. Fragen Sie Ihren Steuerberater, ob er Ihnen bei der Erstellung helfen kann
- Stimmt Ihre Marketingstrategie noch?
- Verhandlungen mit potenziellen Investoren oder Käufern

4. Schritt: Legen Sie sich Ihre Strategien zurecht

Ohne eine funktionierende Strategie wird jede Sanierung scheitern. Nehmen Sie sich ausreichend Zeit, um die Strategie zusammen mit Ihren Beratern festzulegen. Unternehmensberater, Sanierungsexperten und Außenstehende können Ihre Probleme oft besser analysieren als Sie selbst.

	Reduzieren	Blockieren	Forcieren
Personal	Entlassungen	Neues Personal	Mitarbeiterinfo
	Kurzarbeit	Lohnerhöhung	
	Löhne	Prämien	
Produktion	Manuelle Vorgänge	Überstunden	Produktivität
	Unwirtschaftlichkeit		Automatisierung Effektivität
Marketing	Leerläufe	Produkte ohne Gewinn	Kalkulation
	Außendienst		Andere Produkte
Verwaltung	Betriebskosten	Investitionen	Kostenbewusstsein
	Lagerbestand	Anschaffungen	
	Debitorenbestand		Finanzplanung

Beispiele für mittel- bis langfristige Ziele Ihres Unternehmens

- Veränderung der Firmenstruktur
- neue Gesellschafter
- andere Rechtsform
- Standortverlegung
- Zusammenlegung einzelner Betriebsbereiche
- neue Produktionstechnologien
- neue Produkte
- Programme
- Sortimente
- Organisation
- Konsolidierung und Stabilisierung durch Straffen der Organisation
- vermindern Sie Kosten (z.B. Werkskantine, Dienstwagen, Zulagen)
- führen Sie leistungsbezogene Entlohnung ein
- sorgen Sie für den Aufbau eines effizienten Mahnwesens

Anregungen für eine strategische Planung

- Warten Sie nicht ab, bis Sie sich im Innern der Krise befinden, sondern sorgen Sie für eine frühzeitige Kurskorrektur.
- Entwickeln Sie Aufgabenstrategien, Konsolidierungsstrategien, Verdrängungsstrategien und Erweiterungsstrategien für Tätigkeitsfelder.
- Überprüfen Sie alle Geschäftsfelder und stellen Sie diese zur Disposition.
- Überprüfen Sie regelmäßig Produkte und Dienstleistungen, die den Erfolg des Unternehmens gefährden. Stoßen Sie schlecht laufende Angebote ab.
- Überprüfen Sie die Kosten für die verbleibenden Felder.
- Verbessern Sie die Qualität der Angebote in verbleibenden Feldern, senken Sie die Preise.
- Ermitteln Sie neue Geschäftsfelder.
- Überprüfen Sie den Personalbestand.

5. Schritt: Finanzverhandlungen richtig führen

Bei Abbau von geschäftlichen Schwierigkeiten gibt es eine Regel, die Sie sich immer wieder ins Gedächtnis zurückrufen sollten:

Letztendlich ist alles Verhandlungssache. Mit Gläubigern und Banken, Lieferanten und Kunden richtig zu verhandeln steht im direkten Zusammenhang mit Ihrem Erfolg oder Ihrer Niederlage während einer Krise. Das muss Ihnen unbedingt einleuchten. Sie können grundsätzlich alles verhandeln. Es gibt nichts, das in Stein gemeißelt wurde.

Hier das konkrete Vorgehen:

1. Stundung von Tilgung und Zinsen

Bei kurzfristigen Liquiditätsengpässen, die beispielsweise aufgrund von saisonalen oder vorübergehenden Problemen entstanden sind, bietet sich zur notwendigen Aufrechterhaltung der Liquidität eine Aussetzung von Tilgung und Zinsen von Krediten oder anderen laufenden Prämien wie Versicherungen an. Wenn Sie mit den Gläubigern verhandeln, gehen Sie schrittweise vor. Bieten Sie zunächst eine Aussetzung der Tilgung an und bedienen Sie laufende Zinsforderungen weiterhin pünktlich. In der Regel werden Gläubiger und Banken dieser Regelung zustimmen, sofern Sie überzeugend darlegen können, dass die Liquiditätsschwierigkeiten im Zeitraum der Tilgungsaussetzung behoben werden können.

Ihre Aktionen sollten in diesem Zeitraum greifen. Sie und Ihr Unternehmen gewinnen einen Zeitvorsprung für die erfolgreiche Umsetzung von Maßnahmen, die Ihnen ausreichend Liquidität sichern. Gemäß der durchgeführten Unternehmensstudie kollabieren die meisten Unternehmen aufgrund mangelnder Liquidität. Sehen Sie Liquiditätsschwächen voraus. Planen Sie mit ausreichend Reserven. In der Regel zieht ein erheblicher Liquiditätsgewinn höhere Zinsaufwendungen und somit einen Rentabilitätsverlust mit sich. Achten Sie deshalb auf ausreichend Liquidität, ohne weitere Bankkredite in Anspruch nehmen zu müssen.

Auch hier gilt die goldene Regel, sich rechtzeitig um die Stundung oder Tilgungsaussetzung zu kümmern. Rennen Sie nicht in letzter Minute zur Bank, sondern gehen Sie besonnen und vorausschauend an diese eher heikle Sache heran. Erinnern Sie sich: Letztendlich ist alles Verhandlungssache!

Mein Tipp

Sie erhöhen Ihre Chancen, wenn Sie bei dem Antrag auf Stundung professionell vorgehen. Bereiten Sie das Zahlenmaterial Ihres Unternehmens auf. Erstellen Sie eine Liquiditätsrechnung unter Berücksichtigung einer Stundung. Präsentieren Sie der Bank schlüssiges Zahlenmaterial, welches Ihren Vorschlag für eine Tilgungsaussetzung bereits vorsieht.

2. Laufzeitverlängerung

Ebenso ein bewährtes Mittel, um den Kapitaldienst (also Ihre Zins- und Tilgungszahlungen) zu verringern und damit Liquiditätsprobleme zu beseitigen, ist es, die Laufzeit Ihrer Verbindlichkeiten wie Bankkredite zu verlängern. Somit reduziert sich automatisch die

Tilgungsrate und Sie schöpfen daraus mehr Liquidität. Diese Methode ist vor allem bei längeren Engagements sinnvoll. Schließlich spielen auch noch weitere Faktoren wie beispielsweise das Alter des Kreditnehmers oder die Laufzeit eine Rolle.

Bei Laufzeitverlängerungen gewinnen Sie zwar deutlich an Liquidität, dennoch müssen Sie mit einer höheren Zinsbelastung rechnen.

3. Umschuldung und Umfinanzierung

Immer wieder treffe ich auf Unternehmen, die Ihre Produktion und ihren Geschäftsbetrieb auf der Grundlage teuer bezahlter Kredite und Darlehen betreiben. Es steht außer Frage, dass hohe Zinssätze die Rentabilität direkt belasten. Doch genau hier liegt das Dilemma. Bankinstitute lassen sich das Risiko bei Klein- und Mittelunternehmen teuer bezahlen. Überprüfen Sie deshalb mögliche Umfinanzierungen auf günstigere Kreditvarianten. Verändern Sie durch die Umschuldung Zins und die Tilgung. Gegenstände des Anlagevermögens werden in der Regel mittel- bis langfristig finanziert. Bei Gespräche ist zu beachten, dass die Umfinanzierungsmaßnahme tatsächlich zu positiven Liquiditätseffekten, aber auch zu Rentabilitätsverbesserung führt.

Mein Tipp

In einigen Fällen verlangt der Kreditgeber bei Umfinanzierungsmaßnahmen auf eine andere Bank eine so genannte »Vorfälligkeitsentschädigung« aufgrund entgangenen Gewinns. Verhandeln Sie unbedingt über den Verzicht auf diese Entschädigung. Erklären Sie deutlich, dass es sich um die Sanierung und das Überleben Ihres Unternehmens handelt. Selbst wenn die Bank bei der ersten Verhandlung Ihre Anfrage verneint, bleiben Sie hartnäckig, bis Sie die Zustimmung für den Verzicht erhalten. Bei allen Unternehmen, die ich bislang betreute, wurde auf diese Vorfälligkeitsklausel verzichtet.

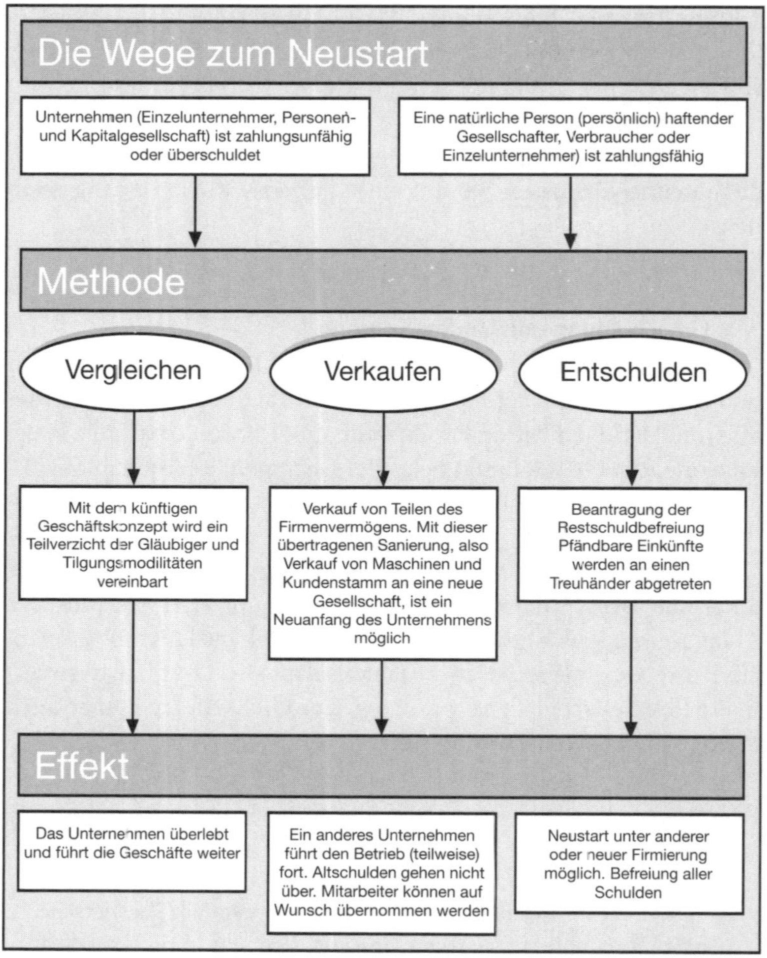

Quelle: Spectra Studie 2003

Das Geheimnis des Erfolgs heißt Positionierung

> *»Ein erfolgreicher Unternehmer werden Sie,*
> *wenn Sie rausgehen und die Lücken im Leben entdecken.*
> *Alle meine Ideen sind immer aus persönlicher Erfahrung*
> *entstanden.«*
>
> Richard Branson, Gründer von Virgin

Es gibt außergewöhnliche Momente im Leben. Kennen Sie das Gefühl, sich in der Zeit zu verlieren, während Sie einer bestimmten Tätigkeit nachgehen? Es sind die Augenblicke, die uns auf einen Punkt konzentrieren. Künstler nennen es ästhetische Verzückung, wenn Ihr Werk nach langer Arbeit und Anstrengung endlich fertig gestellt ist. Sportler geraten in ein ähnliches Glücksgefühl. Es ist das Eintauchen, ein »Aufgehen« in einer Tätigkeit, die uns mit Glück und Freude erfüllt.

Dieses Glücksgefühl erleben Sie nicht, wenn Sie überfordert sind und in einer Krise stecken. Sie haben diese Empfindungen aber auch nicht, wenn Sie unterfordert sind.

Es ist eine Mischung aus Anstrengung und dem Einsatz Ihrer Fähigkeiten. Das Gefühl ist vergleichbar mit dem Spielen einer Partie Schach oder dem Lesen eines guten Buches. Es gibt Phasen, in denen Sie hoch konzentriert sind und alles um sich herum vergessen. Dann haben auch keine Konflikte mehr Platz in Ihrem Kopf. Sie widmen sich voll und ganz einem bestimmten Thema, Ihrem Thema!

Was auch immer Ihre Aufmerksamkeit derart fesseln kann, könnte unter Umständen Ihre Passion und berufliche Leidenschaft sein. Es lohnt, sich darüber Gedanken zu machen. Denn diese Mixtur zwischen Erregung und Kontrolle könnte die Speerspitze einer erfolgreichen beruflichen Zukunft sein.

Wenn Sie diesen Bereich in Ihrem Berufsalltag wiederfinden, kann ich Sie nur beglückwünschen. Denn darin könnten Sie mit höchster Wahrscheinlichkeit richtig brillant werden und sich, wenn Sie möchten, bald als Experte positionieren.

Warum hole ich so weit aus?

Wenn es Ihre Vision ist, einfach nur zu überleben, dann machen Sie wie gewohnt weiter. Wenn Ihr Ziel ist, unternehmerisch und finanziell erfolgreich zu werden, brauchen Sie nichts weiter zu tun, als sich zum Spezialisten auf einem Gebiet zu entwickeln, das Ihnen Spaß macht, indem Sie während der Ausübung dieser Tätigkeit wahre Leidenschaft entwickeln.

Denn die Regeln für Erfolg haben sich in den letzten Jahren ins Gegenteil verkehrt.

Wir alle wissen, dass sich die gesamte Wirtschaft gewandelt hat. Gestern galt noch, dass große Unternehmen die Kleinen schlucken. Heute gilt: Die Schnellen verdrängen die Großen. Und morgen wird gelten: Die Spezialisten verdrängen alle anderen.

So werden intelligente Unternehmen, die sich mit Angebot und Marketing spitz statt breit im Markt bewegen, den Markt auch beherrschen und die besten Kunden absahnen.

Am besten erarbeiten wir gemeinsam Ihre Positionierungsmöglichkeit: Nehmen Sie wieder Papier und einen Stift in die Hand und sorgen Sie dafür, dass Sie eine Zeit lang nicht gestört werden. Beantworten Sie die nun folgende Frage ausführlich, listen Sie mehrere Punkte auf:

Lokalisieren Sie Ihre beruflichen Fähigkeiten. Was genau können Sie besser als andere?

Streichen Sie die Punkte mit einem Leuchtstift an, die Sie nicht nur besser erledigen können als andere, sondern die Ihnen auch besonders viel Spaß machen und zudem Ihre volle Konzentration verlangen.

Tasten Sie sich Schritt für Schritt heran und stellen Sie fest, welches Thema Sie fesselt und nicht loslässt.

Fertigen Sie nun eine zweite Tabelle mit allen beruflichen Feldern an, die Sie besonders interessieren.

Indem Sie dies tun, positionieren Sie sich selbst. Lohnt sich der Aufwand denn, werden Sie fragen, sich während oder nach einer Krise um die Positionierung zu kümmern? Ist das nicht eine Aufgabe für den Marketingbereich?

Meine Antwort ist: Ja, es lohnt sich, denn Positionierung ist viel mehr als nur Marketing. Es ist Ihr Startplatz für beruflichen Erfolg, denn wer zu viel kann und zu viele Produkte oder Dienstleistungen anbietet, wird unglaubwürdig. Konzentrieren Sie sich auf einen Bereich und werden Sie darin Spezialist. Sie runzeln sicherlich die Stirn beim Gedanken, während einer Krise über Spitzenerfolg und

Expertentum nachzusinnen. Aber genau darin liegt der Schlüssel, um berufliche Schwierigkeiten zu überwinden. Nur so gewinnen Sie Souveränität.

> So ein Beispiel ist der Staranwalt Rolf Bossi aus München. Kein anderer Strafverteidiger war während seiner Tätigkeit als Anwalt bei Gericht so gefürchtet wie Bossi. Bei besonders schwierigen Fällen wurde er engagiert, um die glühenden Kohlen aus dem Feuer zu holen. Dafür verlangte er horrende Anwaltsgebühren, die immer bezahlt wurden. Denn es war ein Glücksfall, wenn er überhaupt noch Aufträge annahm. In juristischen Kreisen ging die Legende um, dass Bossi für jeden Gesetzesartikel ein Gegengesetz oder Urteile aus dem Kopf zitierte, die das Gesetz sozusagen aufhoben. Ob dieses Gerücht nun stimmt oder nicht, spielte für seine Positionierung keine Rolle. Der Ruf eilte ihm bei jeder Gerichtsverhandlung voraus und ließ manche Richter und Staatsanwälte sichtbar nervös werden. Rolf Bossi nutzte sein Wissen und seine Rhetorik, um einzigartig und unersetzbar zu werden. Eine seiner Lieblingsinszenierungen bei Betreten des Gerichts war sein Ausspruch: »Öffnet die Fenster in diesem Gerichtssaal und lasst endlich mal Gerechtigkeit hinein.«

Worauf würden Sie sich gern spezialisieren, was könnten Sie sich da vorstellen? Jede Branche bietet Nischen und Marktlücken. Suchen Sie nicht neue Verfahren oder Anwendungsbereiche, sondern wählen Sie Grundbedürfnisse, die immer verlangt werden.

Spezialisten beißen nie in saure Äpfel, sondern saugen den Honig aus dem Markt.

Sie können sich Ihre Kunden und Aufträge aussuchen. Hand aufs Herz – kennen Sie einen Selbstständigen oder Unternehmer, der nein sagt, wenn ein Auftrag winkt? Spezialisten tun das gewöhnlich. Sie übernehmen nur Aufträge, die ihnen Spaß bereiten und verdienen damit ein Vielfaches mehr als andere, die beispielsweise fünf gleichartige Aufträge abwickeln. Um finanziell unabhängig zu werden, Ihrem Unternehmen eine sichere Zukunft zu geben und sich und Ihrer Familie damit einen sorgenfreien Lebensabend zu bieten, müssen Sie Ihre Nische finden. Krise hin oder her. Leben Sie Ihre Talente – suchen Sie sich ein Arbeitsgebiet, das Ihnen besonders am Herzen liegt, Ihnen Spaß macht und bei dem Sie während der Arbeit die Zeit vergessen.

Montys Geschichte

Wenn ein Pferdebesitzer Probleme mit seinem Pferd hat, ruft er in der Regel den Veterinär, um herauszufinden, was dem Tier fehlt. Doch manchmal machen Pferde richtig Schwierigkeiten, bocken, blockieren und sind launisch wie mürrische Esel. Irgendwann ist dann auch der Tierarzt mit seinem Latein am Ende und wirft das Handtuch.

Dann wird es Zeit für Monty Roberts oder, wie er in Pferdekreisen mystisch genannt wird, den »Pferdeflüsterer«!

Jeder Pferdehalter bringt sein Pferd zur Monty Roberts, der als erprobtes Mittel mit hundertprozentiger Erfolgsquote gilt. Er akzeptiert nur Pferde als Patienten und keine anderen Tiere.

Der sympathische ältere Cowboy ist inzwischen weit über seine Landesgrenzen bekannt und veranstaltet in regelmäßigen Abständen Pferdeshows. Vorgeführt werden nur die schwierigsten Fälle.

Roberts studierte das Verhalten von Pferden während seiner 20-jährigen Arbeit auf einer Ranch, indem er sie aufmerksam beobachtete. Dass aus seinem Hobby ein so lukrativer Beruf wurde, kann er heute noch nicht richtig glauben. Er entwickelte während seiner 20-jährigen Arbeit mit Pferden eine eigene Sprache. Die Mischung aus wildem Umherfuchteln, Körpersprache und Verhaltensweise nennt er ECWOS.

Er imitiert das Verhalten von Raubtieren mittels bestimmter Körpersignale und das Pferd reagiert reflexartig auf bestimmte Gesten. Er findet innerhalb von Minuten Zugang zu jedem Pferd und vollbringt Dinge, die Besitzer nicht für möglich gehalten haben. Monty ist der höchstbezahlte Pferdepsychologe der Welt. Keiner hat seinen Fähigkeiten etwas entgegenzusetzen.

Was können Sie tun, wenn Sie keine Nische finden?

Jeder kann eine Nische finden. Berufliche Neuchancen können Sie aber allein durch Eingebung oder das richtige Fingerspitzengefühl über Nacht erkennen und aufgreifen. Nehmen Sie sich daher an einem Wochenende frei und gewinnen Sie Abstand von der Arbeit, vom Tagesgeschäft und selbst von der Familie und Freunden. Ziehen Sie sich zurück – in Ihre persönliche Eremitage. Mit seismografischer Sensibilität sollten Sie das ganze Feld der Möglichkeiten abtasten.

Suchen Sie nach Ihrem Traumberuf, in dem Sie exzellent werden können. Sie müssen es heute noch nicht sein. Es genügt auch schon die Verpflichtung, wirklich außergewöhnlich gut zu werden. Wenn es Ihre Berufsbezeichnung noch nicht gibt, umso besser. Dann erfinden Sie sie eben neu. Schaffen Sie sich Ihre Kundschaft auf der Ebene des Wissensvorsprungs. Nicht der Preis der Ware, der Stundenlohn Ihrer Arbeit oder die schönen Ausstellungsräume verhelfen Ihnen zu mehr Aufträgen, Umsatz oder höherer Bezahlung, sondern allein das Wissen über die Problemlösung, die sonst kein anderer auf diesem Gebiet anbietet. Das ist Positionierung. Die meisten Unternehmer und Selbstständigen sind skeptisch, wenn sie das hören. Aber es wäre mir möglich, hundert Seiten mit Beispielen zu füllen, die genau diese Erfolgsstrategie (trotz Krise) untermauern. Sich zu positionieren heißt nicht, härter zu arbeiten, sondern smarter.

Lassen Sie mich eine kleine Geschichte erzählen, die sich erst kürzlich zugetragen hat.

In einem etablierten Unternehmen im Bereich Personalberatung trat eine verhängnisvolle Situation auf. Ein Großteil des mittleren Managements kündigte das Arbeitsverhältnis aufgrund von Meinungsverschiedenheiten mit der Direktion, um sich dann selbst am Markt zu positionieren. Wie ein Lauffeuer ging diese Nachricht durch die gesamte Branche, denn dieser Wechsel ihrer bedeutendsten Personalberater traf das Unternehmen direkt ins Herz.

Die Key Accounts, also die umsatzstärksten Kunden, wurden bislang ausschließlich vom mittleren Management betreut. Um die Beratung durch das bereits eingespielte Team zu sichern, kündigten Kunden ihre alten Verträge mit der Personalberatung auf und wechselten zu der neu gegründeten Personalberatung. Innerhalb von nur wenigen Monaten schrumpften die Umsätze auf die Hälfte. Statt Prosperität standen nur noch düstere Zukunftsprognosen im Raum. »Wir brauchen jetzt eine reparierende Intelligenz«, rief es aus der Chefetage und es wurde ein renommierter Experte für solch heikle Fragen ins Haus geholt.

Der Berater traf ein und sprach ausführlich mit der Unternehmensführung. Er führte einen ganzen Tag Interviews mit den Finanzverantwortlichen, studierte die Bilanzen und Berechnungen der Gesellschaft. Am zweiten Tag bewertete er das Unternehmen, spazierte durch die Büroräume, um mit einigen Mitarbeitern zu sprechen und machte sich laufend Notizen. Die Direktion wurde ungeduldig und zitierte den Berater am Abend des zweiten Tages in die Chefetage. Gut gelaunt trat der Berater zu der fünfköpfigen Direktion, setzte sich an den Besprechungstisch und goss sich genüsslich eine Tasse Kaffee ein. »Meine Herren, ich habe die Lösung für Ihr Problem!«

Einige der Gesichter im Raum erstarrten zu Stein und sie schauten sich gegenseitig ungläubig an. »Sie müssen fusionieren!«, legte der Berater nach. Ein gezwungenes Lächeln kam auf die Lippen des Generaldirektors, der abfällig erwiderte: »Tolle Idee. Wo wollen Sie denn in so kurzer Zeit einen geeigneten Partner aus dem Hut zaubern? Mein Herr, uns schwimmen die Felle davon!« Der Berater griff zum Telefon und rief einen Unternehmensberater für Merger & Acquisition (Firmenübernahmen) an, von dem er wusste, dass er schon längere Zeit einen Kandidaten im Bereich Personalberatung im Köcher hatte.

Innerhalb von nur zwei Wochen waren die Verhandlungen abgeschossen und der Zusammenschluss wurde vollzogen. Der Kundenmix, die neu dazugewonnene Infrastruktur und die Möglichkeit, stärker im Ausland nach Personal zu suchen, ermöglichte dem angeknacksten Personalunternehmen, schnell wieder Fuß zu fassen und zur alten Höchstform aufzulaufen. Zwei Wochen später erhielt der Generaldirektor dann die Rechnung des Experten, der insgesamt 22 500 Euro für seine Tätigkeit verlangte.

Der Manager traute seinen Augen nicht, schließlich hatte sich der Experte nur zwei Tage im Betrieb aufgehalten. Die darauf folgenden Verhandlungen wurden direkt mit den Unternehmensvertretern geführt. Er bat den Experten, ihm doch diesen hohen Rechnungsbetrag aufzuschlüsseln. Einige Tage später kam eine neue Rechnung des Experten, die so aussah:

Zwei Arbeitstage	2 x 1 250 Euro =	2 500 Euro
Vermittlung des Geschäfts, das zum Zusammenschluss führte		20 000 Euro
Total:		22 500 Euro

Erwiesenermaßen führt Spezialistentum zur Höchstbezahlung. Diese Geschichte illustriert den wichtigsten Bestandteil für Erfolg, nämlich sich zu spezialisieren. Sie werden nur dann Aufträge erhalten, wenn Sie etwas anbieten, was andere nicht können.

Trotz global auftretender Probleme und veränderter Marktbedingungen leben wir in einer relativ guten Zeit. Jeder hat die Möglichkeit, sich mit seinem Wissen als Experte zu etablieren, selbst ein Handwerker, ein Architekt oder ein Kaufmann. Die Berufsgattung der Ärzte macht das ganz deutlich. Sie werden ohne große Mühe einen Termin bei einem Allgemeinarzt bekommen. Wenn Ihr Fall oder die Diagnose schwieriger ausfällt, werden Sie zu einem Spezialisten überwiesen. Bei Spezialisten kann es jedoch vorkommen, dass Sie Wochen oder Monate auf einen Termin warten müssen. Ärzte dürfen bekanntlich keine Werbung machen. Spezialisten müssen das auch nicht. Die Marketingmaschinerie läuft ganz von alleine – aufgrund der Qualifikation.

Wie Sie Ihre Positionierung Schritt für Schritt finden

- Überlegen Sie sich genau, welche Themen Sie wirklich faszinieren. Über welche Themen denken Sie mindestens einmal pro Tag nach?
- Kristallisieren Sie ein Berufsbild heraus, das Ihren Vorstellungen an nächsten kommt. Gibt es keine Berufsbezeichnung dafür – dann kreieren Sie eine.
- Denken Sie intensiv und schriftlich über Ihre Fähigkeiten nach und nehmen Sie Ihre vorangegangene Liste zur Hand. Genauso wie ein Pferd das Rennen nur um eine Nasenlänge gewinnt, so müssen Sie erstklassig oder außergewöhnlich in Ihrem Berufsthema sein und wenn möglich Erster am Markt werden. Gut zu sein wird nicht belohnt. Der Gewinner bekommt bekanntlich immer alles.

Recherchieren Sie alles Wissenswerte. Wenn etwas zu diesem Thema gedruckt wurde, bringen Sie es in Erfahrung. Mausern Sie sich durch Neugier zum Semiexperten, indem Sie wie ein Schwamm alle Informationen rund um diesen Bereich aufsaugen.

Erst kürzlich unterhielt ich mich mit einem Motorsportfan, der einen beachtlichen Teil seines Einkommens für Eintrittskarten und

Reisen zu Formel-1-Rennen ausgibt. Schnell unterhielten wir uns über die Boliden und deren Leistung. Er wusste im Detail bereits über die neuesten technischen Errungenschaften Bescheid, als ob er Mechaniker in einem der Rennställe wäre. Es war verblüffend, wie er als Kaufmann so tief in die Materie Technik einsteigen konnte. Im Laufe des Gesprächs verriet er, dass er einen lukrativen Job an den Nagel gehängt hatte, um bei einer Sponsorfirma für ein Modegetränk in kleinen Dosen anzufangen. Dort hatte er zwar nicht die gleichen Einkommenschancen, aber als Hauptsponsor ist er mit seiner Firma nah am sportlichen Geschehen. Es steht außer Frage, dass ich ihn später in vorderster Reihe und in leitender Funktion wieder antreffen werde.

Trauen Sie sich, aus Ihrem Hobby einen Beruf zu machen, selbst wenn Sie die erste Zeit damit nur wenig Geld verdienen werden.

Meine Tipps zum Schluss

Erstens: Verzichten Sie darauf, Ihr Wissen bei jeder Gelegenheit auszuplaudern. Eignen Sie sich die Fähigkeit an, andere neugierig zu machen und Kunden »anzufüttern«, ohne gleich die Rezeptur zu verraten. Das Wissen, wie es geht, ist Ihr wertvollstes Eigenkapital. Wenn Sie Experte werden wollen, müssen Sie Ihr Wissen gut dosieren können.

Zweitens: Riskieren Sie etwas und haben Sie keine Angst vor dem Versagen oder vor Blamage. Trauen Sie sich, sich Ihren Traumberuf zu erarbeiten, indem Sie Spezialist für einen kleinen Kundenkreis werden. Und das hat seinen Grund. Nur wenige Kunden können sich Spezialisten und marktführende Experten leisten. Daher muss Ihre Strategie so aussehen, dass Sie zwar klein anfangen, aber nur Aufträge annehmen, die genau in Ihren Bauplan für die Positionierung passen. Schon bald, je nach Nachfrage, ziehen Sie kontinuierlich Ihr Honorar nach oben.

Da es von Ihnen nicht Tausende gibt, werden die Kunden ohnehin den Weg zu Ihnen finden. Niemand bietet das, was Sie anbieten. Folglich ist der Weg an Ihnen vorbei unmöglich geworden. Ab einem gewissen Zeitpunkt brauchen Sie auch keine Werbung mehr zu machen. Man wird Sie von Kunde zu Kunde reichen. Bald schon müssen Sie auch keine Überzeugungsarbeit mehr leisten. Durch Ihren Expertenstatus haben Sie Glaubwürdigkeit en masse erworben.

4.
Erfolgreich verhandeln mit Banken und Gläubigern

Klare Sicht statt Opferrolle

Über 90 Prozent unserer Befragten gaben an, ein allgemein gespanntes Verhältnis zu Banken zu haben. Und das hat einen sehr einfachen Grund. Die meisten Unternehmer fühlen sich direkt abhängig von den Kreditsachbearbeitern der eigenen Hausbank. Zu schnell wird die undankbare Rolle des Opfers eingenommen, das sich dem übermächtigen Bankinstitut ergibt. Doch selbst in den schwierigsten finanziellen Situationen sind Rückgrat und eine klare Sichtweise gefragt. Es nützt niemandem, sich gegenseitig die Schuld zuzuweisen. Sie sind auch kein Opfer der Umstände.

Täglich führen Sie Verhandlungen mit Kunden und Lieferanten. Und heute führen Sie eben Verhandlungen mit Ihren Gläubigern und Banken. Sie mögen sich sagen: Warum überhaupt Verhandlungen führen, wenn mein Verhandlungspartner sowieso den längeren Arm hat und die Zukunft meines Unternehmens von einer Zustimmung der Bank abhängt? Vergessen Sie nicht, dass auch die Bank etwas zu verlieren hat.

Ein wesentlicher Faktor für fortführende Bankenverhandlungen ist, dass Sie gegenüber der Bank immer mit offenen Karten spielen und auch rechtzeitig über die finanziellen Schwierigkeiten in Ihrer Firma informieren. Treten Sie bei der Bank oder bei Gläubigern nicht als Opfer auf, dem übel mitgespielt wurde. In allen Fällen der Kreditvergabe hängt es davon ab, ob die Bank noch Vertrauen in Ihre Person und Ihr Unternehmen hat.

Manche halten eine schlechte finanzielle Ausgangslage für einen Vertrauensbruch gegenüber der Bank. Tun Sie das nicht! Denn Kreditinstitute sind es gewohnt, schwierige Verhandlungen mit Kreditnehmern zu führen. Schaffen Sie daher eine Atmosphäre des gegenseitigen Respekts auf gleicher Ebene. Spielen Sie keine Rolle, sondern treten Sie als Bittsteller für die Rettung Ihres Unternehmens auf. Selbst wenn Sie mit dem Rücken zur Wand stehen, müssen Sie freundliche, aber auch harte Verhandlungen führen. Zugegeben braucht ein Unternehmer, der finanzielle Hürden zu meistern hat, eine gehörige Portion Selbstbewusstsein, um als gleichwertiger Verhandlungspartner aufzutreten. Aber nur so schaffen Sie die Grundlage für einen positiven Ausgang der Gespräche.

Legen Sie während der Verhandlungen ruhig ein wenig mehr in die Waagschale und denken Sie über folgende Tatsache nach, bevor Sie sich auf die Gespräche vorbereiten:

Die Fakten: 6 000 Großunternehmen stehen zirka 3,3 Millionen kleine und mittlere Unternehmen sowie Selbstständige in Handwerk, Industrie, Gewerbe, Handel, Dienstleistung und freien Berufen gegenüber. Mittelständische Unternehmen tragen mit 57 Prozent zur Bruttowertschöpfung aller Unternehmen bei und nehmen 46 Prozent der Bruttoinvestitionen vor.

Neben ihrer gesellschaftlichen Bedeutung besitzen kleine und mittlere Unternehmen vor allen Dingen eine große wirtschaftliche Bedeutung als Arbeitgeber, Ausbilder, Anbieter und Innovatoren. Sie schaffen knapp 70 Prozent der Arbeits- und 80 Prozent der Ausbildungsplätze. Diese Firmen bilden damit das Fundament der deutschen Wirtschaft (Quelle: Deutsche Ausgleichsbank, www.dta.de).

Auch Sie haben vor einiger Zeit den Sprung ins kalte Wasser gewagt und ein Unternehmen gegründet oder einen bestehenden Betrieb übernommen. Sie verfügen aber im Gegensatz zu Großunternehmen nicht über spezielle Abteilungen für Unternehmensplanung, Marketing, Organisation, Controlling oder Finanz- und Rechnungswesen. Für diese administrativen Aufgaben sind Sie weitgehend allein verantwortlich.

Sie haben jedoch Vorteile gegenüber großen Unternehmen, wie beispielsweise Überschaubarkeit, Flexibilität, Markt- und Kundennähe, Mitarbeitermotivation, Kreativität, Visionen und letztlich Ihre eigene Persönlichkeit. Neue Geschäftsideen und Innovationen können Sie oft schneller in die Tat umsetzen als große Unternehmen. Diese Potenziale sollten Sie pflegen und ausbauen.

Raus aus der Schuldenfalle – Vergleiche mit Gläubigern

> *»Lieber der Spatz in der Hand als die Taube auf dem Dach.«*
>
> Deutsches Sprichwort

Vergleiche mit Gläubigern zu schließen ist fast so spannend wie ein großes Geschäft zu verhandeln. Das ist zwar Schwerstarbeit, aber dafür sehr abwechslungsreich. Sollten Sie die Verhandlungen selbst führen, beachten Sie die folgenden Punkte:

Erstens: Schreiben Sie grundsätzlich nur Gläubiger an, die mit Ihnen Kontakt aufnehmen. Andere Gläubiger, die ihre Forderung nicht bei Ihnen geltend machen wollen oder können, sollten Sie nicht noch auf sich aufmerksam machen. Das sollte nicht falsch verstanden werden.

Natürlich sollen immer alle Rechnungen pünktlich und vollständig bezahlt werden. Wenn Sie aber in einer Schuldenfalle sitzen, tauschen Sie Ihre Lebensenergie gegen den drohenden finanziellen Kollaps ein. Deshalb sind Sie sich und Ihrer Familie gegenüber verpflichtet, auch unkonventionelle Wege zu prüfen, denn Sie als Schuldner müssen zunächst selbst auf die Beine kommen – auch wenn dabei einige Gläubiger kürzer treten oder sogar auf einen Großteil ihrer Forderungen verzichten müssen. Manche Gläubiger werden bei schwer einzutreibenden Beträgen ihre Rechnungen einfach buchhalterisch abschreiben. So funktioniert die Praxis.

Des Weiteren auch hier eine Warnung: Die Praxis zeigt, dass längst vergessene Forderungen plötzlich doch noch auftauchen können und vom Schuldner bedient werden müssen. Deshalb benötigen Sie immer eine Rücklage.

Zweitens: Schaffen Sie sich rechtzeitig eine finanzielle Reserve, die Ihnen als Notgroschen dient. Diesen populären Rat von allen führenden Finanzcoachs müssen Sie unbedingt ernst nehmen. Selbst in der größten finanziellen Krise sollten Sie eine Reserve in Höhe von mindestens sechs Nettomonatsgehältern auf die Seite bringen.

Sie fragen hier zu Recht: Wie soll ich eine Reserve bilden, wenn ich finanziellen Schwierigkeiten stecke? Ganz einfach – beginnen Sie sofort damit, und zwar mit einem kleinen Betrag, den Sie sukzessive erhöhen. Lieber eine kleinere Reserve als gar keine!

Diese Reserve tasten Sie erst nach einem Konkurs an – nicht vorher. Mit dieser Sicherheit lässt es sich auch leichter verhandeln, da Ihre Existenz für die kommenden Monate gesichert ist. Während oder nach einer Pleite machen vor allen die vielen kleinen monatlichen Kosten wie Strom, Wasser, Miete, Krankversicherungen et cetera zu schaffen. Prekär wäre es dann, wenn Sie nach dem Konkurs gar kein Geld mehr zu Verfügung haben. Bis Sie ein neues Tätigkeitsfeld gefunden haben oder behördliche Hilfen erhalten, vergehen in der Regel mehrere Monate.

Max' Geschichte

Max hat aufgrund seiner spektakulären Firmenpleite rund 400 000 Euro Kreditschulden bei zwei lokalen Banken. Wie wir wissen, verlangen die Banken derzeit zwischen 8 und 12 Prozent Überziehungs- oder Kreditzinsen. Das sind für Max im Jahr zusätzlich 40 000 Euro, die es zurückzuzahlen gilt. Mit anderen Worten, die Schulden wachsen ins Unermessliche, zumal er kein regelmäßiges Einkommen vorweisen kann und mit rund 25 000 Euro im Jahr zurechtkommen muss. Max gelang es, eine Modalität und Rückzahlungsmöglichkeit zu vereinbaren, die er sich leisten konnte und löste somit sein finanzielles Problem. Er zahlt 250 Euro im Monat zurück mit der Zusage, den monatlichen Abzahlungsbetrag zu erhöhen, sobald seine finanziellen Möglichkeiten es zulassen.

Sie haben bestimmt etwas bemerkt? Mit dieser niedrigen Rate kann er seine Schulden nicht in 100 Jahren tilgen. 250 Euro x 12 Monate = 3 000 Euro. Mit 3 000 Euro im Jahr schafft er nicht einmal die Tilgung der Zinsen.

Doch ich wollte Ihre Aufmerksamkeit auf etwas anderes lenken, denn der springende Punkt ist ein ganz anderer:

Max kann es völlig egal sein, ob er diesen gewaltigen Schuldenberg brav tilgt oder nicht. Rechnen Sie nach. Eine jährliche Belastung in Höhe von nur 3 000 Euro ist erträglich und machbar, ohne wesentliche Einschränkungen in Kauf nehmen zu müssen.

Im Laufe der Abschlussverhandlungen fiel diese Tatsache auch den Profis von der Bank auf. Ein Abzahlungsplan mit diesen niedrigen Tilgungsraten kann nicht funktionieren. Die Parteien einigten sich darauf, die Raten zu erhöhen, sobald es Max' Einkommenssituation zulassen würde. Aber seine Einkünfte waren über die letzten drei Jahre eher schlecht als recht. Trotzdem zahlte er regelmäßig und pünktlich seine vereinbarte Rate. Die Bank lud ihn nach einem Jahr zu einem weiteren Gespräch ein, um den Stand seiner Abzahlungen zu klären und eine neue Vereinbarung über höhere Abzahlungsraten zu vereinbaren.

Zum Termin erschien Max mit seinem gut vorbereiteten Steuerberater. In den ersten Gesprächsminuten offerierte der Steuerberater ein Zahlungspaket, welches eine hohe Sofortzahlung in Aussicht stellte. Die Kreditberater wussten, dass die finanziellen Aussichten von Max alles andere als rosig waren. Entsprechend empfahl der Steuerberater, den Schaden zu begrenzen und die Sofortzahlung als Tilgung per Saldo aller Ansprüche zu akzeptieren.

Innerhalb der letzten 16 Monate sparte Max über 10 000 Euro und hat sich weitere 15 000 von Freunden geliehen.

Im Gegenzug für die Sofortzahlung sollte die Bank auf die gesamte Restforderung verzichten. Natürlich verriet der Steuerberater nicht, dass es sich bei der Vergleichszahlung um teilweise von Max gesparte Gelder, also Rücklagen (Reserven) handelte.

Erwartungsgemäß winkte die Bank zunächst ab. Erst beim zweiten Gesprächstermin und bei einer leichten Erhöhung der Vergleichssumme willigten die Direktoren schließlich ein und dachten »Lieber den Spatz in der Hand, als die Taube auf dem Dach.« Die Bank kam zu einem Teil ihrer Forderungen und verhinderte einen drohenden Totalverlust. Max war mit dieser Feuerwehrübung größtenteils schuldenfrei.

Wie denken Sie darüber?

Betrog er die Banken?

Wäre es ehrlicher gewesen, statt zu sparen, die monatliche Rate von 250 Euro auf 300 Euro zu erhöhen? Tatsache ist, dass die Tilgung der Schulden selbst bei einer Erhöhung auf 2 000 Euro pro Monat nicht innerhalb eines Lebens zu schaffen gewesen wäre. Stattdessen wäre Max zum Sklaven seines eigenen Lebens geworden und bekäme nie wieder die Chance, von vorne anzufangen.

Beinahe jeder Selbstständige und viele Unternehmer haben Schulden. Unterscheiden Sie hier zwischen Verbindlichkeiten und Schulden. Verbindlichkeiten sind Zahlungszusicherungen, die Sie einhalten können. Schulden sind Zahlungen, die überfällig sind und zu einem geschäftlichen Problem werden, ein Schuldenturm, der wächst und wächst. Wenn die Lawine schließlich ins Rollen kommt, begräbt sie Ihr Unternehmen unter sich. Ihre ganze Aufbauarbeit, Ihre investierte Zeit, Ihre Investitionen sind unter Umständen auf einen Schlag zum Teufel.

Es ist möglich, Ihre Geschäftsschulden, wie hoch sie auch sein mögen, innerhalb kurzer Zeit loszuwerden oder zumindest auf ein erträgliches Maß zu reduzieren.

Vergleichen Sie sich mit Gläubigern und Banken. Ihnen stehen als Unternehmer verschiedene Varianten zur Verfügung.

Beispiel

Ein befreundeter Steuerberater holte mich bei einer Krisensituation seines Mandanten hinzu. Nach kurzer Einführung durch den Steuerberater interviewte ich den Unternehmer selbst. Seit über 20 Jahren führte er nun den Familienbetrieb für Verpackungen. Seit rund einem Jahr stand ihm das Wasser bis zum Hals.

Mit viel Glück und mit der Unterstützung seiner Hausbank überbrückte er regelmäßig Liquiditätsengpässe und erhöhte stetig die Geschäftskredite. Nach kurzer Prüfung schlug ich ihm vor, sich wenn möglich mit den Gläubigern und den Banken zu vergleichen, damit der Betrieb gerettet werden könne. Schließlich standen über 120 Arbeitsplätze auf dem Spiel.

Der Unternehmer hob seinen Kopf und sah mich streng an. Mit strafenden Blicken und erhobenem Zeigefinger erklärte er mir, dass sein Ruf als Unternehmer auf dem Spiel stehe und er seine Schulden immer bezahlen würde, und zwar bis auf den letzten Cent.

Darauf erwiderte ich: »Genau richtig. Ihr Ruf steht auf dem Spiel, wenn Sie es nicht schaffen, die 120 Arbeitsplätze und Ihren Betrieb zu retten. Was wird Ihnen wohl mehr wehtun?«

Selbst wenn Sie »alles wieder gutmachen wollen«, sind Sie als verantwortungsvoller Unternehmer dazu verpflichtet, sich genau zu überlegen, wie Sie finanziell wieder auf die Beine kommen. Es gehört zum Tagesgeschäft, Vergleiche zu schließen. Bleiben Sie realistisch.

Erwägen Sie die Vor- und Nachteile. Wenn Ihre oberste Priorität das Überleben Ihres Unternehmens ist, müssen Sie auch zu unkonventionellen Mitteln greifen. Und dazu gehört es, Vergleiche mit Gläubigern zu schließen. Wenn Sie der Meinung sind, dass dies nicht Ihr Ding ist, dann holen Sie sich Spezialisten ins Haus, die diesen Job für Sie erledigen.

> *»Besser heute einen Vergleich mit Lieferanten und dafür weitere Umsätze in der Zukunft als einen Totalverlust und kein Geschäft mehr.«*
>
> Unternehmerweisheit

Zwei Methoden für die Vergleichsverhandlungen

1. Gleichbehandlung aller Gläubiger. Kein Gläubiger wird bevorzugt. Jeder erhält prozentual das gleiche Vergleichsangebot.
2. Sie können jedoch Ihre Schulden auch in »dringende« und »wichtige« Forderungen einteilen. Beispielsweise werden Sie schlechte Aussichten haben, wenn Sie mit den Elektrizitätswerken einen Vergleich schließen möchten. Die schalten Ihnen nach der zweiten Mahnung einfach den Strom ab und Sie können Ihren Betrieb schließen.

Mein Tipp

Vermeiden Sie unbedingt, nach dem Gießkannenprinzip vorzugehen, nach dem Motto »Wer am lautesten schreit, bekommt zuerst«. Bewahren Sie einen kühlen Kopf, selbst wenn Gläubiger mit bösen Briefen, Rechtsanwaltsschreiben und fristsetzenden Inkassounternehmen drohen, Sie gerichtlich zu schlachten. Zahlen Sie nicht einfach irgendeine Summe und zahlen Sie auch nichts an. Warten Sie, bis Sie eine Übersicht der Gesamtforderungen haben und überlegen Sie sich genau, welche Art der Entschuldung Sie wählen wollen.

Und auch hier gibt es eine praxiserprobte Faustregel:

Je weniger Hoffnung Sie Ihren Gläubigern machen, ihr Geld zu bekommen, desto höher sind die Chancen, einen Vergleich zu schließen.

Und das bedeutet: Stellen Sie sich und Ihr Unternehmen nach außen nicht finanziell besser dar, als es in Wirklichkeit der Fall ist. Stellen Sie sich der Herausforderung und sprechen Sie lieber offen mit den Gläubigern. Bereiten Sie fundierte Zahlen Ihrer Liquidität und Finanzsituation auf, damit Sie eine partnerschaftliche Lösung der finanziellen Anspannung anbieten können. Sollte ein Gläubiger oder die Bank merken, dass Sie ein Spiel spielen, werden Sie vermutlich keine Chance für eine gütliche Lösung bekommen. Verspielen Sie also nicht Ihren Bonus und meistern Sie Ihre Krise tapfer, aber dafür ehrlich.

J.P. Morgan sen. erzählte einmal einem Juwelier aus seinem Bekanntenkreis, dass er daran interessiert sei, eine Krawattennadel mit einer echten Perle zu kaufen.

Nur ein paar Wochen später stieß der Juwelier auf eine großartige Perle. Er ließ sie entsprechend fassen und schickte sie zusammen mit einer Rechnung über 5 000 Dollar an Morgan.

Am nächsten Tag kam das Päckchen zurück. Im Begleitbrief schrieb Morgan: »Die Nadel gefällt mir, nicht aber der Preis. Wenn Sie den beigefügten Scheck über 4 000 Dollar akzeptieren, schicken Sie mir bitte die Schachtel mit unversehrtem Siegel zurück.«

Der empörte Juwelier wies den Scheck ab und schickte den Boten ungnädig zurück. Dann öffnete er die Schachtel, um die unerwünschte Nadel herauszunehmen. Doch die befand sich nicht mehr darin.

An ihrer Stelle lag ein Scheck über 5000 Dollar.

Anekdote von Clifton Fadiman

Wie können Vergleiche aussehen?

Das hängt von der jeweiligen Situation ab. Je nach Ausgangslage sind sehr niedrige Vergleiche oder auch so genannte Null-Plan-Lösungen möglich. Bei einer Null-Plan-Lösung wird seitens der Gläubiger vollständig auf die Forderung verzichtet.

Dafür erklärte sich der Schuldner beispielsweise bereit, die nächsten fünf Jahre einen Großteil seiner Produkte über diese Großhandlung zu beziehen und die Ware per Vorkasse zu zahlen. Die Geschäftsbeziehung hat somit eine Chance, sich wieder zu normalisieren und die abgeschriebene Forderung könnte so im Laufe der Zeit wieder kompensiert werden.

Seien Sie grundsätzlich kreativ, wenn es darum geht, Vergleiche zu schließen. Nehmen Sie zur Abwechslung auch einmal die Sichtweise Ihrer Gläubiger ein und überlegen Sie sich genau, was Sie anbieten können, damit eine einvernehmliche Lösung erarbeitet werden kann.

Mein Tipp

Hüten Sie sich, bei Vergleichsverhandlungen jeden verfügbaren Euro zu verteilen. Sie benötigen eine Reserve für Notzeiten.

Die Praxis hält für jeden Unternehmer immer wieder Ausnahmeregeln parat. Vielleicht ist die Situation so, dass Sie überhaupt keine Möglichkeiten haben, mit dem Gläubiger direkt zu verhandeln, weil die Forderungen abgetreten wurden, beispielsweise an ein Inkassobüro. Auch hier lohnt sich das Pokern. Die Erfahrung zeigt, dass selbst ausgefuchste Inkassobüros verhandlungsbereit werden, wenn sich die Schuldentilgung lange hinzieht. Bei älteren Forderungen kommt eine weitere Erleichterung dazu. Viele dieser Profi-Eintreiber kaufen ältere und für den Gläubiger »uneinbringliche« Forderungen für einen Bruchteil des Wertes ab. Beispielsweise zahlt ein Inkassobüro in der Regel 10 bis 15 Prozent des Forderungsbetrags und erhofft sich beim Schuldner schließlich doch noch 50 bis 60 Prozent zu realisieren. Sollten Sie demnach selbst mit dem Inkassobüro einen Vergleich in Höhe von 25 Prozent der Forderungssumme aushandeln, macht das Büro noch immer über 100 Prozent Gewinn.

Mein Tipp

Verfolgen Sie diese Strategie für den erfolgreichen Vergleichsabschluss:

Stoppen Sie die Zinsen
und
wählen Sie die richtige Modalität.

Tonys Geschichte

Tony Blattner kam völlig aufgelöst ins Café Odeon und setzte sich an den Tisch seines Freundes Richard, der eine Firma für Beratung von vermögenden Kunden betreibt. Tony, noch immer außer Atem, erzählte Richard von seinen finanziellen Sorgen. Tony bürgte vor drei Jahren für die Geschäftskredite seiner Freundin, die ein Solarium gründete. Heute sind beide geschiedene Leute, das Solarium wieder geschlossen, doch die Bank ließ Tony nicht aus der Bürgschaftsverpflichtung heraus. Gemäß der Bank war bei seiner ehemaligen Lebenspartnerin, die irgendwelchen Teilzeitjobs nachging, nichts zu holen.

Tony fühlte sich bereits während der Partnerschaft und erst recht nach einem Jahr der Trennung nicht für den Geschäftsuntergang des

Solariums verantwortlich, doch das war der Bank so ziemlich egal. Sie forderte von Tony die Bürgschaft in Höhe von 50 000 Euro ein. Konfrontiert mit dieser Situation hatte er die Befürchtung, er könne nun auch seine Schule für asiatischen Kampfsport wieder schließen. Nachdem er dies erzählt hatte, ging Tony zum Tresen und bestellte einen Drink, um seine Sorgen wegzuspülen. Nach seiner Rückkehr hakte Richard nach. »Wie laufen denn die Verhandlungen mit der Bank?« Tony errötete. »Verhandlungen? Hast du nicht gehört, die wollen 50 000 Euro von mir. Was gibt es denn da zu verhandeln?« »Ganz einfach«, erklärte Richard. »Selbst wenn die Forderungen 500 000 Euro betrugen, spielt es doch überhaupt keine Rolle, solange du eine annehmbare Modalität aushandeln kannst, die dir nicht wehtut.« Das weckte natürlich Tonys Interesse.

Richard atmete tief durch und rechnete Tony vor: »Wenn dir beispielsweise 2 500 Euro monatlich bleiben, wäre es doch nicht schlimm, 150 Euro zu zahlen, oder? Verhandle mit der Bank und signalisiere deine Bereitschaft, die Forderung mit 150 Euro monatlich zu begleichen. Ab dem dritten Jahr erhöhst du dann auf 250 Euro.« Tony schüttelte den Kopf. »Es kommen ja noch 8 Prozent Zinsen auf die Summe.«

»Zunächst mal musst du einen Zinsverzicht verlangen. Dann wird die Summe nicht größer und den Abzahlungsbetrag kannst du bequem in Raten begleichen.

Zwar wärst du deine Schulden nicht auf einen Schlag los, aber du würdest sie kaum noch spüren. Wenn die Bank dir das verweigert, zahlst du die ersten beiden Jahre 150 Euro monatlich. Danach verhandelst du eben neu – und bis dahin ergibt sich vielleicht eine völlig neue Situation.«

Denken Sie als Unternehmer immer daran, dass die Wahl der Modalität (wann, wie und wo und in welcher Höhe die Zahlungen erfolgen) jeden noch so hohen Forderungsbetrag erträglich machen kann.

Angenommen, Sie wären mein Verhandlungspartner und ich schulde Ihnen 1 Million Euro in bar. Allerdings dürfte ich die Modalität für die Zahlung festlegen. Die würde ich so bestimmen: Ich würde Ihnen jeweils 1 000 Euro zahlen, wenn wir uns an Weihnachten in der Lounge des Flughafens Frankfurt treffen. Mit diesem überzogenen Beispiel möchte ich verdeutlichen, dass die Forderungssumme erträglich werden kann, sofern es Ihnen gelingt, geschickte Rückzahlungsvereinbarungen zu verhandeln.

Es gibt noch etwas Wissenswertes im Umgang mit Banken und Gläubigern. Erfahrungsgemäß sind Zinsen in den Verhandlungen so genannte »Manövriermasse«. Hier sind gewissermaßen am ehesten Zugeständnisse möglich. Nutzen Sie dieses Insiderwissen für Ihre Verhandlungen aus und vereinbaren Sie wenn möglich einen *Zinsverzicht.*

Auch hier ein Beispiel. Angenommen, Sie schulden der Bank 100 000 Euro und schaffen es, eine Zinsbefreiung herauszuschlagen, dann können Sie bequem durch monatliche moderate Zahlungen peu à peu Ihre Schulden begleichen. Irgendwann ist diese Summe getilgt – im Gegensatz zu Forderungen, auf die noch Zinsen und Zinseszinsen berechnet werden. Hierdurch wird verursacht, dass Sie besonders in den ersten Jahren lediglich die Zinskosten abbezahlen und der ursprüngliche Forderungsbetrag bei dieser Modalität nicht reduziert werden kann.

Wie bereite ich mich auf eine Vergleichsverhandlung vor?

Eine gute Vorbereitung zur Vergleichsverhandlung ist die halbe Miete. Es hat sich als sehr nützlich erwiesen, sich vor den Verhandlungen alle Argumente aufzuschreiben und die wichtigsten drei ins Gespräch einzubringen. Überlegen Sie sich Ihre Strategie genau. Verhandeln Sie als Opfer, Bittsteller oder gleichwertiger Verhandlungspartner, der eine einvernehmliche Lösung für beide Seiten sucht? Halten Sie Balance, bleiben Sie stets höflich, fordern Sie Ihr Gegenüber nicht zum Kampf und seien Sie auch nicht unterwürfig.

> *»Höflichkeit ist wie ein Luftkissen.*
> *Es ist nichts drin als Luft, aber es dämpft*
> *die Stöße des Lebens ungemein.«*
>
> Arthur Schopenhauer

Vergessen Sie nicht, dass auch der Gläubiger an einer Lösung interessiert ist. Die Frage ist nur, mit welchen Zugeständnissen. Sprechen Sie sachlich über die Problematik und argumentieren Sie. Überlegen Sie sich bitte auch das Worst-case-Szenario, also den schlechtestmöglichen Ausgang Ihrer Verhandlungen. Mit Sicherheit hieße das vielleicht Konkurs oder Zahlungsunfähigkeit und das kann keiner der Verhandlungspartner wollen. Selbst wenn Ihr Gesprächspartner nicht näher darauf eingeht, er wird es im Hinterkopf behalten, so viel steht fest.

Bleiben Sie grundsätzlich sachlich, selbst wenn Ihr Gegenüber sich im Ton vergreifen sollte. Behalten Sie einen kühlen Kopf in dieser angespannten Situation und leiten Sie damit auch den Gesprächsverlauf. Überlegen Sie sich Zugeständnisse, die Sie im Gespräch bereitwillig einbringen. Auf die Frage hin, ob es allgemein besser ist, ein persönliches Gespräch statt ein Telefonat zu führen, so antworte ich: Es kommt darauf an. Es macht selbstverständlich wenig Sinn, wegen 50 Euro persönlich beim Gläubiger vorzufahren, um zu verhandeln. Schon gar nicht, wenn Ihr Unternehmen in der Krise steckt und Sie alle Hände voll zu tun haben, das Unternehmen zu sanieren. Wägen Sie deshalb gut ab, ob es nützlich ist, sich zu einem Gläubiger an den runden Tisch zu setzen oder vielleicht mit einer gewissen Distanz die Angelegenheit fernmündlich zu klären. Es leuchtet ein, dass die direkte, persönliche oder telefonische Konfrontation mit dem Gläubiger in vielen Fällen eher als unangenehm empfunden oder ganz vermieden wird.

An dieser Stelle kann ich Ihnen nur raten, keine Faxe oder Briefe zu schreiben. Sie werden den größtmöglichen Erfolg erzielen, wenn Sie im Gespräch die Nuancen Ihres Verhandlungspartners wahrnehmen und sofort darauf eingehen können. Im persönlichen Gespräch werden Sie die besten Ergebnisse erzielen. Vielleicht hilft es dem Gläubiger, sich auch nur mal Luft zu verschaffen und den Frust über die Situation loszuwerden. Schon oft ließ sich nach dieser ersten Konfrontation in Vergleichsverhandlungen plötzlich auf einer angenehm konstruktiven Grundlage weiter diskutieren. Denken Sie an den gegenseitigen Respekt und treten Sie nicht zu forsch auf. Gelassen und verständnisvoll ja, respektlos und desinteressiert nein.

Treten Sie selbstbewusst (selbst wenn Ihr Puls auf 180 ist), aber nicht überzogen auf. Haben Sie keine Angst vor der Konfrontation im persönlichen Gespräch mit Ihrem Gläubiger. Ganz im Gegenteil. Wenn Sie dem Banker gegenübersitzen und ehrlich mit sich und mit Ihrem Gesprächspartner sind, kristallisieren sich bereits während des Gesprächs Lösungsansätze heraus.

Wichtig:
Auch Gläubiger haben ein Interesse daran, sich zu einigen.

Erstens: Es kostet einen Gläubiger Geld, Nerven und jede Menge Zeit, hinter einem Schuldner her zu jagen.

Zweitens: Lassen Sie durchblicken, dass Sie womöglich auf eine Pleite zusteuern, wenn Sie keine Einigung erzielen. Dies hätte unter Umständen einen Totalverlust zur Folge.

Drittens: Sofern der Schuldner wieder glaubhaft ist und der Gläubiger an die Zahlungsversprechen glaubt, wird er zu größeren Zugeständnissen bereit sein.

Nehmen Sie Ihrem Verhandlungspartner von Anfang an den Wind aus den Segeln, indem Sie Ihre völlige Bereitschaft signalisieren, die berechtigten Forderungen zu übernehmen. Meiden Sie unbedingt Reklamationsgespräche, um die Forderungen niedriger zu diskutieren. Das verhärtet die Fronten und bringt unter dem Strich nicht das erwünschte Ergebnis.

Deshalb die Faustregel: mündlich verhandeln, schriftlich bestätigen. Jede Regel hat bekanntlich eine Gegenregel. Denn sollten Sie befürchten, im Gespräch zu viele Details preiszugeben oder nicht unbedingt sachlich reagieren zu können, dann nehmen Sie es lieber in Kauf, einen Brief oder ein Fax zu schreiben, statt mündlich zu verhandeln. Es kommt dabei zu weniger Missverständnissen und Sie können sich Ihren nächsten Schritt gründlicher überlegen.

Ein anderer fataler Fehler wäre es, bereits zu Beginn der Verhandlung zu große Zugeständnisse in Höhe des Vergleichsbetrags, Art der Zahlung sowie Festlegung des Zeitraums der Zahlung zu machen. Bedenken Sie, dass Sie beispielsweise die Höhe des Ratenangebots immer noch später in der Verhandlung erhöhen können.

Halten Sie Ihr Schießpulver trocken, damit Sie Spielraum für Kompromisse haben. Wenn Sie sich im Betrag annähern müssen, dann gehen Sie mit leichten Erhöhungen voran und vermeiden Sie Verdopplungen von Beträgen. Diesen Eifer würden Sie teuer bezahlen, denn der Gläubiger würde sofort realisieren, dass Sie zu weit größeren Zugeständnissen in der Lage sind und wird diese gnadenlos aus Ihnen herauspressen. Im Zweifel unterbrechen Sie die Verhandlungen und melden sich dann später wieder zurück mit dem Hinweis, dass Sie nochmals nachgerechnet haben und mit der Buchhaltung Rücksprache halten mussten.

Selbst wenn Sie sich in den laufenden Verhandlungen näher kommen, lassen Sie sich bitte nicht zu einer schnellen Unterschrift drängen, sondern bitten Sie sich einen Tag Bedenkzeit aus. Je nach Situation berufen Sie sich darauf, alles durchkalkulieren zu müssen, damit Ihre Zusage auch wirklich hundertprozentig eingehalten werden kann. Mit dieser Äußerung signalisieren Sie Seriosität und Zuverlässigkeit.

Machen Sie keinesfalls Angaben über andere Gläubiger. Es kann Ihre Position nur schwächen, wenn sich Gläubiger zusammenschließen und gemeinsam gegen Sie in den Kampf ziehen. Seien Sie ehrlich, was die Höhe und Art Ihrer Schulden betrifft, aber nennen Sie keine Namen. Notfalls berufen Sie sich auf den Rat Ihres Beraters (wie in diesem Fall der Buchautor). Bei einem vorgerichtlichen Sanierungsplan werden Sie wohl Ross und Reiter nennen müssen. Aber bis dahin herrscht Stillschweigen.

Wann sind Vergleichsverhandlungen erfolgreich? Wenn Ihnen der Gläubiger glaubt, dass Sie Ihre Zusagen einhalten werden. Dann haben Sie gewonnen. Mit diesen Voraussetzungen können Sie die Vergleichsverhandlungen mit Win/Win abschließen. Ein Geschäft oder eine Verhandlung ist erst dann erfolgreich, wenn ein Kompromiss gefunden wurde und niemand als Verlierer dasteht, trotz erheblicher Zugeständnisse von beiden Seiten.

Achten Sie bei mehreren Vergleichsverhandlungen darauf, dass Sie sich zunächst einen leichteren Fall herauspicken, bei dem die Wahrscheinlichkeit für einen positiven Ausgang der Verhandlungen höher ist. Wenn Ihnen dies gelingt, sind Sie motiviert genug, auch die nächsten Runden zu gehen und Ihren Mann (Frau) zu stehen. Glauben Sie mir, wenn Sie über die Hälfte der Verhandlungen in halbwegs trockenen Tüchern haben, werden die restlichen Vergleichsverhandlungen zum Kinderspiel.

Mein Tipp

Verlangen Sie nach jeder erfolgreichen Vergleichsverhandlung eine schriftliche Bestätigung. Sofern Ihre Geschäftsbeziehung oder die Forderung bei den Kreditinformationsstellen wie Schimmelpfeng, Creditreform, ZEK (für Personen, die in der Schweiz leben) oder Gerling registriert wurde, verlangen Sie nach Möglichkeit eine entsprechende Erledigungsmeldung und säubern Sie damit Ihre Akte. Das Gleiche gilt für die Schufa (Schutzgemeinschaft für allgemeine Kreditsicherung). Viele dieser Kreditinformationsstellen führen in den Personen- und Unternehmensregistern so genannte verschlüsselte Kundeninformationen.

Sie haben das Recht, Auskunft über die über Sie gespeicherten Informationen zu erhalten. Lassen Sie sich die verschiedenen Schlüssel und Abkürzungen erklären. Sollte der Gläubiger die Erledigungsmeldung erst nach vollständiger Erfüllung des Vergleichsvertrages vornehmen wollen, so besteht zumindest die Möglichkeit, vorab das »Negativrating« auf einen neutralen Status setzen zu lassen.

Eines der bestgehüteten Geheimnisse für eine erfolgreiche Vergleichsverhandlung wurde vom Bundesgerichtshof in einem Grundsatzurteil als rechtskräftig erklärt. Die nachfolgende Variante ist nicht für jedermann geeignet, denn sie setzt eine gehörige Portion Frechheit voraus und kann nur als Mittel eingesetzt werden, wenn alle anderen Vergleichsmöglichkeiten fehlschlagen.

Eine meiner Mandantinnen machte sich dieses Grundsatzurteil zunutze.

Patrizias Geschichte

Patrizia Gröhling ist Geschäftsführerin der Gröhling Logistik GmbH mit Sitz in Bremerhaven. Patrizias Spezialität ist der Transport und die Versendung von Kaffeezubehör.

Seit nun auch ausländische Lieferanten aufgrund der EU-Rechte mit Tiefstpreisen den Markt überschwemmen, geriet ihre Firma vor gut einem Jahr ins Trudeln und übernahm sich finanziell schließlich an einem Auftrag, den sie zusammen mit einem ortsansässigen Partnerunternehmen abschloss. Dieser Auftrag von einer der führenden Einzelhandelsketten für Kaffee und Zubehör war terminlich so eng geschnürt, dass Patrizia alle Hände voll zu tun hatte, um pünktlich zu liefern. Pikanterweise war jede Lieferverzögerung mit einer hohen Konventionalstrafe belegt.

In Patrizias Fall betrug sie über 32 000 Euro pro Tag. Patrizia und ihre Partnerunternehmer schafften die Lieferung mit sieben Tagen Verspätung. Die Einzelhandelskette fackelte nicht lange und forderte 7 x 32 000 Euro = 224 000 Euro Schadensersatz ein. Der Gewinn aus dem Auftrag deckte jedoch nicht einmal ein Fünftel der geforderten Schadenssumme. Das Unternehmen stand kurz vor dem Aus.

Mit dem Rücken zur Wand entschied Patrizia, etwas gegen das drohende Aus zu unternehmen und versuchte mit dem Rechtsdienst der Kette in Verhandlungen zu treten. Ergebnislos. Sie verfasste ein Schreiben mit der Bitte um ein persönliches Gespräch. Die Antwort folgte prompt und bestimmend mit einer letzten Fristsetzung.

Schließlich setzte sie sich an den Schreibtisch, zog das Firmenscheckheft aus der Schublade ihres Schreibtisches und schickte einen Scheck in Höhe von 10 000 Euro per Einschreiben mit Rückschein an die Gegenseite. Patrizia bot eine Vergleichszahlung per Saldo aller Ansprüche an. Sie forderte den Adressat auf, diesen Scheck nur dann einzulösen, wenn er mit der Vergleichssumme per Saldo aller Ansprüche einverstanden wäre.

Die Handelskette löste den Scheck ein. Damit war Patrizia Gröhling die gesamte Forderungssumme los. Selbst wenn der Gläubiger den Scheck einlösen und nach der Verrechnung die Restsumme einfordern würden, könnte sich Patrizia erfolgreich wehren.

Denn durch die Einlösung wurde der Vergleich angenommen. (Bundesgerichtshof, Urteil mit dem Aktenzeichen VIII Zr 297/84)

Wie Sie auch immer zu diesem Modell stehen: Seien Sie lieber glaubwürdig durch Erfolg.

Und wie Ihre privatrechtliche Sanierung auch immer ausgehen mag: Es gibt Hoffnung, selbst wenn alle Aktionen zur Rettung Ihrer Firma fehlschlagen.

Das Insolvenzplanverfahren

Eine Insolvenz ist immer eine sensible Angelegenheit. Auch dann, wenn ein Insolvenzverfahren zur Rettung des Unternehmens führte. Vor allem Familienunternehmen fürchten Schaden, wenn erneut darüber berichtet wird.

Das Insolvenzplanverfahren der seit 1999 geltenden Insolvenzordnung hat die Möglichkeit verbessert, ein überschuldetes oder zahlungsunfähig gewordenes Unternehmen zu retten. Voraussetzung ist aber, dass dieses operativ in Ordnung ist. Mit anderen Worten: Der Patient muss nach dieser Operation überlebensfähig sein.

Damit operativ alles in Ordnung bleibt, muss das Verfahren rasch abgewickelt werden. Nur so lassen sich Arbeitsplätze sowie Kunden- und Lieferantenbeziehungen erhalten. Arbeiten Sie daher Hand in Hand mit dem Insolvenzverwalter und erarbeiten Sie einen Insolvenzplan für die Fortführung der Unternehmung. Das spart Zeit, denn der Insolvenzverwalter kann eine solche Arbeit erst nach der ersten Gläubigerversammlung beginnen. Dies verlängert das Verfahren um mehrere Monate. Der Insolvenzplan sollte von einem sachkundigen Berater, Wirtschaftsprüfer oder Steuerberater erstellt werden und belegen, dass er die Gläubiger besser stellt als das Regelverfahren. Dies wird für das Gericht und den Verwalter dann rasch erkennbar, wenn von dritter Seite Geld zur Verfügung gestellt wird, für das es keinen Anspruch der Gläubiger gibt. Schon wenige Prozent Quote mehr als im Regelverfahren sprechen dann für das Insolvenzplanverfahren.

So erhalten Sie Kredite von Banken

Was viele nicht wissen: In Situationen der Überschuldung oder der Zahlungsunfähigkeit, die beispielsweise durch bedeutende Forderungsausfälle oder auch durch auf Naturereignissen beruhende Betriebsstörungen hervorgerufen wurden, können öffentliche Zuschüsse, Darlehen und Bürgschaften beantragt werden, die so genannten Programme zur Arbeitsplatzsicherung. Im Anhang nenne ich Ihnen einige davon. Doch selbst wenn Ihnen Mittel aus diesen Fördereinrichtungen zustehen, sind der Gang zur Hausbank und die Verhandlungen mit Ihren Gläubigern unausweichlich.

Bei jeder Bankverhandlung sollten Sie darauf achten, nicht als Bittsteller, sondern als Geschäftspartner aufzutreten. Selbst wenn Sie tief im Schlamassel sitzen. Nur dann haben Sie die Chance zu einer vorteilhaften Verhandlung. Es wäre fatal, aufgrund der Krisensituation alle Bedingungen der Bank zu erfüllen, ohne intensiv über die Konsequenzen nachzudenken. Die Bank hat einen Job zu erledigen. Sie will dem Antragsteller entweder Geld verkaufen und dabei das Risiko so gering wie möglich halten oder den Schaden im Fall von Schwierigkeiten abgrenzen und minimieren. Führen Sie sich diesen Umstand immer vor Augen.

Mein Tipp

Bei manchen Banksachbearbeitern gilt gute Laune immer noch als schlechtes Benehmen. Sie sollten gelassen bleiben und stets sachlich und professionell statt übertrieben heiter. Ferner sollten Sie heikle Banktermine grundsätzlich durchaus in Begleitung eines Ihrer Berater absolvieren. Ihr Berater kann Ihnen Rückendeckung geben und dabei Ihre Aussagen quasi als Fachmann verifizieren.

Denken Sie als Unternehmerin über die Rollenverteilung beim Bankgespräch nach. Es ist ein offenes Geheimnis, dass leider noch viele Bankangestellte ausschließlich Männer als ernsthafte Gesprächspartner betrachten. Alle Frauen, die unternehmerisch tätig sind, sollten deshalb Folgendes bedenken: Sie als Firmeninhaberin sind die Hauptperson. Führen Sie deshalb auch das Gespräch und lassen Sie sich nicht beirren. Zudem ist die Statistik auf Ihrer Seite, denn heutzutage machen noch immer mehr Männer- als Frauenbetriebe Pleite.

Achten Sie bei der Planung des Verhandlungstermins darauf, sich gut vorzubereiten. Vereinbaren Sie keine Termine nach der üblichen Feierabendzeit. Stellen Sie sich vor, wie sich der Verantwortliche bei der Bank freut, wenn es nach fünf ist und er in fortgeschrittener Zeit Problemfälle besprechen muss. Legen Sie Bankgespräche auf vor 10 Uhr morgens fest. Ihr Gesprächspartner hat noch die volle Aufmerksamkeit und hat Zeit, auf Ihr Anliegen einzugehen.

Vor drei Monate begleitete ich eine Firmeninhaberin zu einem Banktermin, um die Kreditlimite zu erhöhen. Unglücklicherweise begann der Termin erst um 11.30 Uhr. Während meine Klientin noch mitten in ihrer Argumentation steckte, schaute unser Gegenüber Punkt 12.15 Uhr ungeduldig auf seinen silbernen Chronograph und wollte uns damit mitteilen, dass er nun genug gehört hätte. Angesichts einer Krisensituation mag es trivial und nebensächlich klingen, aber berücksichtigen Sie mögliche Präferenzen Ihrer Gesprächspartner.

Wenn es auch die Spatzen von den Dächern pfeifen: Zu einem Banktermin sollten Sie sich grundsätzlich konservativ kleiden. Die Faustregel lautet für Männer: dunkler Anzug, Hemd und Krawatte und bitte geputzte Schuhe. Für Frauen: Business-Look, dunkelblau oder schwarz. Kleiden Sie sich nicht zu elegant oder zu übertrieben. Lassen Sie bitte auch Designerschnickschnack im Schrank und verzichten Sie auf eine zur Schau gestellte teure Uhr.

Mein Tipp

Steuern Sie das Gespräch im Sinne des Bankiers und stellen Sie sich mit Ihrem Fachwissen nicht über den Banker, sondern behandeln Sie den Sachbearbeiter oder Direktor wie einen Kunden, dem Sie Ihr Produkt erklären und gelungen präsentieren wollen.

Apropos Direktor: Versuchen Sie in jedem Fall den Termin mit einem Entscheider der Bank zu vereinbaren. Kreditsachbearbeiter müssen in der Regel Kreditanträge mit dem Vorstand oder der Direktion besprechen. In Krisensituationen brauchen Sie jedoch schnelle Entscheidungen. Heikle Kreditzusicherungen können ohnehin nicht ohne den Vorstand erteilt werden.

Checkliste Bankgespräche

Diese Fragen sollten Sie sich selbst *vor dem Bankgespräch* schriftlich beantworten:

- Welchen Kreditrahmen benötige ich?
- Wie finanziere ich diesen zusätzlichen Kredit?
- Stehen mir Reserven oder Eigenmittel zur Absicherung zur Verfügung?
- Gibt es öffentliche Kredite, Bürgschaften oder sonstige Absicherungen, die ich ins Gespräch mit einbringen kann?
- Welche Sicherheiten stehen sonst noch zur Verfügung?
- Mit welchen Umsätzen und Erträgen rechne ich in den nächsten zwölf Monaten?
- Wie hoch sind die aktuellen allgemeinen Kosten?
- Wie hoch werden die laufenden Kosten sein?
- Wie wurden die Prognosezahlen (Umsatz, Liquidität) ermittelt?
- Auf welche Durchschnittswerte wurde die Berechnung gestützt?
- Kann ich aus den Erträgen Zins und Tilgung leisten?
- Welche Informationen über die Krise liegen der Bank bereits vor?

Checkliste Bankgespräch zum Termin

- Termin telefonisch absprechen und bestätigen
- Haben Sie alle wichtigen Unterlagen dabei?
- Sind Sie auf das Gespräch vorbereitet?
- Haben Sie eine aktuelle BWA (Betriebswirtschaftliche Auswertung) oder einen aktuellen Abschluss?
- Liegen aktuelle OP-Listen vor (Offene Rechnungen und Forderungen)?
- Spielen Sie mit offenen Karten?
- Nimmt ein externer Berater an dem Gespräch teil?
- Wie ist der Gesprächsverlauf?

- Die Bank benötigt regelmäßig noch folgende weitere Unterlagen (Planzahlen mindestens für das laufende Jahr, besser für die folgenden fünf Jahre):
- Eine vollständige Aufstellung über Ihr Privatvermögen und über Ihre privaten Schulden. Sofern Ihre Bank eine Grundschuld als Kreditsicherung verlangt, dann sollten Sie vor allem auch die Eigentumsverhältnisse (Grundbucheintrag, Kaufvertrag) und den Wert der Immobilien übersichtlich dokumentieren können
- Legen Sie der Bank außergewöhnlich gute und professionell gestaltete Unterlagen und Berechnungen vor. Heutzutage kommt jeder mit einem schönen Businessplan daher
- Überraschen Sie die Bank nicht mit einer Fülle von Dokumentationen, sondern mit Vierfarbgrafiken, die von einem Farblaserdrucker erstellt sind. Vermeiden Sie Rechtschreib- oder Rechenfehler. Investieren Sie in die visuelle Präsentation auf Papier. Banken sind nicht durch einen künstlerisch hohen Anspruch zu beeindrucken. Verzichten Sie deshalb auf allzu viele grafische Elemente und konzentrieren Sie sich auf das Wesentliche

So meistern Sie jedes Bankgespräch

Eine professionelle Vorbereitung für eine bevorstehende Bankverhandlung ist die halbe Miete. Bereiten Sie sich auch im Hinblick auf die konkreten Daten so vor, dass Sie die folgenden Fragen der Bank auf Anhieb beantworten können:

Checkliste Bankgespräch Unternehmensdaten und -fakten

- Was genau ist Ihr Produkt oder Ihre Dienstleistung? Beschreiben Sie das Produkt oder die Dienstleistung in wenigen Worten.
- Wie viel Eigenkapital können Sie mitbringen?
- Wie beurteilen Sie die Mitbewerber?
- Welche Umsätze planen Sie die nächsten Jahre?
- Was genau ist Ihr USP (Unique Selling Proposition, Ihr Alleinstellungsmerkmal)?
- Wer genau sind Ihre Kunden?

- Warum kommen Sie zu unserer Bank?
- Welchen Kreditrahmen stellen Sie sich vor?
- Wer ist in Ihrer Firma für was verantwortlich? Wer macht die Buchhaltung und wer ist Ihr Steuerberater?
- Welche Rentabilität und welchen Gewinn erwarten Sie?
- Haben Sie Reserven und wenn ja, welche?
- Rechnen Sie mit einer langen Anlaufzeit, wenn ja, warum?
- Welche Marktanalyse haben Sie durchgeführt?
- Wie hoch veranschlagen Sie Ihr eigenes Gehalt?
- Planen Sie Kosten für die Markteinführung oder für die Anlaufzeit ein? Wenn ja, wie hoch und wie lange?

So vorbereitet, können Sie beruhigt in das Gespräch gehen. Bedenken Sie in der Situation jedoch immer, dass der wichtigste Aspekt in der erfolgreichen Bankverhandlung Ihr Gegenüber ist. Achten Sie besonders darauf, welchen Schwerpunkt der Kreditsachbearbeiter im Laufe des Gesprächs entwickelt. Jede Bank stellt andere Fragen. Wichtiger als der Inhalt Ihrer Antworten ist jedoch immer Ihre Überzeugungskraft. Aus diesem Grund lassen Sie sich stets von einem Experten, zum Beispiel Ihrem Steuerberater, begleiten. Die Profession der Bank ist es, Geld zu verleihen. Entsprechend wird vom Geldgeber eine Zusammenarbeit mit Profis erwartet.

Sie können noch so gute Antworten parat haben – fehlende Überzeugskraft und unprofessionelles Auftreten sind Warnsignale für jeden Geldgeber. Ein Banker, der sich informiert und sicher fühlt, wird immer aufgeschlossener an eine Kreditanfrage herangehen als ein Banker, der nicht so richtig von der Professionalität seines Gegenübers überzeugt ist. Entwickeln Sie also als ein guter Kreditnehmer klare Zukunftsperspektiven über die Entwicklung Ihres Unternehmens. Leider tappen die meisten Unternehmer immer wieder in die gleiche Falle und beurteilen die Prognosen zu optimistisch und überzogen. Erfahrene Banker wissen das und schätzen daher fundiertes Zahlenwerk, das durch professionelle Steuer- und Wirtschaftsexperten erstellt wurden. Versetzen Sie sich nur einmal in die Lage eines Bankers, der Ihnen in einer angespannten Finanzsituation ein zusätzliches Darlehen gewähren soll. Schwieriges Unterfangen, nicht wahr? Aber die Vorstellung ist durchaus nützlich, wenn

Sie das Bankgespräch führen. Planen Sie realistisch und zeigen Sie dem Banker, dass Sie auch bei durchaus pessimistischeren Szenarien einen Plan B haben.

Verhandeln Sie ruhig mit mehreren Banken. Bleiben Sie in gutem Kontakt zu allen Verhandlungspartnern, selbst wenn es zu keinem Geschäftsabschluss gekommen ist. Pflegen Sie stets gute Verbindungen. Es könnte später einmal von Vorteil sein.

Rücken Sie ohne zu zögern Ihre Managementqualität in den Vordergrund und demonstrieren Sie Kompetenz auf allen Ebenen. Zeigen Sie offen, dass Sie für diese Herausforderung durchaus gewappnet und bestens vorbereitet sind. Vermeiden Sie unter allen Umständen eine »Untergangsrhetorik«, insbesondere die Wörter »Krise« oder »Problem«.

In meinen Analysen bei Not leidenden Unternehmen zeigte sich nicht selten ein Szenario von verfeindeten und verhärteten Fronten zwischen Unternehmer und Banken. Es gibt Unternehmer, die Mark und Bein schwören, dass die Bankmittel versprochen und zugesichert waren und dann doch ausblieben. Die Gründe dafür? Vielleicht traf die Bank intern plötzlich eine andere Beurteilung über das Kreditengagement. Gewöhnen Sie sich an, dass Sie sich Zusicherungen immer schriftlich geben lassen.

Wie funktioniert Rating nach Basel II?

Wenn wir über Bankkredite sprechen, geistert derzeit nur ein ominöses Thema in der Geschäftswelt herum, das keiner so richtig einzuschätzen vermag: Basel II.

Aus den Medien entnehmen wir, dass es für Klein- und Mittelunternehmen noch schwieriger werden soll, Geschäftskredite zu erhalten. Schlimmer noch. Nach Basel II: sollen nicht »tragfähige« oder im Fachjargon »flaue Kredite« aufgelöst und bankenintern bereinigt werden.

Der Baseler Ausschuss für Bankenaufsicht hat Anfang 2001 einen überarbeiteten Vorschlag zur Revision der internationalen Eigenkapitalregelungen der Kreditinstitute vorgestellt. Hintergrund ist, dass die Banken sich ebenfalls in einer tiefen Krise befinden. Nach langen Diskussionen zwischen Wirtschaftsvertretern, Banken und den Regierungen soll ein bankinternes Rating, kurz auch als »Basel II« bezeichnet, aus der Taufe gehoben werden.

Experten hatten bereits in der Vergangenheit auf mangelnde Eigenkapitalunterlegung von Unternehmen hingewiesen. Banken legten bei Kreditprüfungen folgende Bewertungen zugrunde: Eigenmittel, Aktiva, Passiva und das Marktrisiko. Neu bei Basel II ist die Einbindung des »operationellen Risikos«, welches mit Hilfe eines Ratingsystems berechnet werden soll.

Die zugehörige Formel sieht so aus:

$$\frac{\text{Eigenmittel (hEK + Drittrangmittel) x 100}}{\text{Risikogewichtete Aktiva + (12,5 x Marktrisiko) + (12,5 x Operationelles Risik}} \geq 8\ \%$$

So viel zur Theorie.

In der Vergangenheit genügte der Bank die pauschale Hinterlegung des Eigenkapitals für eine Kreditvergabe. Neu werden nun die Risiken mit beurteilt. Zur Ermittlung und Bewertung der Risiken wird dabei auf so genannte Ratings zurückgegriffen. Das Problem dabei: Im angelsächsischen Raum sind Ratings von Unternehmen gang und gäbe. In Deutschland waren Ratings bisher nur für größere Unternehmen von Bedeutung.

Daneben verfügten die Kreditinstitute in Deutschland über eine Vielzahl von bankinternen Verfahren, um ihre Kreditnehmer bewerten zu können. Diese Verfahren waren aber nicht von einem offiziellen Charakter geprägt. Durch eine Änderung des Baseler Entwurfs sind nun die bankinternen Ratings unter bestimmten Voraussetzungen auch für die Bewertung der Kreditrisiken zugelassen.

Wie funktioniert die Beurteilung von unternehmerischen Risiken?

Der gegenwärtige Entwurf sieht drei Varianten vor:

- die Standardmethode
- das interne Rating (IRB)
- die Kreditrisikomodelle

Bei der Standardmethode wird in der Regel auf feste Bonitätsgewichtsklassen auf der Grundlage eines externen Ratings zurückgegriffen. Beim internen Rating schätzt die Bank die Ausfallwahrscheinlichkeit aufgrund der Bonitätseinstufung. Die Kreditrisikomodelle, also ein von den Banken selbst gestricktes System, stecken noch völlig in den Kinderschuhen und werden derzeit von der Bankenaufsicht noch nicht anerkannt.

Das Rating

Wenn Sie zur Bank gehen, weil Sie einen Geschäftskredit beantragen möchten, werden Sie mit vermutlich mit diesen Ratings konfrontiert. Das muss Ihnen kein Kopfzerbrechen bereiten, zumal Sie die Hintergründe verstehen und sich bereits beim Bankgespräch ausgiebig über dieses Thema unterhalten könnten. Aber wie kann ein Ausfallrisiko überhaupt berechnet werden? Die Bonitätssituation des Kreditnehmers und die sich daraus ergebende Ausfallwahrscheinlichkeit des Kredites kann aufgrund der neuen Regelung von einer Ratingagentur oder von dem Kreditinstitut selbst ermittelt werden.

Erfahrungsgemäß und aufgrund historischer Entwicklungen in Deutschland ist allerdings davon auszugehen, dass die Banken hauptsächlich interne Ratingverfahren einsetzen und im Moment noch externe Ratings die Ausnahme bleiben. Von einigen Ratingagenturen haben Sie sicherlich bereits gehört.

Auf internationaler Ebene sind die drei Agenturen Moodys, Standard & Poors und Fitch die Keyplayer für das Rating von Unternehmen.

Ratings bei unterschiedlichen Banken
So könnten Ratings bei Sparkassen aussehen:

Faktor	
Unternehmer- und Unternehmensbeurteilung	30 %
Markt- und Wettbewerbssituation	20 %
Kontendatenanalyse	20 %
Statistische Bilanzanalyse	30 %

So können Ratings bei Volks- und Raiffeisenbanken aussehen:

Faktor	
Management	10 %
Markt und Branche	10 %
Künftige Unternehmensentwicklung	20 %
Kontoführungsverhalten	30 %
Jahresabschlüsse/Bilanzen	30 %

Basel II und das Ratingverfahren haben für den Kreditnehmer einen nicht unerheblichen Nachteil. Die Kosten für Ratings sind hoch. Die Kosten für die Kreditbeschaffung werden daher ansteigen (da zukünftig eine höhere Unterlegung mit Eigenkapital seitens der Banken erforderlich wird). Das bedeutet wiederum, dass – mit anderen Worten gesagt – die Zinsen für Kredite steigen werden.

Ein Blick hinter die Kulissen – wie läuft ein Bankenrating ab?

Das von den Banken vorgenommene Rating erfolgt nach diesem Schema:

- Kundenbeziehung
- Ermittlung des Ratings
- permanenter Beobachtungsprozess

Im Überblick können diese wie folgt zusammengefasst werden:

Kundenbeziehung (Verhältnis zwischen Bank und Unternehmen)

Allgemeine Qualitätsmerkmale

- Bewertung der Attraktivität der Kundenbeziehung
- Festlegung der Häufigkeit der Kreditüberprüfung
- Bewertung von Portfoliobestandteilen bei der Verbriefung (Securitization)
- Beurteilung der Effektivität des Beurteilenden

Qualitative Verlustmerkmale

- Kontrolle von Einzelengagements und des Portfolios
- Bestimmung der Höhe der Eigenkapitalunterlegung
- Analyse der Kreditverlustrückstellung
- Preisgestaltung der Kredit-/Geschäftslinie und Rentabilitätsprüfung

Ermittlung des Ratings

Faktoren, die das Rating beeinflussen

- Finanzanalyse
- Branchenanalyse
- Qualität und Verfügbarkeit der Daten
- Externe Bewertungen
- Analytische Instrumentarien/Modelle
- Management
- Sonstige Aspekte

Bewertungskriterien

- Schriftliche/formelle Elemente
- Subjektive/informelle Elemente
- Eigene Erfahrungen und Einschätzung des Beurteilers

Ständige Überprüfung (Beobachtungsprozess)
Linienüberprüfung (Kredit-Wiedervorlagen)

- Regelmäßige Überprüfung der Ratings im Zuge der fortlaufenden Kontrolle des Engagements
- Bezweckt die Überprüfung der Rentabilität/Sinnhaftigkeit sowie die des Zustands der Kreditlinie
- Periodische Überprüfung der Kundenbeziehung

Problemmanagement

- Häufige Überprüfung der Ratings bei Krediten mit gegenwärtigen oder zu erwartenden Problemen der Kreditbedienungskapazität
- Bezweckt die Kontrolle der Kundenbeziehung und die Identifizierung des besten Weges zur Kreditverbesserung oder des Ausstiegs zu den geringsten Kosten

Permanente Kontrolle des Ratingverfahrens –
Stichprobenkontrolle: Vergleich der Stichprobe mit Krediten schlechterer Risikostufen

- Kontrolle der Bonitätsstufen anhand von Ex-post-Vergleichen der Ratingklassifizierungen mit Kreditausfällen
- Verbesserung der Ratingverfahren
- Negative Konsequenzen für den ursprünglichen Beurteiler bei ständigen Abweichungen

Nun die guten Nachrichten: Für den künftigen Kreditnehmer besteht die Möglichkeit, stärker als bisher durch eigene Vorgabe und entsprechendes Verhalten erheblichen Einfluss auf die Kreditkonditionen zu nehmen. Dazu gehören insbesondere die folgenden Maßnahmen:

- Offenlegung der wirtschaftlichen Verhältnisse und umfassende Informationspolitik über die zukünftige Unternehmens entwicklung
  - Insbesondere Daten zur Zukunfts- und Liquiditätsplanung
  - Schlüssige Unternehmensplanung
  - Aussagefähige und realistische Ertragsplanungen
- Qualitativ bessere und stärkere Absicherung der Kreditengagements

Die Auswertung des Ratings wird somit zukünftig eine zentrale Rolle im Kontakt Firmenkunde–Bank spielen. Der Kreditkunde sollte in diesem Zusammenhang auch die Möglichkeit nutzen, sein eigenes Rating zu erfragen, das Ergebnis zu besprechen und sich nach dem Zustandekommen des Ratingergebnisses zu erkundigen. Hier können sich schon erste Ansatzpunkte für die zukünftige Verbesserung ergeben, so dass bei Einleitung von Maßnahmen mittelfristig die Finanzierungskosten des Unternehmens reduziert werden können. Die Kreditvergabe erhält somit für Banken und Unternehmen den Charakter eines betriebswirtschaftlichen Beratungsgesprächs.

Exkurs: Das interne Rating, kurz IRB

Um das interne Ratingverfahren zur Kreditrisikoquantifizierung einsetzen zu können, muss ein Kreditinstitut die folgenden Mindestanforderungen erfüllen:

- Kriterien zur Sicherstellung einer aussagefähigen Risikodifferenzierung
  - Generelle Struktur des Ratingsystems
  - Struktur der Risikoklassen (mindestens fünf bis sechs Risiko klassen für nicht bestimmte Kredite)
- Vollständigkeit und Glaubwürdigkeit der Rating-Zuordnung
  - Abdeckung durch Ratings (Ziel wäre dabei 100 Prozent Abdeckung)
  - Unabhängige Zuordnung und Überprüfung der Ratings

- Überwachung von Ratingsystem und Ratingprozessen
  - Überwachung durch Geschäftsleitung oder Firmeninhaber
  - Interne und externe Revision
  - Kreditrisikoüberwachung
  - Mitarbeiterqualifikation
- Kriterien und Ausrichtung des Ratingsystems
  - Entwicklung von spezifischen Ratingkriterien
  - Definition von Ausnahmen bei Ratingkriterien
  - Einmal pro Jahr eine Bonitätsbeurteilung des Kunden anhand des Ratings
  - interne Risikosteuerung, beispielsweise die Gestaltung der Kreditkonditionen
- Mindestanforderungen für die Schätzung von Ausfallwahrscheinlichkeiten
  - Referenz-Ausfalldefinition
  - Verwendung von gepoolten (zusammengefassten) Daten, um die statistische Aussagekraft zu erhöhen
  - Länge der zugrunde liegenden Zeitreihe (hier fünf Jahre)
- Datenerhebung und Datenverarbeitungssysteme
- Offenlegungspflichten

Sie runzeln die Stirn bei dieser Fülle von Anforderungen und Informationen zu Basel II und Rating? Sicher fragen Sie sich, ob dies nicht auch einfacher gehen kann. Ja, es ist mit einem Mikro-Darlehen möglich.

Ausweg Mikro-Darlehen

Unsere Recherche hat ergeben, dass es neben einem Bankkredit auch möglich ist, Fördermittel vom Staat zu erhalten. Deutschland nimmt im Zusammenspiel mit der Europäischen Union in dieser Frage einen besonderen Stellenwert ein. Aber leider sind die Antragsverfahren und die Voraussetzungen, um in den Genuss dieser subventionierten Fördergelder zu kommen, sehr langwierig und unterliegen zudem komplizierten Antragsbestimmungen.

Ein Ausweg bietet da das Mikro-Darlehen der Deutschen Ausgleichsbank. Mit dieser speziellen Finanzierung für Selbstständige und Kleinunternehmer können auch erneute Unternehmensgründungen (quasi als »zweite Chance«) finanziert werden. Ein solches Darlehen wird keinem Unternehmer gewährt, damit er Löcher in der alten Firma stopfen kann. Ursprünglich ist das Mikro-Darlehen für Gründerinnen und Gründer gedacht und konzipiert worden. Die Vergabebestimmungen schließen aber nicht aus, bereits Unternehmer oder Selbstständiger zu sein.

Voraussetzung für den Erhalt eines solchen Darlehens ist, dass Verpflichtungen aus der ersten Gründung das neue Vorhaben nicht belasten. Für das DtA-Mikro-Darlehen übernimmt die Deutsche Ausgleichsbank grundsätzlich 80 Prozent des Kreditrisikos.

Das Risiko wird damit in gleicher Höhe von der Hausbank freigestellt, über die der Antrag läuft.

Mit anderen Worten: Mit diesem Haftungsausschluss trägt die Hausbank lediglich 20 Prozent des Kreditrisikos, was ihr die Bewilligung der Kredite und damit dem Unternehmer die Finanzierung seiner Investitionen erheblich erleichtert. Dieses Haftungsrisiko sollte die Bank dann auch ohne Sicherheiten gewähren. Sollten Sie dennoch auf Sicherheiten angesprochen werden, dann wechseln Sie zu einer anderen Hausbank.

Der Darlehenshöchstbetrag beträgt 25 000 Euro. Der Investitionsbetrag kann über 25 000 Euro liegen, wenn der darüber hinausgehende Betrag aus eigenen Mitteln finanziert wird. Gefördert wird auch eine anfängliche Nebenerwerbstätigkeit, wenn sie später in einen Haupterwerb mündet. Die Förderung erstreckt sich auf eine Festigungsphase von bis zu drei Jahren nach Aufnahme der Selbstständigkeit.

Diese Darlehensform ist ideal für eine Comeback-Finanzierung, also auch nach einem Konkurs.

Mit dem DtA-Mikro-Darlehen können Investitionen und Betriebsmittel zu insgesamt 100 Prozent finanziert werden. Die Darlehenslaufzeit beträgt maximal fünf Jahre, davon ist ein halbes Jahr tilgungsfrei. Es gilt ein Festzins für die gesamte Laufzeit. Die Tilgung erfolgt halbjährlich, die Zinszahlung vierteljährlich. Die Hausbanken dürfen eine davon abweichende Regelung mit den Kunden treffen, zum Beispiel eine monatliche Ratentilgung.

Wer kommt in den Genuss dieses Mikro-Darlehens? Natürliche Personen, auch Arbeitslose, Ausländerinnen und Ausländer (Immigrantinnen und Immigranten, also auch Aussiedler, Spätaussiedler, die die deutsche Staatsangehörigkeit besitzen), kleine Unternehmen im Bereich der gewerblichen Wirtschaft und der freien Berufe mit bis zu zehn Beschäftigten.

Welche Möglichkeiten gibt es, wenn Sicherheiten nicht ausreichen?

Auch bei Sicherheitenengpässen ist eine Finanzierung möglich, da die DtA (Deutsche Ausgleichsbank) zusammen mit dem Europäischen Investitionsfonds (EIF) obligatorisch eine 80-prozentige Haftungsfreistellung gewährt. Die Hausbank entscheidet, welche banküblichen Sicherheiten – soweit vorhanden – zur Absicherung des Darlehens herangezogen werden. Diese Sicherheiten haften aber dann für den gesamten Darlehensbetrag. Sollte das geförderte Vorhaben scheitern, übernehmen DtA und EIF 80 Prozent des der Hausbank entstandenen tatsächlichen Ausfalls. Die Haftungsfreistellung ist also kein Sicherheitenersatz, ermöglicht aber dennoch bei Sicherheitenengpässen die Finanzierung von Erfolg versprechenden Vorhaben, die ohne diese Hilfe nicht umgesetzt werden könnten.

Wie läuft der Antragsweg?

Sprechen Sie zunächst mit Ihrer Hausbank über die Möglichkeiten dieser Finanzierungsart. Willigt die Hausbank in eine Finanzierung ein, füllt sie zusammen mit dem Unternehmer den Antrag auf ein Mikro-Darlehen aus. Darin sind auch Angaben zu den Vermögens- und Einkommensverhältnissen zu machen. Es werden auch Schulden und Belastungen Ihres bereits gegründeten Unternehmens besprochen. Genau an diesem Punkt muss richtig argumentiert werden. Das Antragsformular wird zusammen mit dem Begleitschreiben der Hausbank an die DtA geschickt.

Kommt von der DtA die Darlehenszusage, schließen Hausbank und Antragsteller einen Kreditvertrag ab. Nach der Unterzeichnung des Vertrages können die Mittel für das Vorhaben eingesetzt werden.

Mikro-Darlehen

Die Konditionen auf einen Blick

Laufzeit: bis zu fünf Jahre, davon sechs Monate tilgungsfrei.

Die aktuellen Zinsen erhalten Sie per Faxabruf unter 02 28/8 31-33 00 oder im Internet: www.dta.de.

Finanzierungsanteil: Mit DtA-Mikro-Darlehen können bis zu 100 Prozent der Investitions- und Betriebsmittelaufwendungen finanziert werden.

Die Adresse der Deutschen Ausgleichsbank entnehmen Sie bitte dem Anhang.

Prüfen Sie Alternativen

In den vergangenen Jahren kam diese Variante der Finanzierung durch Wagniskapitalgesellschaften immer wieder bei börsenreifen Unternehmen vor. Ein Unternehmen wurde zunächst finanziell »börsenfit« gemacht und mit allen zur Verfügung stehenden Mitteln auf Expansion getrimmt. Lange Zeit galten Börsengänge so als legale Lizenz zum Gelddrucken. Dies jedoch nur für involvierte Banken, Wagniskapitalgesellschaften und für die Initiatoren, die sich damit ihre Aktienanteile vergolden ließen. Diese Goldgräberstimmung ist nun endlich vorbei.

Und doch sind heutzutage Beteiligungen am Firmenkapital neben Bankkrediten die beliebteste Finanzierungsart von Unternehmen. Statt Fremdkapital wie Darlehen oder Kredite wird so genanntes Eigenkapital beschafft. Eine solche Beteiligung erfolgt in der Regel durch Zeichnen von Aktienkapital oder Erwerb von Geschäftsanteilen. Mit dieser Strategie wird ein Geldgeber zum Partner im Unternehmen oder ist an Ihrem Produkt beteiligt.

Natürlich weiß ich, welche Einwände von Ihnen kommen werden. Sie befürchten, dass ein Investor und Partner mit dem Anteil des eingesetzten Kapitals möglicherweise ein zu großes Mitspracherecht hat. Und das ist grundsätzlich auch richtig. Für große Projekte brauchen Sie jedoch große Partner. Ein Freund antwortete mir in solchen Situationen immer mit dem Satz: »Lieber habe ich 3 Prozent Anteil an einem großen Unternehmen als 100 Prozent von einer Ein-Mannfirma.«

Es gibt Hunderte von Unternehmen im Bereich Wagniskapital (Risikokapitalgesellschaften), die so genannten Venture Capitalists, die gerne bereit sind, sich in viel versprechende Unternehmen einzukaufen oder sich am Firmenkapital zu beteiligen. Primäres Ziel dieser Gesellschaften ist es, eine neue Produktidee zur Marktreife zu bringen oder finanzielle Mittel zuzuführen, um den Gewinn zu steigern. Dabei suchen alle wie Trüffelschweine nach gewinnträchtigen Projekten. Also nach wirklich hohen Renditemöglichkeiten mit exzellenten Marktchancen.

Und wenn Sie als Kapitalsuchender nach intensiver Suche einen geeigneten Investor gefunden haben, dann – sie ahnen es sicherlich – erwartet er eine saftige Gegenleistung. Nämlich, dass er sein Investment plus Zinsen innerhalb einer planbaren Frist wieder zurückbekommt und durch den Verkauf der Anteile satte Gewinne realisiert. Das ist auch gerechtfertigt, denn es gibt kaum Sicherheiten für einen Investor, außer dem Unternehmen selbst und seinen bilanzierten Sach- und Barwerten. Das Besondere bei eingebrachtem Wagniskapital ist, dass Neuunternehmende oder Initianten für das Finanzengagement von Investoren nicht persönlich bürgen müssen und damit die Haftung für Sie als Unternehmer komplett entfällt.

Managementhilfe gibt's gratis dazu!

Risikobeteiligungsgesellschaften arbeiten äußerst effektiv. Eine aktive Mitarbeit und Unterstützung kann sich bereits innerhalb weniger Monate um ein Vielfaches auszahlen. Erfahrungsgemäß verfügen sie über ein starkes Beziehungs- und Expertennetz, welches weit über verschiedene Branche und Länder gespannt ist. In vielen Fällen bieten renommierte Risikokapitalgeber sogar ausgezeichnete Managementhilfe an.

An dieser Stelle soll erwähnt sein, dass Managementhilfe und finanzkräftige Partner zwar Kontrollverlust bedeuten können, dafür erhöhen sich die Erfolgschancen des Unternehmens deutlich aufgrund der hohen Professionalität, die eingebracht wird. Know-how und die Erfahrung von Investoren konnten in der Vergangenheit schon viele schwer wiegende Fehlentscheidungen vermeiden.

Betrachten Sie Managementhilfe stets als bewährten Sicherheitsgurt und nicht als Gefahr oder als Einschränkung Ihrer Entscheidungsgewalt. Sie sind der Visionär und der Motor der Unternehmung oder der Idee. Finanzkräftige Partner können dafür das Katapult für unternehmerischen Erfolg sein. Wägen Sie die Vor- und Nachteile gewissenhaft ab. Ein weiterer wesentlicher Vorteil bei der Zusammenarbeit mit solventen Investoren ist derjenige, dass Anteilsinhaber und Unternehmensbeteiligte Sie als Unternehmenden nicht so schnell über die Klinge springen lassen, wie es Banken tun würden. Der Grund dafür ist offensichtlich. Banken verleihen Geld, das ihnen nicht gehört. Ein Verlust wird einkalkuliert und entsprechend abgesichert. Investoren und Wagniskapitalgeber investieren ihr eigenes Geld und haben Interesse daran, durch den erfolgreichen Aufbau der Unternehmung Gewinne zu realisieren. Das sind zwei völlig unterschiedliche Ansätze.

Bedenken Sie, Wagniskapitalgeber haben das Know-how, die Erfahrung und die Manpower (Arbeitskraft), um ein Unternehmen aus der Krise zu führen, wenn es nötig werden sollte. Allein die wohlklingenden Namen dieser Gesellschaften öffneten schon vielen Neuunternehmenden die Türen bei großen Kunden, die so beachtliche Aufträge erhielten. Banken dagegen sind machtlos, wenn das Unternehmen im Begriff ist, Pleite zu gehen.

Wie finden Sie Kapitalgeber?

Wie kommen Sie an die richtigen Risikokapitalgeber heran? Viele Kapitalsuchende mauern und behaupten, es gäbe überhaupt kein Wagniskapital für junge Unternehmen. Das stimmt nicht. Vielleicht wurden die falschen Adressen angesprochen. Meist entscheidet die gute Vorbereitung über den Erfolg einer solchen Suche.

Ganz ohne Recherchearbeit und Vorbereitung geht es eben nicht. Erkundigen Sie sich direkt bei verschiedenen Risikokapitalgebern, an welchen Projekten diese beteiligt sind. Wenn Sie die betreffende Information in Erfahrung gebracht haben, betrachten Sie die Details des Investments. Kontaktieren Sie, wenn möglich den Initianten oder den Neuunternehmer einer dieser Projektfinanzierungen und bitten Sie um ein persönliches Gespräch.

Vor einem halben Jahr führte ich einen kleinen Test durch und schaltete ein Anzeige in der *Süddeutschen Zeitung* mit dem Titel »Investor sucht Beteiligungen«. Ich erhielt daraufhin über 130 Zuschriften mit verschiedenen Projektideen, Bettelbriefe und rührende Geschichten in der Art von Seemannsgarn.

Mit anderen Worten: Es gibt Tausende, die Investments suchen. Deshalb ist sehr wichtig, viele, aber auch die richtigen Personen und Unternehmen anzusprechen. Sie erhöhen auf diese Weise die Chancen, mit den passenden Partnern ins Geschäft zu kommen. In der Fachsprache wird dieser Vorgang »Matching« genannt. Wie ein Zielfahnder müssen Sie zuerst eine grobe Recherche durchführen, welche Art von Investor am besten zu Ihnen oder Ihrem Projekt passt. Erstellen Sie eine Matrix. Allein diese Aufgabe stellt schon eine kleine Hürde dar. Denn es ist wichtig, jede Information über den potenziellen Kapitalgeber zu kennen. Wenn Sie eine Auswahl getroffen haben, können Sie mit einem kleinen Trick arbeiten, um Kontakt zum Kapitalgeber aufzunehmen. Beschaffen Sie sich Empfehlungen. Die Empfehlung eines Initianten, dessen Projekt bereits erfolgreich finanziert wurde, könnte die Eintrittskarte für ein Erstgespräch mit Ihrem Wunschkapitalgeber bedeuten.

Erkundigen Sie sich bei verschiedenen Wagniskapitalgesellschaften nach deren Projekten. Wählen Sie gezielt ähnliche Projektfinanzierungen heraus, die passen könnten und nehmen Sie Kontakt zu den Unternehmen auf, die finanziert wurden oder an denen eine Beteiligung ausgesprochen wurde. Fragen Sie unverblümt nach den Erfahrungen aus der Zusammenarbeit zwischen dem Unternehmen und dem Investor und bitten Sie um eine schriftliche Referenz, damit Sie leichter in Kontakt zum Kapitalgeber treten können, um Ihr Projekt vorzustellen. In den meisten Fällen werden Sie diese Referenz auch erhalten.

Ohne Begeisterung am Projekt geht nichts

Vereinbaren Sie daraufhin einen Gesprächstermin mit dem Wunschkapitalgeber. Ob beim entscheidenden Bankgespräch oder bei Verhandlungen mit Investoren, es gilt immer Eines: Ohne Begeisterung geht gar nichts. Beeindrucken Sie nicht nur mit großen feuchten Augen, wenn Sie über das Produkt sprechen oder die Idee vorstellen, sondern stecken Sie Ihren Gesprächspartner mit Ihrem festen Glauben an das Produkt regelrecht an. Entfachen Sie Begeisterung und vermitteln Sie überzeugend Zuversicht für das Funktionieren Ihrer Idee. Der Funke muss überspringen.

Wagniskapitalgeber schätzen uneingeschränkte Offenheit und eine direkte Ansprache. Sie mögen Integrität, Risikobereitschaft und Führungsfähigkeit. Die Präsentation darf nicht in endlose Details ausufern, es sei denn, Ihr Gesprächspartner erkundigt sich nach bestimmten Detailinformationen. Halten Sie Ihr Projektkonzept deshalb knapp und erwähnen Sie vor allem die Alleinstellungsmerkmale (USP = Unique Selling Proposition), die Ihrer Meinung nach wirklich wichtig sind. Mit Alleinstellungsmerkmalen meine ich das Besondere und Einzigartige an Ihrem Projekt oder Ihrem Produkt. Etwas, das die Investition wert ist.

Eine umfangreiche Liste von Kapital- und Wagniskapitalgebern finden Sie am Ende dieses Buches inklusive verschiedener Websites. Machen Sie sich an die Arbeit und kontaktieren Sie einige der Adressen, um weitere Informationen zu erhalten.

Wenn Sie dennoch bei Banken und Wagniskapitalunternehmen auf Ablehnung stoßen, erwägen Sie alternative Kapitalquellen. Sie sollten ohnehin niemals nur auf ein Pferd setzen, sondern für jede mögliche Absage einen Alternativplan entwickeln und ihn dann auch zur richtigen Zeit einsetzen.

Corporate Investors sind Unternehmensinvestoren

Große Gesellschaften investierten in der Vergangenheit schon immer mittels Risikokapital. Verschaffen Sie sich einen umfassenden Einblick, wer ein geeigneter Partner für Sie oder für Ihr Projekt sein könnte *(Matching)*. Denken Sie in die Zukunft. Welches führende Unternehmen könnte Ihnen ergänzendes Know-how in Ihrem Bereich bereitstellen? Oder gibt es ein Unternehmen, das im Bereich Logistik oder Management oder als Produktlieferant in Frage kommen könnte?

Corporate Investors sind daran interessiert, eigene Profite zu machen, den Markt zu beobachten und wenn möglich Einfluss darauf zu nehmen. In vielen Fällen bin ich auf großartige Projekte und geeignete Unternehmer gestoßen, die es plötzlich mit der Angst zu tun bekamen und sich nicht trauten, große Industrieunternehmen anzusprechen. Sie beraubten sich damit der Chance, einen wirklich großen Wurf zu landen. Vergessen Sie nicht, dass dort auch nur Menschen sitzen, die Geschäfte machen wollen. Wie die Praxis gezeigt hat, ist es viel leichter, an die verantwortlichen Entscheider heranzukommen, als man denkt. Springen Sie deshalb über Ihren Schatten und steuern Sie direkt aufs Ziel zu. Bereiten Sie sich äußerst professionell auf die Gespräche vor. Beweisen Sie Professionalität, indem Sie den Termin schriftlich bestätigen und den Zweck des Gesprächs in Kurzform formulieren. Kommen Sie niemals als Bittsteller, sondern als möglicher Geschäftspartner. Nehmen Sie die Verhandlungen auf und sammeln Sie Erfahrung im Umgang mit namhaften Unternehmen.

Novartis International ist einer der erfolgreichsten Pharmakonzerne der Welt mit Sitz in Basel. Im Zuge der Zusammenlegung verschiedener Unternehmenszweige und einer Fusion bildete Novartis einen Investitionsfond, aufgefüllt mit 100 Millionen Schweizer Franken, um die mit der Fusion verbundenen Reduktionen der Arbeitsstellen abzufedern. Das Unterfangen gelang Novartis auf der ganzen Linie. 100 Millionen Schweizer Franken wurden sinnvoll und selektiv in neue Projekte investiert, die vornehmlich im Pharmabereich angesiedelt waren. Aber auch andere Branchen und allgemeine viel versprechende Neuunternehmen kamen in den Genuss dieser finanziellen Beteiligungen, die stets auf fairen Konditionen basierten. Pikanterweise kaufte Novartis vor Jahren ein Unternehmen für einen zweistelligen Millionenbetrag auf, welches es selbst vor Jahren mitfinanzierte. Das Objekt der Begierde war mittlerweile selbst zu einem bedeutenden Unternehmen herangewachsen und bestritt einen bemerkenswerten Marktanteil. Es war schließlich unumgänglich geworden, dieses Unternehmen zu übernehmen.

Achtung bei der Zusammenarbeit mit der Industrie: Nicht alle Großunternehmen spielen Fairplay. Achten Sie immer darauf, dass Corporate Investors Ihre Idee nicht stehlen oder kopieren, um diese ins eigene Unternehmen zu integrieren. Damit wäre Ihre Idee entwertet.

Christians Geschichte

Christian ist ein außergewöhnlicher Erfinder, der ein kleines Büro im Schwarzwald betreibt. Im Gegensatz zu anderen Erfindern entwickelt er Ideen in den verschiedensten Bereichen.

Einer seiner bekanntesten Erfindungen ist die Sockenklammer, die es ermöglicht, Sockenpaare während des Waschens zusammenzuhalten. Vor sechs Jahren stieß Christian auf ein kleines technisches Wunderwerk. Er entwickelte eine Apparatur, die es ermöglicht, durch künstliche Alterung alkoholische Getränke zu veredeln. Mit anderen Worten konnte er billigen Whiskey innerhalb einer Stunde in einen edlen Tropfen verwandeln. Junge Weine schmeckten nach der Prozedur plötzlich reifer und vollmundiger.

Die Erfindung klang so unglaublich, dass er überall Überzeugungsarbeit leisten musste.

Er trat in verschiedenen TV-Shows wie beispielsweise *Wat is* mit Jürgen von der Lippe auf und präsentierte seinen »Weinveredler«. Selbst Weinkenner und Kritiker, die ebenfalls zur Sendung eingeladen waren, lobten am Ende der Vorführung diese kleine Apparatur. Das Objekt, das wie ein Weinkühler aussah, war mit einer kleinen Leuchtdiode sowie einem Stecker für Niederspannung versehen.

Seine Medienpräsenz zog auch Investoren und schlitzohrige Vermarkter an. Einer dieser Investoren überredete Christian, die professionelle Vermarktung der Erfindung ihm zu überlassen. Schließlich habe er Erfahrung und könne auch die hohen Patentgebühren übernehmen und auch sonst investieren.

Sie sollten wissen, dass die meisten Erfinder an chronischem Geldmangel leiden. Christian fackelte nicht lange und willigte in die Vereinbarung ein.

Der Weinveredler, besser bekannt als »Improver«, wurde in hohen Stückzahlen in Hongkong produziert und weltweit verkauft. Er ist heute noch bei Sharpers-Image erhältlich.

Das Traurige an dieser Geschichte ist, dass der Erfinder trotz bestehenden Vertrages bis heute noch keinen müden Cent von den Verkaufserlösen sah.

Wenn alles fehlschlägt, probieren Sie mal die amerikanische Version der Finanzierung für Neuunternehmende.

Bootstrapping

Das Wortspiel ist abgeleitet aus einer Redewendung. Im Original lautet sie: »pull yourself up by the bootstraps«. Wörtlich übersetzt: »sich an der Stiefelschlaufe selbst hochziehen«, also aus eigner Kraft etwas erschaffen. Damit sind die eigenen Ersparnisse gemeint wie Sparschwein, Kredite von Bekannten und der Familie. Doch Sie kennen meine Meinung dazu.

Halten Sie Ihr privates Umfeld sowie Ihre privaten Ersparnisse aus dem Unternehmen heraus. Wenn Sie dennoch eine Chance sehen, Ihr Projekt quasi von der Garage oder dem Heimbüro aus zu lancieren und bestehende Infrastrukturen zu nutzen, dann empfehle ich Ihnen, zunächst nebenberuflich zu starten, ohne sich knapp an die Klippe zum Abgrund zu manövrieren.

Business Angels und Mentoren

Wenn Sie eine Expansion Ihres Unternehmens ins Auge fassen oder eine bestechende Produktidee oder eine gewinnträchtige Erfindung vermarkten möchten, lohnt sich das Gespräch mit einigen dieser Investoren. Oftmals verstecken sich hinter den bekannten Namensschildern erprobte und erfolgreiche Unternehmer, die auch als »Business Angels« so manche Firmen gemeinsam mit den Initiatoren aus der Taufe hoben.

Mentoren helfen gerne in Krisenzeiten

Um Mentoren für Ihr Vorhaben oder zur Lösung Ihrer geschäftlichen Probleme zu gewinnen, müssen Sie die Spielregeln einhalten:

Wenn Sie einen persönlichen Termin vereinbaren, führen Sie bitte beim ersten Treffen ein unverfängliches Gespräch, ohne sofort die Katze aus dem Sack zu lassen. Lernen Sie sich erst mal von Ihrer menschlichen Seite kennen. Wenn mit der Zeit das Eis gebrochen ist, können Sie sich langsam an das eigentliche Motiv herantasten. Erklären Sie im Gespräch, wie Sie sich ein Mentorenverhältnis vorstellen. Schlagen Sie zum Beispiel ein Treffen alle vier bis acht Wochen oder regelmäßige Telefontermine vor. Überlegen Sie sich, was Sie Ihrem Mentor zurückgeben können. Das ist eine knifflige Anforderung, der Sie sich stellen müssen. Denken Sie darüber nach, bevor Sie Ihren künftigen Mentor treffen.

In einem zweiten Schritt könnten Sie Ihren Mentor zu einem gemütlichen Essen in entspannter Atmosphäre einladen. Zahlen Sie die Rechnung. Dieses Investment lohnt immer, auch wenn Ihr Gegenüber viel reicher ist als Sie. Schließlich wollen Sie seine Hilfe beanspruchen, nicht wahr? Bauen Sie persönliche Kontakte auf und arbeiten Sie an Ihrem Expertennetzwerk.

Wissen Sie, warum ein Mentor einwilligen könnte, ausgerechnet Sie zu coachen und damit Zeit und Mühe aufzubringen? Grundsätzlich sind erfolgreiche Menschen, die finanzielle Unabhängigkeit erreicht haben, gerne bereit, anderen Menschen zu helfen. Und doch scheuen die meisten sich, solch eine Bindung einzugehen. Der Grund dafür ist nur allzu menschlich. Es ist die Angst vor Enttäuschung. Bekanntlich kommt irgendwann der Zeitpunkt, wenn der Schüler geht und aus der Beziehung herauswächst. Menschliche Enttäuschungen folgen und manchmal wächst das Gefühl beim Mentor heran, ausgenutzt geworden zu sein. Hier mein Tipp für den Beginn eines guten Mentorenverhältnisses:

Gewinnen Sie Ihren Wunschcoach, indem Sie gleich zu Beginn den Menschen sehen und nicht den vermögenden Unternehmer. Auch millionenschwere Mentoren haben Fehler und sind bisweilen auch exzentrisch. Suchen Sie nicht nach den Schwächen, sondern schätzen Sie die Stärken und lernen Sie. Schließlich sollten Sie dankbar sein für die Zeit, der er mit Ihnen verbringt. Doch wie finden Sie einen solchen Mentor? Indem Sie offen durch die Welt gehen. Wenn Sie bereit sind für ein Mentorenverhältnis, werden Sie einen entsprechenden Coach finden – auf die eine oder andere Art.

Im Anhang finden Sie eine Liste von potenziellen Investoren, Vereinigungen von Business Angels sowie eine Web-Adressliste mit vielen Internetadressen. Bedenken Sie, dass die Eigenmittelbeschaffung durch Risikokapitalgeber aufgrund der Investitionsgrößen meist nur Unternehmen oder Projektideen vorbehalten ist, deren Kapitalbedarf die 2-Millionen-Euro-Grenze übersteigen. Ein Investment darunter würde für Wagniskapitalgeber den gleichen mühseligen Arbeitsaufwand verursachen. Zudem würde mit weniger Gewinn und höherem Risiko kalkuliert werden. Die Kosten für eine ausführliche Analyse rund um die Beteiligung sind beinahe identisch, ob es sich nun um 200 000 Euro Investitionskapital handelt oder um 20 Millionen Euro. Größere Chancen bieten private Business Angels, die immer gerne nach herausfordernden Gelegenheiten suchen, um Geld zu investieren und Managementunterstützung einzubringen.

Denken Sie daran: Business Angels und Risikokapitalgeber möchten in »schwerelose« Unternehmen mit beinahe unbeschränktem Wachstumspotenzial investieren. Schwerelos deshalb, weil das Unternehmen oder die Produktidee sich in alle Richtungen bewegen lassen muss und das möglichst gewichtslos.

Sie als Unternehmer müssen für neue Strategien offen sein und zum Teamspieler werden, also Ihr Einzelkämpfertum aufgeben. Wenn Ihr neu gewonnener Business Angel oder Mentor noch stundenlange Grundsatzdiskussionen mit Ihnen als Unternehmer führen muss, wird er sich bald wieder von diesem Engagement verabschieden.

Tessys Geschichte

Tessy gründete vor zehn Jahre einen Onlinehandel für Antiquitäten. Das Onlineportal verschlang bereits in den ersten Jahren den Großteil der dafür bereitgestellten Investitionen. Um dem Geschäft den Durchbruch zu verschaffen, schaute sie sich in der Venture-Capital-Szene um und wurde fündig. Ein ehemaliger Direktor eines führenden Online-Auktionshauses erklärte sich bereit, in das Unternehmen von Tessy zu investieren und damit die Marktdurchdringung zu ermöglichen.

Nach den ersten Planungen ergab sich ein Marketingbudget von über 2 Millionen Euro. Für das finanzielle Engagement in Tessys Unternehmen forderte der Investor 60 Prozent der Unternehmung und einen Sitz in der Geschäftsleitung mit Schwerpunkt Finanzen.

Was würden Sie an Tessys Stelle tun? Würden Sie einwilligen?

Immerhin investierte Tessy 150 000 Euro Startkapital, fünf Jahre harte Arbeit, die mit vielen Entbehrungen verbunden war. Jetzt soll sie von heute auf morgen 60 Prozent davon einfach hergeben und sich dann noch die Geschäftsleitung teilen?

Nach einer kurzen Bedenkzeit von drei Tagen willigte Tessy mit zwei kleinen Änderungen in die Zusammenarbeit freudig ein.

Die Entscheidung war nämlich goldrichtig!

Lieber haben Sie einen kleinen Anteil an einem großen Unternehmen, das Markterfolg vorweist, als 100 Prozent an einem kleinen Unternehmen, dessen Überleben nur noch eine Frage der Zeit ist. Zudem übernimmt der Investor den für viele Vollblutunternehmer lästigen Teil der Buchhaltung.

2 Millionen Euro im Gegensatz zu fünf Jahren harter Arbeit und 150 000 Euro Startinvestition stehen in einer hervorragenden Relation zugunsten von Tessy. Der Internetboom ist bekanntlich vorbei. Ernüchterung ist bei den Investoren eingetreten. Trotz dieser Stimmung ist es Tessy gelungen, den neuen Partner vom Konzept zu überzeugen.

Sie werden nur dann einen Investor begeistern und für Ihre Idee interessieren, wenn Ihr Unternehmen eine zehnfache Investitionsrendite in Aussicht stellen kann.

Sie wissen nun, wie man mit Banken verhandeln muss, um an Kapital zu kommen. Sie kennen Wege, Kapitalgeber zu finden. Sofern Sie Schulden haben, haben Sie erfahren, wie Sie sie mittels sicherer Techniken problemlos loswerden oder vermindern können.

Sie haben zweifelsfrei das Rüstzeug für Ihren Durchstart erworben.

5.
Was tun bei einem Konkurs?

Drohende Pleite – so schützen Sie sich

Sebastians Geschichte

Sebastian ist 48 Jahre alt, verheiratet und hat eine Tochter mit seiner Frau Simone. Vor acht Jahren eröffnete er ein Einzelhandelsgeschäft in der historischen Altstadt von Augsburg, wo er Schallplatten und CDs in verschiedenen Musikrichtungen verkaufte. Zudem vermietete er professionelle Soundanlagen für verschiedene Veranstaltungen. Sebastians Geschäft lief gut. Sein Warenangebot war erstklassig sortiert. Jährlich steigerte er seinen Umsatz um zweistellige Prozentsätze.

Das war auch der Grund, weshalb er bereits zwei Jahre nach der Firmengründung eine moderne und große Eigentumswohnung mitten in der Stadt erwarb. Die Finanzierung ließ ihm sogar Spielraum, um neue Möbel anzuschaffen. Simon sah für sich und sein Geschäft goldene Zeiten voraus. Deshalb entschloss er sich kurzerhand im selben Jahr einen fabrikneuen Mercedes-Kombi mit Vollausstattung zu bestellen. Damit konnte er seine Auslieferungen bequem organisieren und die Leihgeräte komfortabler transportieren.

Die Bank finanzierte diesen Autokauf zur Hälfte mit einem gewöhnlichen Ratenkredit. Der andere Betrag wurde ihm als Überziehungskredit auf seinem Geschäftskonto gewährt. Er bemerkte nicht, dass er damit begann, sein finanzielles Grab zu schaufeln, denn seine Liquidität schrumpfte erheblich. Aber darüber machte sich Sebastian zu diesem Zeitpunkt noch keine Gedanken, denn das Geschäft lief gut. Bald, so seine Perspektive, würde er genügend Umsatz tätigen, um seinen Überziehungskredit bequem zurückzahlen zu können.

Der Umsatz stieg erwartungsgemäß, doch plötzlich konnte er die Lieferantenrechnungen nicht mehr pünktlich bezahlen. Es fehlte ihm immer öfter an Liquidität.

Wie hatte das geschehen können?

Sein Warenlager war voll bis obenhin. Das Dilemma war eingetreten. Bis Sebastian das Geld von seinen Kunden einnehmen konnte, waren die Lieferantenrechnungen längst fällig geworden. Die Bank verweigerte weitere Überziehungskredite mit der Begründung, dass sein Konto das Limit längst erreicht habe. Die erste Krise war eingetreten.

Monate später brach dann der Umsatz ein, weil ein bekannter Elektrodiscounter mit Pauken und Trompeten im gleichen Stadtviertel eröffnete. Besonders schmerzlich war für Simon, dass der Discounter eine fünfmal größere und besser sortierte CD-Abteilung präsentierte als er selbst.

An einem Montagmorgen schlug Simon die Tageszeitung auf und entdeckte ein großflächiges farbiges Inserat in bester Platzierung. Er konnte nicht glauben, was er da sah. Der Discounter bot Teile seines Sortiments über 30 Prozent günstiger an. Die zweite Krise war eingetreten: Sebastian verlor immer mehr Kunden und blutete schließlich finanziell aus.

Ein Jahr später ging Sebastian mit seinem Geschäft Pleite. Er schob der Konjunktur, dem Discounter und den Banken die Schuld für seinen Misserfolg zu. Ab diesem Zeitpunkt wurde das Geld knapp zu Hause. Seine beiden Lebensversicherungen lagen verpfändet bei der Bank, die wiederum das Kreditengagement zurückforderten. Zudem war er mit den Hypothekenzahlungen im Rückstand. Seine Frau Simone war als Bürge für sämtliche Darlehen und Kredite eingetragen. Alle Ersparnisse und Vermögenswerte waren zu Beginn in das Unternehmen gesteckt oder mittlerweile zu Geld gemacht und verbraucht worden. Sebastian brachte die letzten Monate keinen Lohn mehr mit nach Hause. Die Eltern von Simone unterstützten die Familie mit Zuwendungen, solange es ging. Sebastian lieh sich zudem Geld von seinem besten Freund. Zurückzahlen konnte er das Darlehen nicht mehr.

Simone nahm eine Halbtagsstelle an, um etwas Geld dazuzuverdienen. Eines späten Abends kehrte Simone von der Arbeit zurück. Vor der Tür stand ein Mitarbeiter der Stadtwerke, der im Begriff war, den Strom für die Wohnung abzustellen. Sie öffnete die Wohnungstür und betrat den Wohnraum, als sie plötzlich ihre Tochter am Boden sitzend entdeckte.

Daneben schwammen im Aquarium die Fische hektisch im Dunkeln hin und her. Die Tochter fragte mit beunruhigter Stimme:

»Mami, müssen die Fische jetzt sterben, weil Papa den Strom nicht mehr bezahlen kann?«

Wie hätten Sie diese Situation verhindert oder die Probleme gelöst? Sind Sie der Meinung, dass die Bank schuld ist oder vielleicht doch die neue Konkurrenzsituation? Was genau hätten Sie anders gemacht?

Ob ein Konkurs abwendbar gewesen wäre, ist im Nachhinein nicht feststellbar. Einige wichtige Punkte möchte ich dennoch ansprechen. Die folgenden Regeln wären in dieser Situation einzuhalten gewesen:

Verhaltensregeln bei drohendem Konkurs

- Private und geschäftliche Finanzen sind strikt zu trennen, um finanziell beweglich zu bleiben.
- Grundsätzlich sind Bürgschaften von Familienangehörigen tabu. Denn wenn Familienmitglieder und Freunde bürgen, haben Sie keinen Spielraum mehr für einen späteren Liquiditätsbedarf.
- Stimmen Sie Zessionen nur bedingt oder gar nicht zu (Abtretung von privaten Vorsorgeeinrichtungen, wie beispielsweise der eigenen Kapitallebensversicherung). Stattdessen sollten Sie bei Neufinanzierungen eine Risikolebensversicherung anbieten, um das Risiko des Todesfalls abzudecken.
- Die Bank hat dann ihren Auftrag erfüllt, wenn sie das Bankrisiko auf ein Minimum reduziert hat. Kreditnehmer neigen in Krisenzeiten dazu, auf alle Anforderungen hin zu schnell ja zu sagen. Besser ist es, Alternativen zur Kreditabsicherung aufzuzeigen.
- Überziehungskredite sind teuer und sollten, wenn sie schon in Anspruch genommen werden, nur als kurzfristige Liquiditätsreserve zur Verfügung stehen. Die meisten Neuunternehmenden fallen bekanntlich Liquiditätsfallen zum Opfer.
- Im Fallbeispiel Sebastian wäre die Spezialisierung auf die Vermietung und Ausstattung von Veranstaltungen eine Möglichkeit gewesen, um sich von Mitbewerbern abzuheben. Irgendeiner im Markt ist immer billiger oder verfügt über größere Marketing-Budgets, um Sie zu übertreffen. Spezialisieren Sie sich auf einen Bereich, den andere nicht anbieten können oder wollen. Suchen Sie deshalb Ihr Alleinstellungsmerkmal.

- Sebastian und Simone verfügten über keinerlei stille oder private Reserven. Sämtliche dringenden Haushaltsrechnungen sowie die wichtigsten Zahlungen hätten mit einer kleinen finanziellen Rücklage in dieser Krisensituation mit Leichtigkeit bezahlt werden können.

> *»Gläubiger ... sind Leute, die kommen, wenn die Kunden ausbleiben.«*
>
> Lothar Schmidt

Machen Sie es besser und treffen Sie Vorkehrungen für den schlimmsten aller Fälle? Die Erfahrung zeigt, dass nur selten der »schlimmste« Fall eintritt. Machen Sie sich dennoch mit dem Gedanken vertraut. Wenn Sie sich mit dem schlimmsten Szenario abgefunden haben, kann alles nur noch besser werden und Ihr Geist wird allmählich ruhig. So ruhig, dass Sie Ihr Vorhaben vorantreiben, um die Situation zu verbessern oder das Problem zu lösen, auch wenn Ihnen der Wind noch so stark ins Gesicht bläst.

Nehmen Sie zunächst kleinere unspektakuläre Aktionen in Angriff, die zu einer Schadensbegrenzung führen können und die keinen Gewaltakt darstellen. Damit sind oft kleinere Veränderungsprozesse verbunden. Das Leben besteht nun mal aus Veränderungen, und wer sich nicht verändert, der stagniert.

Vergessen Sie nicht:
Sie und niemand anderes führt Regie.

Immer wieder kommt es vor, dass einer der Gläubiger denkt, Sie wären ein goldenes Kalb, das es zu schlachten gilt. Viele Gläubiger lieben bekanntlich das Säbelrasseln. Lassen Sie sich nicht einschüchtern.

Es gibt Fallbeispiele, in denen die Gläubigerbanken einem ehemaligen Schuldner erneut Kredit gaben, trotz vorherigem Konkurs, und dies aus folgendem Grund: Schon vor dem Konkurs informierte der Kreditnehmer laufend über die Finanz- und Geschäftslage. In diesem Fall wusste die Bank bereits während der massiven Verschlechterung der Situation, dass der Kreditnehmer engagiert Maßnahmen zur Verbesserung ergriff. Aus der Sicht der Bank gab es keine Hinweise darauf, dass den Kreditnehmer Schuld an dem Konkurs traf, woraufhin sie sich mit ihm auf eine Vergleichszahlung in Höhe von 25 Prozent der gesamten Forderungssumme einigte. Der vereinbarte Betrag wurde schließlich vom Schuldner bezahlt. Er war damit trotz Pleite kreditwürdig geblieben.

Barfuß oder Lackschuh – private Schulden

Völlig klar: Ein Konkurs eine schlimme Geschichte für Ihren Ruf. Die Nachbarn tuscheln vielleicht schon, die ganze Stadt scheint es zu wissen. Solche Ereignisse und die bewährte Technik der Buschtrommel machen es möglich, dass sich Nachrichten wie ein Lauffeuer verbreiten. Warum eigentlich? Die Menschen sind neugierig. Noch viel neugieriger sind sie, wenn es um Personen geht, die sie kennen.

Was mich immer wieder erstaunt, ist, dass wir versuchen, Menschen zu beeindrucken, die uns gar nicht so wichtig sind oder die wir in kurzer Zeit sowieso nicht mehr sehen. Manchmal scheint es uns wichtiger zu sein, was Fremde von uns denken als unsere eigene Familie. Unser Ruf ist uns unglaublich wichtig. Das Ansehen ist alles und wir tun beinahe alles für sie, auch wenn es nötig ist, dafür unsere Gesundheit aufzugeben. Und genau da liegt der Hase im Pfeffer.

Frenjos Geschichte

Für Außenstehende kaum wahrnehmbar stehen viele Ärzte, Architekten und andere ehrbare Berufsschichten kurz vor der Pleite. Sie würden sich wundern, wenn Sie wüssten, wie viele dies wirklich betrifft.

Frenjo Fischer ist Zahnarzt in einer kleinen badischen Gemeinde und befindet sich seit einigen Monaten in einer geschäftlichen Krise. Obwohl Frenjos Praxis gut besucht ist und er mit seinen zwei Helferinnen einen für die Region verhältnismäßig hohen Umsatz erzielt, steht er kurz vor dem finanziellen Ruin. Nach dem Studium in Berlin und seiner Doktorarbeit war er zurück in seinen Heimatort gekommen und hatte im Haus seiner Eltern eine Zahnarztpraxis eröffnet.

Seine Praxisausstattung finanzierte er über die Ärztebank und rechnete sich aufgrund des günstigen gewährten Zinssatzes und seiner Einnahmen einen gesunden und soliden Finanzierungsplan aus.

Das Geschäft lief bereits in den ersten Jahren außerordentlich gut an. Aufgrund seiner Fremdsprachenkenntnisse kamen mehrheitlich ausländische Mitbürger in seine Praxis. Diese Strategie zahlte sich aus. Trotz seines jungendlichen Alters verdiente sich Frenjo ein fünfstelliges Monatseinkommen. Während einer Sitzung mit seinem Steuerberater warnte ihn dieser vor der hohen Steuerbelastung. Sein Einkommen würde eine Grenze erreichen, die zu einer hohen Steuerschuld führen könnte. Trotz der steuerlichen Absetzung der Betriebskosten, Abschreibung der Geschäftsausstattungen und Anrechnung der Finanzierungskosten näherte sich Frenjo schnurstracks dem Höchststeuersatz.

Einer seiner Patienten war ein junger Immobilienverkäufer, der schon während der letzten Behandlungen von »steuerlichen Optimierungen« sprach. Bei nächster Gelegenheit vereinbarten die beiden ein Treffen. Frenjo war beeindruckt von der Redegewandtheit und Selbstsicherheit des Verkäufers, der ihm nach kurzer Einführung bereits zum Kauf einer großen Immobilie riet, die Frenjo nicht nur steuerlich absetzen könne, sondern die auch Rendite aufgrund der Mieteinnahmen bringen würde. Allzu verlockend war solch ein Angebot, das zwei Fliegen mit einer Klappe schlug, nämlich Rendite und Steuereinsparungen. Das war doch ideal, dachte Frenjo!

Er zögerte nicht lange und unterschrieb den Kaufvertrag beim Notar. Was er nicht wusste, war, dass ein großer Teil des Kaufbetrags als Provision direkt vom Treuhandkonto des Notars in die Tasche des Verkäufers floss.

Die Wohnungen im Einfamilienhaus ließen sich auch nicht so einfach vermieten, weil die Lage einige Nachteile aufwies. Nach einem Jahr stellte sich dann heraus, dass der Schätzpreis der Immobilie auf unter 450 000 Euro gesunken war.

Die Steuererleichterungen griffen zunächst im vollen Umfang, aber dagegen stand ein geringerer Wert mit nicht erzielten Mieteinnahmen. Sechs Monate später änderten sich die Gesetze und Frenjo konnte nun nur noch einen Teil der Finanzierungskosten absetzen. Es drohte die Insolvenz.

Frenjo Fischer machte sich nun nicht nur Sorgen um die finanzielle Situation. Vielmehr überlegte er, was wohl seine Patienten, seine Freunde und Bekannten und seine Eltern über ihn denken würden. Der Wettlauf um seinen Ruf begann.

Es ist eine Tatsache: Schulden zu haben ist ein Spiel mit dem Feuer. Bei manchen Völkern ist bekanntlich die Schönheit das höchste Gut, bei anderen die Ehre und in den Industrienationen ist es eben das Geld. Kreditkarten symbolisieren Potenzial und die verfügbare Energie. Dabei gaukeln sie uns unendliche Geldreserven vor. Die Banken und Kreditkartengesellschaften spielen mit der verlockenden Illusion von scheinbarer finanzieller Grenzenlosigkeit. American-Express-Karten sind nicht zufällig grün oder golden. Grün als Symbol für Vegetation und Wachstum und Gold als Symbol für unendlichen Reichtum.

Viele Unternehmer, die mit der eigenen Firma Konkurs gehen, sind in den meisten Fällen auch privat ruiniert. Denn oft steckt ein Selbstständiger nicht nur jahrelange Arbeit, sondern auch sein ganzes Vermögen und alle verfügbaren finanziellen Mittel in das Unternehmen, was fatale Auswirkungen haben kann.

Patriks Geschichte

Patrik engagierte mich vor einigen Jahren, als sein Betrieb für Metallverarbeitung aufgrund einer andauernden Liquiditätsschwäche ins Schleudern kam.

Im Zuge meiner Beratung prüfte ich seine gesamten Finanzen und entdeckte, dass er sich selbst seit Jahren nur einen sehr geringen Lohn zahlte, der beim Existenzminimum lag. Patrik erklärte mir ausführlich, dass seine Firma schon immer schwach auf der Brust sei und er sich daher nur wenig Lohn auszahlte. Private Rücklagen gab es keine. Daraufhin stellte ich ihm eine Frage, die ich nun Ihnen als Leser auch stellen möchte:

Angenommen, Sie würden morgen keinen Cent mehr verdienen und auch sonst keine Einnahmen haben. Wovon würden Sie sich dann die nächsten Monate ernähren?

Die Frage löste bei Patrik zwar für den Moment Panik aus, aber sie schien heilend zu wirken. Denn von diesem Zeitpunkt an bezog Patrik einen festen Lohn, der höher lag als die bisherigen Einnahmen. Davon aber legte er jeden Monat kontinuierlich 500 Euro zurück, um sich eine Notfallreserve aufzubauen.

Sollten Sie mit Schulden zu tun haben, so empfehle ich Ihnen folgende emotionale Einstellung:

Erstens: Machen Sie sich zunächst keine Sorgen über das, was Sie nicht direkt beeinflussen oder ändern können. Die Mühe wäre vergebens. Die Konsequenz daraus ist, dass wir uns nur mit dem beschäftigen, was wir selbst verändern können. Die Situationen, auf die wir keinen Einfluss haben, sollten wir vorläufig nicht beachten. Dieses Vorgehen ermöglicht uns eine befreitere Sichtweise, und nur so können Sie mit freiem Kopf an die Situation herangehen. Konzentrieren Sie sich zunächst nur auf ein Problem, denn Stress kommt bekanntlich von zu vielen sich überlappenden Gedanken. Versuchen Sie, nicht alles im Kopf behalten zu wollen und jeweils nur an eine Sache, nicht an zwei Dinge gleichzeitig zu denken.

Die zweite Erkenntnis ist, dass Sie negative und destruktive Gedanken durch angenehme und lösungsorientierte Gedanken ersetzen können. Richtig funktionieren wird diese Technik nur bei ständiger Wiederholung. Immer wenn Sie finanzielle Ängste plagen, ersetzen Sie diese Gedanken sofort durch eine konstruktive Frage. Statt zu denken: »Oje, morgen ist die Ölrechnung fällig und mein Konto ist in den Miesen«, ersetzen Sie diesen Satz durch: »Was genau kann ich organisieren, damit ich diese Rechnung trotzdem pünktlich zahlen kann?« Der Lösungsansatz ist in der Frage aufgehoben. Denn mit der neuen Formulierung lenken Sie Ihre Blickrichtung auf die Möglichkeiten zur Lösung dieser Sorgen, statt sie durch Jammern zu verstärken.

Nehmen Sie sich einen Block zur Hand und benennen Sie Ihre ernsthaften finanziellen Probleme. Führen Sie in einer zweiten Spalte die finanziellen Probleme auf, die eher gering sind oder die mit einem kleinen Betrag aus der Welt geschafft werden könnten.

Zweitens: Bei der Analyse und Bearbeitung von Schulden gehen wir grundsätzlich in der Reihenfolge der Wichtigkeit und Dringlichkeit vor, nicht nach Art und Höhe der Schulden.

Wenn ein Gläubiger anruft oder Briefantworten anstehen, so gehen Sie konfrontierend und nicht defensiv vor. Was ist damit gemeint? Die meisten Schuldner verschließen die Augen, verkriechen sich in eine Ecke und harren der Dinge, die da unweigerlich kommen werden. Mein Vorschlag: Verhalten Sie sich atypisch, indem Sie mutig an die Sachen herangehen und sie Punkt für Punkt durcharbeiten. Seien Sie erreichbar für Ihre Gläubiger, lassen Sie sich nicht durch Dritte entschuldigen. Schauen Sie in den Spiegel und machen Sie sich klar, dass Sie sich nicht zu verstecken brauchen, sondern alle Angelegenheiten in den Griff bekommen. Auch wenn es Zeit und viele Anläufe braucht, werden Sie die Person sein, die sich selbst wieder aus dem Schlamassel herauszieht, wie tief Sie da auch drinstecken mögen.

Kürzlich hat mir jemand in diesen Dingen widersprochen und sagte: »Blanker Unsinn, ich habe meine Schulden nicht selbst verursacht, meine Frau war das.«

Darauf antwortete ich: »Sehen Sie – Sie sind ja doch dafür verantwortlich, schließlich haben sie diese Frau geheiratet.«

Achten Sie auf Ihre Gedanken und noch mehr auf Ihre Gespräche mit anderen während einer Krisensituation. Unternehmer und Selbstständige in Schwierigkeiten wollen nicht begreifen, dass das Reden über Probleme zur zweiten Natur wird. Indem sie anderen die Schuld geben, reden Sie sich noch tiefer in die Probleme hinein.

»Schulden gleichen dem Seewasser:
Je mehr man davon getrunken hat, desto durstiger wird man.«

Anonym

Sprechen Sie ausschließlich mit Ihrer Familie oder dem engsten Freundeskreis über Ihre Schulden. Es bringt nichts, allen zu erzählen, wie arm Sie dran sind. Damit unterwandern Sie automatisch Ihr Selbstbewusstsein und verhalten sich wie ein Opfer. Mit dem »Hinausposaunen« von Klagen gewinnen Sie keinen Blumentopf. Zudem schränken Sie sich selbst erheblich in Ihrem Aktionsradius ein. Schlüpfen Sie nicht in die Rolle des bereits aufgegebenen Opfers. Denken Sie daran: Sie haben eine Aufgabe zu bewältigen. Nicht mehr und nicht weniger. Konsultieren Sie beispielsweise eine Schuldnerberatungsstelle, auch wenn sich die Wartezeit auf mehrere Monate beläuft.

Sichere Methoden zur Schadensbegrenzung

Eine Pleite hinzulegen muss nicht gleich einen Beinbruch bedeuten. Sie haben viele Möglichkeiten, Ihren Schaden zu begrenzen. Es muss Ihnen vor allem gelingen, sich und Ihre Familie in finanzieller und emotionaler Hinsicht zu schützen. Machen Sie sich klar, dass Sie sich nach einem Konkurs in einer Übergangsphase befinden. Wenn Sie sich richtig verhalten, werden Sie schon bald gestärkt aus dieser Krise hervortreten. Die meisten Pleiten sind mit tiefen finanziellen Einschnitten verbunden. Das muss nicht sein. Sie haben die Möglichkeit, unbeschadet Hürde für Hürde zu nehmen.

Schütteln Sie Ihre Selbstvorwürfe ab und fassen Sie den Entschluss, die Krise mit dem kleinstmöglichen Schaden zu überstehen. Führen Sie sich vor Augen, dass Sie wegen Schulden nicht automatisch ins Gefängnis wandern. Lassen Sie sich also nicht von Gläubigern oder Banken ins Bockshorn jagen. Stellen Sie sich einfach vor, Sie hätten eine neue Firma gegründet, deren Geschäftszweck es ist, Ihre persönlichen und geschäftlichen Belange zu regeln. Mit anderen Worten – bleiben Sie aktiv, vor allem, was Forderungen betrifft. Hier sind nun die wichtigsten Maßnahmen zur Schadensbegrenzung nach oder während eines Konkurses für Sie im Überblick:

1. Öffnen Sie unbedingt alle Briefe

Auch wenn es Ihnen noch so schwer fällt und Sie genau wissen, dass es ohnehin nur um Mahnungen, Zahlungsbefehle, böse Briefe von Anwälten und unnachgiebige Gläubiger handeln kann.

Vermeiden Sie offensiv die Vogel-Strauß-Politik. Verstecken Sie sich nicht, denn das haben Sie nicht nötig. Prüfen Sie alle Forderungen auf Inhalt und Höhe. Akzeptieren Sie nicht einfach alle Beträge nach dem Motto »Jetzt spielt es sowieso keine Rolle mehr«. Prüfen Sie auch die Zinsen, die in 50 Prozent aller Fälle überhöht angesetzt werden. Den Zinssatz können Sie mit einer groben Faustregel überprüfen: Banken dürfen beispielsweise ihre Zinsforderungen maximal 5 Prozent über dem Basiszinssatz der Europäischen Zentralbank (früher bekannt als Diskontsatz der Deutschen Bundesbank) ansetzen. Wie hoch dieser ist, lesen Sie in den Wirtschaftsseiten aller Zeitungen oder auf der Internetseite der Bundesbank (www.bundesbank.de – Basiszinssatz gemäß Paragraph: 247 Absatz 1 BGB). Im Februar 2002 lag der Basiszins beispielsweise bei 1,22 Prozent. Demnach dürfte die Bank maximal 6,22 Prozent Zinsen verlangen.

2. Legen Sie Widerspruch bei ungerechtfertigten Forderungen ein

Wenn Sie der Meinung sind, dass eine Forderung überhöht oder ungerechtfertigt ist, dann zögern Sie nicht, Widerspruch gegen Mahnbescheide oder Forderungsaufstellungen Ihrer Gläubiger zu erheben.

Beachten Sie die gesetzlichen Fristen. In der Regel haben Sie zwei Wochen Zeit, die Forderungen und die Höhe zu prüfen, um dann innerhalb dieser Frist Widerspruch einzulegen. Selbst wenn Sie diese Frist ohne eigenes Verschulden versäumt haben (da Sie plötzlich erkrankt sind oder verreist waren), können Sie bei dem zuständigen Gericht die »Wiedereinsetzung in den vorigen Stand« beantragen. Vergessen Sie hierbei nicht, Belege mit einzureichen, die Ihr Versäumnis dokumentieren (Fahrkarte, Hotelquittung, Bestätigung eines Mitfahrers, Krankenbescheinigung etc.).

Musterbrief für Wiedereinsetzung in den vorigen Stand

... Gegen den Vollstreckungsbescheid vom 20. April 2003 lege ich hiermit Einspruch ein und beantrage, mir wegen Versäumung der Einspruchsfrist »Wiedereinsetzung in den vorigen Stand« zu gewähren.

Wegen einer Krankheit und Behandlung im Krankenhaus Mobius, konnte ich nicht innerhalb der vorgesehenen Frist Einspruch einlegen.

Die Fristversäumnis bitte ich zu entschuldigen. ...

Anlagen: ärztliches Zeugnis, Einspruchsformular

3. Stichwort: Gerichtsvollzieher

Drohbriefe von Inkassobüros und Rechtsanwälten zu erhalten ist zwar unangenehm, aber die Distanz ist gewährt. Es handelt sich schließlich vorerst lediglich um geschriebene Worte, auf die angemessen reagiert werden kann. Hingegen lässt der Besuch vom Gerichtsvollzieher bei vielen, die in finanziellen Schwierigkeiten sind, den Puls höher schlagen. Die meisten Gerichtsvollzieher sind sehr nett und verständnisvoll. Legen Sie das Feindbild vom Gerichtsvollzieher ab. Diese Beamten machen nur Ihren Job und sind heilfroh, wenn Sie nicht beschimpft und belogen werden. Machen Sie sich stattdessen diese Hintergrundinformationen zunutze, auch das Wissen, dass ein Gerichtsvollzieher nur eingeschränkte Rechte hat. Auf die Frage »Muss ich den überhaupt reinlassen?« kann ich Sie beruhigen. Sie müssen nicht! Selbst wenn der Beamte das zweite Mal bei Ihnen auftaucht, brauchen Sie die Tür nicht zu öffnen. Erst nach zwei Versuchen kann der Gerichtsvollzieher bei Gericht eine so genannte Durchsuchungsanordnung beantragen, die ihn dazu berechtigt, Ihre Wohnung mittels Schlüsseldienst zu betreten. Wenn Widerstand befürchtet wird, auch mal in Begleitung der Polizei. Lassen Sie also die Versteckspielchen, arrangieren Sie ein ehrliches Gespräch und verzichten Sie auf unnötige Kämpfe. Normalerweise können Sie mit dem Gerichtsvollzieher moderate Zahlungsvereinbarungen treffen, sollte er einen pfändbaren Gerichtstitel gegen Sie in der Hand halten.

4. Kontopfändungen

Die meisten Schuldner wissen nicht, dass Kontopfändungen bestimmten Einschränkungen unterliegen. Zahlungen, die auf Ihr Girokonto eingehen, können nicht in voller Höhe gepfändet werden. Sollte dieser Fall eintreten, dann beantragen Sie bei Gericht »Einschränkung der Kontopfändung«. Sie können verlangen, dass Ihnen so viel bleibt, wie sie grundsätzlich zum Leben brauchen. Das Gericht orientiert sich dabei an der Pfändungstabelle.

Musterbrief: Einschränkung der Kontenpfändung
Gemäß Paragraph 850 k ZPO beantrage ich hiermit, die Pfändung meiner oben genannten Konten aufzuheben, soweit es sich um pfändungsfreies Einkommen handelt. Derzeit erhalte ich noch Einkommen als Berater. Da ich keine andere Einkommensquelle habe, muss ich damit meinen notwendigen Lebensunterhalt bestreiten.

Ferner beantrage ich zudem, dass auch künftige monatliche Einkommen gemäß meinem Antrag als pfandfrei erklärt werden, um die Wiederholung dieses Antrags zu vermeiden. ...

Anlage: Bescheinigung über Einkommen

Sofern Sie nach einem Konkurs Sozialleistungen beziehen, sollten Sie diese Leistungen innerhalb von sieben Tagen von Ihrem Konto beziehen. Selbst wenn Sie noch so hohe Schulden bei dieser Bank haben, diese Beträge sind für die Bank tabu. Nach den sieben Tagen ist der Betrag von der Bank oder anderen Gläubigern trotz Einschränkung der Kontopfändung pfändbar.

Mein Tipp
Der Bundesgerichtshof hat 1999 entschieden, dass Geldinstitute für Kontopfändungen keine Gebühren oder Kosten für die Bearbeitung in Rechnung stellen dürfen. Prüfen Sie deshalb Ihre Kontoauszüge und protestieren Sie im Falle einer Belastung sofort! (Aktenzeichen XI ZR 219/98)

Ohnehin empfehle ich Ihnen, umgehend bei einer anderen Bank Ihrer Wahl, bei der Sie schuldenfrei sind, ein Konto zu eröffnen.

5. Sonderfall Steuerschulden

Eine drohende Pleite ist schon bitter genug. Und dann will das Finanzamt auch noch Geld sehen. Da Firmen für die Zahlungen ans Finanzamt keine Gegenleistung erhalten, ist die Versuchung groß, lieber die Forderungen der Banken und Lieferanten zu befriedigen als die Steuerschulden.

Doch das kann unter Umständen sehr teuer werden. Firmenchefs, die das Finanzamt vernachlässigen, haften dafür möglicherweise mit ihrem Privatvermögen oder können je nach Situation zudem strafrechtlich belangt werden.

Eine Falle, in die Unternehmer häufig tappen, ist die Lohnsteuer. Die schuldet der Arbeitnehmer dem Finanzamt. Der Geschäftsführer oder Unternehmer vereinnahmt diese Beträge monatlich und leitet die Steuer treuhänderisch an das Finanzamt weiter. Der Unternehmer kann demnach rechtlich in Anspruch genommen werden, wenn die Lohnsteuer infolge seines Verschuldens nicht beim Finanzamt ankommt. Ist kein Geld da, um die Lohnsteuer zu überweisen, hat er allerdings nichts zu befürchten.

Vorsicht aber ist geboten, wenn die Firma noch nicht vollständig zahlungsunfähig ist: Hier darf der Chef die Löhne und Gehälter nicht ungekürzt auszahlen und gleichzeitig auf den Lohnsteuerabzug verzichten. Vielmehr muss er die Arbeitslöhne so kürzen, dass er die darauf entfallende Lohnsteuer zahlen kann. Kommt er dieser Verpflichtung nicht nach, muss er mit seinem Privatvermögen für die Lohnsteuerbeträge aufkommen.

Darüber hinaus haftet der Geschäftsführer und Unternehmer für Körperschaft-, Gewerbe- und Umsatzsteuern, wenn ihn ein Verschulden daran trifft, dass die Zahlungen nicht beim Finanzamt eingehen. Diesem Vorwurf kann sich der Unternehmer entziehen, wenn er die Forderungen gleichmäßig aus den vorhandenen Mitteln erfüllt.

Was viele Firmenchefs nicht wissen: Das Finanzamt lässt bei den Steuerschulden mit sich reden. Bevor die Steuerschulden der Firma den Todesstoß versetzen, sollten sich Selbstständige oder die Geschäftsführung um eine Stundung bemühen. Diese wird in der Regel gewährt, wenn die Steuerzahlung die Existenz des Steuerpflichtigen gefährden würde. Das ist bei einer Unternehmenskrise unbestritten der Fall. Auch hier gibt es jedoch die Ausnahme: Sollte der Unternehmer oder Selbstständige die Notlage selbst verursacht haben, beispielsweise wenn er sich nachweislich zu häufig für private Zwecke aus der Firmenkasse bediente, wird auch diese Stundung abgelehnt.

In einigen Fällen wurde sogar ein Erlass der Steuerschulden ermöglicht. Aber darauf darf man nur in gut dargelegten Ausnahmefällen hoffen, denn das Finanzamt wartet das Insolvenzverfahren ab, bevor es auf eine Steuerforderung verzichtet.

Wenn es mit dem Erlass nicht klappt, können Unternehmer beim Finanzamt eine Stundung beantragen. Das heißt, dass sie die Forderung erst später begleichen müssen. Die Finanzbeamten stunden eine Steuerforderung, wenn der Steueranspruch dadurch nicht gefährdet wird. Außerdem darf der Firmenchef wie auch beim Erlass die Unternehmenskrise nicht verursacht haben. Wie lange die Fälligkeit hinausgeschoben wird, bestimmt das Finanzamt. Übrigens: Lohnsteuer-Stundung ist selbst bei bester Verhandlung und auch mit Engelszungen nicht machbar.

Ein Sicherheitsnetz fängt Sie auf

Als Unternehmer und Selbstständiger leben Sie immer mit dem Risiko, alles zu verlieren. Es ist allerdings ein Drahtseilakt mit Sicherheitsnetz. Denn es gibt ein durchaus akzeptables Leben nach einer Pleite. Sie haben schließlich verschiedene Möglichkeiten, Ihre Schulden wieder loszuwerden. Eine davon bietet Ihnen das neue Insolvenzrecht.

Exkurs Insolvenzrecht

Seit vielen Jahren arbeiten Experten daran, ein für Gläubiger und Schuldner gleichermaßen attraktives Insolvenzrecht zu erarbeiten. Ein Modell wurde gesucht, das es dem Schuldner ermöglicht, sich innerhalb einer bestimmten Frist zu entschulden und das dem Gläubiger einen Teil seiner Forderungen einbringt. Diese Bemühungen mündeten im neuen Insolvenzrecht, welches am 1. Januar

1999 in Kraft getreten ist. Ziel des Gesetzes ist es, Wege aus der Überschuldung zu finden.

Dem Schuldner sollte die Möglichkeit für die Wiederherstellung und Förderung der persönlichen Stabilität sowie die Rückgewinnung wirtschaftlicher Planungsfähigkeit eingeräumt werden.

Warum wurde dieses Verfahren zum Schutz von Schuldnern auf den Weg gebracht? Die Insolvenz des Schuldners war und ist für ungesicherte Gläubiger mit einem erheblichen oder gar totalen Forderungsausfall verbunden. Das neue Insolvenzgesetz räumt Schuldnern gesetzliche Rechte ein.

Neu ist, dass Gläubiger bereits im Vorfeld der Insolvenz und im laufenden Verfahren richtig reagieren müssen, um ihre Forderungen einfordern zu können.

Nach der dreijährigen Erprobungsphase wirft das Insolvenzrecht jedoch noch viele Fragen auf. Für die Mehrzahl der Schuldner wird und soll auch weiterhin ein Weg aus dem Schuldenturm außerhalb einer Insolvenz führen. Unter Zuhilfenahme von einzelnen Abzahlungs- und Vergleichsverträgen ist der Weg zur Selbstsanierung grundsätzlich möglich (wie im 4. Kapitel beschrieben).

Wie sieht das Insolvenzverfahren in der Praxis aus? Es hängt noch immer viel von den Verhandlungspartnern ab. Es kommt darauf an, wie geschickt verhandelt oder gefeilscht wird. Die Vergleichsverhandlungen werden noch immer von Gesetzmäßigkeiten bestimmt, die das Katz-und-Maus-Spiel beeinflussen und unterschiedliche Ergebnisse von Vergleichsverhandlungen erbringen. Außergerichtliche Verhandlungen sparen nicht nur immense Kosten, auch könnten unsere Gerichte zunehmend entlastet werden, indem im Vorfeld sinnvolle Regelungen für die Verhandlungen zwischen Gläubiger und Schuldner erlassen würden. Die derzeitige Insolvenzordnung sieht zudem hohe Kosten für den Gläubiger bei einem Forderungsverzicht vor. Die Balance dazwischen ist noch lange nicht erreicht.

Das Insolvenzrecht wird laufend erneuert und verbessert. Schauen Sie sich deshalb auch die neuen Urteile an. Informationen erhalten Sie beispielsweise auf folgender Website, die laufend aktualisiert wird:

http://www.schuldnerberatung-euregio.com/entscheidungen.htm

Wie funktioniert die Entschuldung nach dem neuen Insolvenzrecht?

Wir leben in einer Zeit von wirtschaftlichen Zusammenbrüchen. Ein methodisch sicheres Entschuldungssystem schafft nicht nur maximale Schadensbegrenzung für alle Beteiligten, sondern bietet auch Rechtsschutz für den Schuldner. Bisher galt nur das Recht der Gläubiger.

Ziele des Insolvenzverfahrens

1. Das Insolvenzverfahren dient dazu, die Gläubiger eines Schuldners gemeinschaftlich zu befriedigen, indem das Vermögen des Schuldners verwertet und der Erlös verteilt wird.
2. Dem redlichen Schuldner wird Gelegenheit gegeben, sich von seinen restlichen Verbindlichkeiten zu befreien.

Am schlimmsten ist die wirtschaftliche Perspektivlosigkeit. Denn ein Schuldner, der sich bis an die Grenze der Verjährung einer Vollstreckung ausgesetzt sieht und keine Chance für eine Selbstsanierung erhält, läuft leicht Gefahr, die Barriere für das Abtauchen in die Schattenwirtschaft zu überschreiten.

Passiert dies, so hat auch der Schuldner sich der Perspektive beraubt, sich aus eigener Verantwortung und durch eigene Arbeitskraft aus dieser Misere zu befreien. Zugriffsmöglichkeiten für Gläubiger würden vielleicht erfolgreich vereitelt. Aber zu welchem Preis? Es muss dem Schuldner die Möglichkeit gegeben werden, wieder Einkünfte zu generieren und Vermögen zu schaffen.

An diesem Punkt setzt das Restschuldbefreiungssystem der Insolvenzverordnung ein. Konkret verpflichtet sich der Schuldner, innerhalb eines bestimmten Zeitraumes (in der Regel sieben Jahre) gewisse Pflichten zu erfüllen. Die Periode wird auch auf fünf Jahre verkürzt, wenn vor dem 1. Januar 1997 bereits Zahlungsunfähigkeit vorlag.

Für gewöhnlich die gerichtliche Forderungstitulierung eines Gläubigers 30 Jahre Wirksamkeit. Der Gläubiger kann in diesem Zeitraum seine Forderung zwangsweise geltend machen. Mit dem neuen Insolvenzrecht muss er nun zusehen, wie er nach einer siebenjährigen Wohlverhaltensperiode Teile seiner Forderung abschreiben kann. Das stellt offensichtlich eine erhebliche Verbesserung der Situation für den Schuldner dar.

Anstatt sich um verärgerte Gläubiger und böse Mahnbriefe bis hin zur Pfändung kümmern zu müssen, hat der Schuldner die Chance, zukunftsgerichtete Perspektiven zu verfolgen und eine neue finanzielle Existenz für sich und seine Umgebung aufzubauen.

Die Wohlverhaltensperiode

Zur Wohlverhaltensperiode gehört unter anderem, dass er einer angemessenen Erwerbstätigkeit nachgeht. Sollte der Schuldner ohne Erwerb sein, müsste er zumindest darum bemüht sein und keine zumutbare Tätigkeit ablehnen (Paragraph 295 Abs. 1 Nr. 1InsO).

Der pfändbare Teil des erzielten Einkommens wird dann unmittelbar über einen Treuhänder an die verschiedenen Gläubiger verteilt, die im Rahmen dieser Entschuldungsregulierung geprüfte Forderungen angemeldet haben.

Aufgepasst – auch hier gibt es Regeln, die es zu beachten gilt, denn verstößt der Schuldner gegen seine Pflichten, indem er beispielsweise Gelder hinter dem Rücken der Gläubiger vereinnahmt, muss er damit rechnen, dass seine Restschuldbefreiung gerichtlich widerrufen wird.

Mit dieser gerichtlichen Versagung auf Restschuldbefreiung tritt automatisch eine zehnjährige Sperrfrist ein.

Der Schuldner unterliegt genau aus diesem Grund während des Zeitraums der Aufsicht des Treuhänders. Eine sinnvolle und gerechte Besonderheit tritt allerdings bei einem Erbfall ein. Sollte der Schuldner während der Wohlverhaltensperiode erben oder etwas vermacht bekommen, muss er lediglich die Hälfte davon an seinen Treuhänder beziehungsweise Gläubiger abgeben.

Die Kosten für Restschuldbefreiung?

Leider sind die Verfahrenskosten je nach Bundesland noch immer unterschiedlich. In der Regel belaufen sich die Kosten um die 1 000 bis 1 500 Euro sowie die Treuhandvergütung in Höhe von 15 Prozent der Verwertungserlöse, mindestens jedoch 250 Euro. In bestimmten Sonderfällen kann dieser Betrag auf rund 100 Euro reduziert werden. Der Verteilungsschlüssel ist transparent und nachvollziehbar: Von den vom Treuhänder vereinnahmten Beträgen erhält der Treuhänder 5 Prozent, mindestens jedoch 100 Euro im Jahr, zuzüglich der gesetzlichen Mehrwertsteuer.

Bemerkenswert ist der Motivationsmechanismus für das Einhalten der ehrlichen Wohlverhaltensperiode, welcher ab dem fünften Jahr greift und das Ziel verfolgt, die Höhe des Schuldenturms am Ende deutlich zu senken.

Denn im fünften Jahr bleiben dem Schuldner 10 Prozent, im sechsten Jahr 15 Prozent und im siebten Jahr 20 Prozent der pfändbaren Beiträge. Diese besondere Regelung wird als »Motivationseinbehalt« oder »Durchhalteprämie« bezeichnet. Nach sieben Jahren ist der Schuldner seine Schulden bei Antritt des Verfahrens vollständig los.

Damit das Gelingen von Erfolg gekrönt ist, bedarf es weiterer Ansätze. Dies zeigen auch die Verhältnisse in den Vereinigten Staaten. Die meisten gerichtlichen Vergleiche in den USA haben eine maximale Laufzeit von vier Jahren und scheitern mit schöner Regelmäßigkeit. Aufgrund unflexibler und meist starrer Vergleichsinhalte werfen viele Schuldner bereits in den ersten beiden Jahren der vereinbarten Periode das Handtuch.

Die Vereinigten Staaten bieten zu wenige Anlaufstellen für Schuldenberatung. Immer mehr gewerbliche Entschuldungsvereine drängen auf den Markt und bieten meist unzulängliche und teure Verfahren an. Mit immerhin 1,3 Millionen Verfahren pro Jahr ist die Schuldensituation von Privatpersonen inzwischen zur ernsthaften Belastungsprobe für die gesamte US-Wirtschaft geworden.

Derartige Fehler bei der Armutsbekämpfung sollen in Deutschland und in der Schweiz mit allen Mitteln verhindert werden, indem die Gerichte eine besondere Rolle bei der Restschuldbefreiung übernehmen. Um Gläubiger und Schuldner in der Balance zu halten, muss das Gericht eine echte Verhandlungssituation zwischen beiden Parteien schaffen (Bekämpfung der Obstruktion von Gläubigern durch Zustimmungsfiktion nach Paragraph 308 Abs1 S.11.Alt).

Trotz der vielen positiven Aspekte dieser modernen Entschuldung befindet sich jedoch schon Sand im Getriebe der Verordnung. Hier die markantesten Nachteile:

- Das aktuelle Insolvenzrecht ist derzeit in allen Bundesländern noch immer unterschiedlich geregelt.
- Die Rechtspfleger und Gerichte sind weder personell noch sachlich ausreichend ausgestattet, da das Verfahren in der Regel aufwändig und beratungsintensiv ist.
- Fehlende Erfahrungen verunmöglichen die Behandlung von Sonderfällen.
- Es herrscht allgemein eine unklare Auslegung der Restschuldversagungsgründe.

Restschuldversagungsgründe

Restschuldversagungsgründe nach Paragraph 290 InsO liegen vor, wenn:

- der Schuldner wegen strafrechtlicher Delikte verurteilt ist;
- innerhalb der letzten zehn Jahre eine Restschuldbefreiung erhalten wurde;
- falsche Angaben gemacht wurden oder
- unangemessene Verbindlichkeiten vorliegen.

Achtung

Die Befreiung kann auch versagt werden, wenn der Schuldner ohne Aussicht auf eine Besserung seiner wirtschaftlichen Lage die Eröffnung des Insolvenzverfahrens vorsätzlich verzögert hat.

Meine Recherche hat ergeben, dass Schuldner sich auf einen langwierigen und steinigen Weg bis hin zu einer Restschuldbefreiung einstellen müssen. Doch die stetigen Verbesserungen der behördlichen Einrichtungen werden diesen Weg zunehmend verkürzen.

Das neue Insolvenzrecht birgt Risiken und große Chancen. Allerdings können wir davon ausgehen, dass sich der Markt speziell im Massenkundengeschäft zunehmend verändern wird. Die Bonität von Kunden wird stärker im Mittelpunkt stehen, um künftige Forderungsfälle zu vermeiden. Daher werden in absehbarer Zeit Ratingagenturen wie Pilze aus dem Boden schießen, die Risiken, Bonität, finanzielle Vitalität und Marktchancen von Unternehmen einschätzen. Hohes Rating gleich hohe Kreditwürdigkeit. Niedriges Rating gleich keine Kreditwürdigkeit.

Nicht allein wegen des neuen Insolvenzrechts wird es auch bald schon ein ähnliches Modell für Berufe mit den verschiedenen Einkommenskategorien geben. Die Kreditwürdigkeit wird zunehmend im Mittelpunkt stehen und Einstufungen und Bewertungen werden die Grundlage unserer finanziellen Spielräume darstellen.

Informationen zum neuen Insolvenzrecht erhalten Sie beim Rechtspflegedienst von jedem Insolvenzgericht in Deutschland.

Wie sage ich es meinem Partner?

Geht es um den Ruhepol Familie, so ist die Spannung während einer Krise in der beruflichen Laufbahn nicht zu unterschätzen. Immer wieder wissen die Lebenspartner nichts von den schwer wiegenden Problemen der Unternehmer und Selbstständigen. Erst kurz vor zwölf wird die Familie eingeweiht, denn Misserfolg kratzt bekanntlich am Image des unternehmerischen Wirkens.

Für das Verschweigen von Schwierigkeiten in einer Lebensgemeinschaft kann es drei Gründe geben.

Hauptgrund Nummer eins: Ein Selbstständiger, der im Begriff ist zu straucheln und mit dem beruflich angespannten Umfeld überfordert ist, befürchtet verlassen zu werden, wenn der Lebenspartner von der Krisensituation erfährt. In einem solchen Fall kann ich nur eines raten: Sprechen Sie gleich zu Beginn der Schwierigkeiten offen mit Ihrem Partner. Eine Lebensgemeinschaft muss solche Bewährungsproben aushalten. Sie können sich Ihr Glück nicht erkaufen, indem Sie versuchen, die negativen Phasen auszublenden.

Grund Nummer zwei: Sie wollen Ihren Lebenspartner schützen und nicht belasten. Das ist ehrenvoll, aber ein schwieriges Unterfangen. Sie müssten nämlich ein äußerst begabter Schauspieler sein, wenn Ihr Partner nichts von Ihrer Anspannung merken soll. Ausnahmen bestätigen die Regel. Nämlich dann, wenn Sie einen Ignoranten als Partner haben, der sowieso nichts merkt.

Dritter Grund: Sie überspielen die Situation. Sie sind der festen Überzeugung, in kürzester Zeit alles wieder ins Lot zu bringen und meinen, deshalb bräuchte man sich über nichts Sorgen zu machen. Wehe, wenn das schief geht.

Erinnern wir uns an die berühmte Passage im Trauritual der Kirche: »Wie in guten, so auch in schlechten Zeiten.«

Entweder hält die Lebensgemeinschaft diese Belastung aus oder eben nicht. Oft höre ich von schmerzlichen Trennungen, weil der Versorger der Familie in finanzielle Schwierigkeiten geraten ist. Bei genauerem Hinsehen stellte sich dann etwas ganz anderes heraus.

Unternehmer und Selbstständige, die in einer tiefen Krise stecken, machen automatisch einen Prozess der Veränderung im Verhalten durch. Schlimmer noch, es findet sich keine Spur von der gewohnten Souveränität und der Gelassenheit, die sie sonst an den Tag legen. Stattdessen Pessimismus und ein düsteres verspanntes Gesicht, spürbare Spannung, Nervosität und allgemeine Unruhe.

Antrainierter Missmut, Unwahrheiten und Beschönigungen bringen ein Ungleichgewicht in die Partnerschaft. Die Situation selbst wäre für alle Familienmitglieder noch zu verkraften gewesen, aber der ständige Pessimismus und die gereizte Spannung und Aggressionen sorgen dafür, dass bald schon mit dieser Person kein Auskommen mehr möglich ist und schließlich die Trennung die einzige Möglichkeit darstellt.

Sarims Geschichte

Sarim ist ein türkischer Schmuckhändler, verheiratet mit Ute und spezialisiert auf den Import von Gold und Schmuck aus den Vereinigten Emiraten und der Türkei.

Das Schmuckgeschäft ist etwas heikler als andere Branchen, da sich viele Gauner in diesem Markt organisiert haben, so Sarim.

Eines Tages erwartete er eine größere Warenlieferung aus Dubai, die er wie gewohnt im Voraus bezahlt hatte. Die Ware kam nie an und dem Geschäft drohte das Aus. Sarim wollte diese Niederlage seiner Frau verheimlichen, denn er befürchtete den Gesichtsverlust. Er meinte, seine Frau würde ihm keine Achtung mehr entgegenbringen. Ute merkte sehr schnell, dass etwas nicht stimmt und konfrontierte ihn mit brennenden Fragen. Schließlich erzählte Sarim von der Misere und der Möglichkeit, das Geschäft zu verlieren.

Überraschenderweise zeigte Ute, die von Beruf Floristin ist, Sarim gegenüber eine ganz neue Seite und entwickelte mit ihm zusammen einen realistischen Ad-hoc-Plan, um das Geschäft trotz Verlust weiterführen zu können.

Nach fünf harten Monaten holten Sarim und Ute einen Großteil der Rückstände auf und ganz nebenbei schafften es die beiden, den Umsatz des Geschäfts knapp zu verdoppeln.

Vielleicht wären Sie überrascht, wie belastbar Ihre Familie ist, wenn Sie sie richtig informieren. Geschäftliche Belastungen muss jede Unternehmerfamilie aushalten, denn wie die Jahreszeiten wiederholen sich Krisen, Misserfolge und geschäftliche Probleme.

6.
So planen Sie Ihr Comeback

»Vergessen Sie nicht, Krisen sind erst dann Chancen, wenn Sie gestärkt daraus hervorgehen!«

Bernhard Steiner

Der Tag danach

Erkennen Sie den großen Unterschied zwischen einmal im Leben Pleite zu gehen oder für immer erfolglos zu bleiben. Wer einmal eine Bruchlandung hinlegt, hat gute Chancen, gestärkt aus der Krise hervorzugehen, um es das nächste Mal besser zu machen. Erfolglos zu bleiben ist dagegen eine Lebenseinstellung, für die jeder selbst die Verantwortung trägt. Machen Sie sich bitte eines bewusst: Sie wurden wegen der Pleite weder geteert und gefedert noch gevierteilt. Es gibt auch keine Guillotinen mehr. Sie erhielten lediglich eine »rote Karte«, nicht mehr.

Welcher Unternehmertyp gefällt Ihnen besser? Der Inhaber eines Zeltverleihs, der seit 20 Jahren sein Geschäft führt und gut über die Runden kommt – oder der Selbstständige, der auf die Nase gefallen ist, das Knie aufgeschlagen hat und sich aus eigener Kraft wieder emporarbeitete und heute ein erfolgreicher Unternehmer mit aufpoliertem Image ist?

Sie werden vermutlich mit dem Letzteren sympathisieren, da Sie selbst einen neuen Weg in die Selbstständigkeit suchen und sich an Menschen orientieren wollen, die Ihnen diese Übung vormachen.

> *»Der Glanz des Erfolgs*
> *vertreibt alle Schatten aus der Vergangenheit.«*
>
> Michail Gorbatschow

Wenn Sie demnach eine Rückkehr aus dem Reich der in Ungnade gefallenen Unternehmer riskieren wollen, dann nehmen Sie sich vor, mit aller Kraft und aus größter Verpflichtung heraus ein weitaus größeres Ziel als bisher zu verfolgen.

Möglich ist es: Es gibt zweifellos zahlreiche, praxiserprobte Konzepte, um ein Comeback zu schaffen – sofern Sie wirklich wollen. Lesen Sie erst dann weiter, wenn Sie diese Entscheidung getroffen haben.

Bereiten Sie sich gründlich und in aller Konsequenz auf Ihren neuen Start vor. Rechnen Sie mit Kritikern, Neidern und »Lehrern« (vergleichbar Ihren Gegnern), die Ihnen womöglich Steine in den Weg legen werden. Weichen Sie nicht von Ihrem Entschluss ab, erneut den Anlauf zur Gründung eines Unternehmens zu nehmen.

Heute wissen Sie genau, was Sie erwartet. Sie sind kein Greenhorn mehr und kein Anfänger, mit dem andere ihr Spiel spielen können. Dieses Mal haben Sie das Heft fest in beiden Händen.

Unternehmende und Selbstständige sind bekanntlich keine Übermenschen, die fehlerfrei sind. Ganz im Gegenteil. Heutzutage sind auch andere Qualitäten des Unternehmertypen gefragt als noch vor zehn Jahren. Krisenfestigkeit ist eine davon. Doch wie erwirbt man sie? Einer meiner Leitsprüche hierzu lautet:

> *»Berufliche Katastrophen und Niederlagen sind gut,*
> *vor allem dann, wenn sie früh passieren.«*
>
> Bernhard Steiner

Es ist besser, wenn Sie bereits gelernt haben, mit Krisen umzugehen, denn die meisten Krisen, die das Leben für uns bereithält, sind unausweichlich.

Eine Reise mit der Zeitmaschine

Stellen Sie sich vor, Sie besäßen eine Zeitmaschine und dürften die Zeit zurückdrehen. Tun Sie doch mal so, als würden Sie von vorne anfangen. Im vollen Bewusstsein der vielen Fehlentscheidungen würden Sie sicherlich alles besser machen, oder? Nein – Sie würden vielleicht nicht wieder die gleichen Fehler begehen, dafür träfen Sie andere Fehlentscheidungen, von denen Sie heute noch gar nichts wissen.

Und trotzdem, dieser verlockende Gedanke birgt eine erstaunliche Möglichkeit für ein gelungenes Comeback. Drehen wir also etwas am Rad der Zeit. Angenommen, Sie treffen Ihr Ich fünf, zehn oder zwanzig Jahre zurück in der Vergangenheit und führen ein Interview. Sie fragen nach, was Sie künftig besser machen sollen.

Was genau würden Sie auf diese Frage spontan antworten? Sie wissen schon, worauf ich hinausmöchte. Hören Sie auf Ihre innere Stimme – was genau erzählt sie Ihnen?

Zu Beginn meiner Karriere gründete ich einen Einzelhandel und vertrieb Lampen und Lichtsysteme. Wer im Einzelhandel beschäftigt ist, kennt das Dilemma mit den Arbeitszeiten. Sie müssen immer präsent sein und können den Arbeitstag nicht wirklich frei planen. Wer wenig oder kein Personal hat, steht eben selbst im Laden und berät Kunden, verkauft und hält das Ladenlokal in Schuss. Heute schätze ich meine Arbeit umso mehr, denn ich kann meine Zeit frei einteilen, ganz nach meinem Geschmack. Ob ich nun um Mitternacht am Schreibtisch sitze und dafür am nächsten Morgen ein langes Frühstück bis in die Mittagsstunden genieße – ich bin Herr über meine Zeit und das ist wirklich fabelhaft.

Genau solche Ab- und Zuneigungen werden auch Sie in Ihrer beruflichen Tätigkeit oder Ihrer Arbeitsweise haben. Überlegen Sie deshalb ganz genau, was Ihnen besonders liegt, was Sie wirklich gerne machen und was Ihr Herz entflammt. Denken Sie auch darüber nach, welche Art von Tätigkeiten Sie nie wieder machen wollen.

Es ist meine feste Überzeugung, dass Sie nur dann Erfolg haben werden, wenn Sie einer Tätigkeit nachgehen, die Ihnen zu 100 Prozent Spaß bereitet und in der Sie aufgehen können. Und diesen Zustand können Sie mit einem einfachen Test überprüfen. Unternehmer, die Ihre Tätigkeit lieben, stehen gerne früh auf und können es gar nicht erwarten, an die Arbeit zu gehen, selbst wenn es sich um Knochenarbeit handelt.

Könnte ich wählen zwischen 500 000 Euro für eine Tätigkeit, die ich hasse und einer anderen Tätigkeit, die mich glücklich macht, bei der ich aber viel weniger verdiene – so würde ich ohne zu zögern das Letztere wählen.

Denn meiner langjährigen Erkenntnis nach kommt das Geld ganz von alleine, wenn der Job wirklich Freude bereitet.

Das Leben ist keine Kostümprobe

Hören Sie auf herumzuspielen. Dieses Leben ist nicht die Vorbereitung für das nächste. Verwechseln Sie Ihr Leben nicht mit einer lustigen, immer wiederkehrenden Kostümprobe. Sie können sich zwei-, vielleicht auch dreimal vergreifen, aber irgendwann wird es ernst.

Verschaffen Sie sich Klarheit darüber, dass ein Konkurs ein zeitlicher Zustand ist und nicht Ihr Schicksal. Werden Sie sich auch klar darüber, dass Sie nicht alles verloren haben, sondern an Erfahrungen reicher geworden sind.

Gut möglich, dass Ihnen die Perspektiven fehlen und Sie vor einem unüberschaubaren Schuldenberg stehen. Sie haben trotzdem gute Chancen für einen redlichen Neubeginn. Selbst wenn Sie aufgrund der Situation bisweilen Probleme in der Beziehung mit anderen Menschen und in der Partnerschaft haben, sollten Sie nicht so schnell aufgeben.

Nutzen Sie die Zeit nach einer Pleite, um Ihre Wunden zu lecken. Nehmen Sie sich eine ergiebige Auszeit. Gönnen Sie sich trotz finanzieller Anspannung einen erholsamen Urlaub. Ein paradoxer Gedanke, nicht wahr? Denken Sie nach, schreiben Sie Ihre Ideen auf oder tun Sie mal das, was Sie schon immer machen wollten. Ausgiebig lesen, im Meer schwimmen oder in den Bergen wandern. Suchen Sie neue Perspektiven, entweder mit Ihrem Partner, der zu Ihnen hält, oder eben allein.

Die Schonzeit brauchen Sie, um Ihre Batterien neu aufzuladen, um richtig aufzutanken. Es ist wichtig, die negativen Erfahrungen während des Konkurses abzuschütteln, den Stress und die Anspannung zu lösen, die Gedanken von den Ereignissen zu befreien und sich ein bisschen der Natur zu widmen. Sie brauchen nicht mystisch zu werden, aber jeder, der große Krisen überstanden hat, fand Erleichterung und Rückbesinnung in der Natur. Ein ausgiebiger langer Spaziergang quer durch den Wald, weg von den herkömmlichen Pfaden, kann Wunder bewirken. Stellen Sie sich vor, welche Wirkung es hat, wenn Sie an einem strahlenden Sommermorgen barfuß über eine taufrische Wiese laufen. Suchen Sie stille Plätze auf, an denen Sie nicht gestört werden können und entleeren Sie Ihren Kopf.

Lassen Sie am besten das Handy gleich zu Hause liegen, damit Sie die Gewissheit haben, dass Sie nicht unnötig gestört werden können. Kommen Sie zur inneren Ruhe und machen Sie Pause vom Alltag.

Sie werden entdecken, dass es auch noch ein anderes Leben gibt als Ihr Geschäft und die Karriere. Kommen Sie mit sich ins Reine, ohne sich minderwertig zu fühlen, nur weil Ihre geschäftlichen Entscheidungen Sie in eine Pleite geführt haben. Besinnen Sie sich, dass vor Ihnen viele tausend Menschen Ähnliches durchgemacht und dies geschäftlich überlebt haben.

Selbstverständlich sind Sie größtenteils für den Schlamassel selbst verantwortlich und diese Erkenntnis ist auch gut so. Sie brauchen sich dafür nicht zu verstecken und schon gar nicht zu schämen. Vielleicht brauchten Sie diese Art von Lebenslektion, um später wirklich erfolgreich zu werden. Es gibt auch keinen Grund, geduckt durch die Straßen zu laufen und sich nicht mehr in Ihrer Lieblingskneipe oder in Ihrem Tennisclub blicken zu lassen.

Sehen Sie Ihren kurzzeitigen Rückschlag als Sprungbrett und Vorbereitung zum nächstgrößeren Schritt.

Ab welchem Alter lohnt sich ein Comeback nicht mehr?

Eine populäre Entschuldigung, um nach einer Pleite auf ein Comeback zu verzichten, ist das Alter. Kürzlich traf ich einen Ingenieur, 58 Jahre alt, verheiratet und mit einem erwachsenen Kind. Er rechnete mir vor, dass er in seinem Alter kein neues Unternehmen mehr gründen könne, warum auch. Er hatte in Mühlheim ein Technikerbüro betrieben und war vor zwei Jahren Pleite gegangen, weil sein Hauptkunde selbst in Konkurs ging und Rechnungen in Höhe von einem Jahresumsatz nicht mehr bezahlen konnte. »Was soll ich in meinem hohen Alter jetzt noch einmal von vorne anfangen?«

Normalerweise würde ich ihm zustimmen, gäbe es da nicht die Statistik, die uns vorrechnet, wie lange wir noch durchschnittlich zu leben haben:

Durchschnittliche Lebenserwartung

Ihr heutiges Alter	verbleibende Lebenserwartung in Jahren	
	weiblich	männlich
30	48,5	43,0
35	44,0	38,5
40	39,5	33,5
45	34,5	29,5
50	30,0	24,5
55	25	20,5
60	21,0	17,0
65	17,0	13,5
70	13,5	10,0
75	9,5	8,0
80	7,5	6,0
85	5,0	4,5
90	4,0	3,5

Quelle: Bundes-Statistikamt

Vielleicht liegt der Hund aber auch ganz woanders begraben. Glauben Sie nach einer beruflichen Niederlage nicht mehr hundertprozentig an sich selbst? Halten Sie sich insgeheim für einen Versager? Sie haben gesehen, dass Sie schwer wiegende Fehler gemacht haben und Ihre berufliche Strategie nicht aufging. Während Sie noch mit Ihren Gedanken in der Vergangenheit feststecken, überlegen Sie nur immer wieder, was wohl ausschlaggebend für die Pleite war. Die meisten gestrauchelten Unternehmer erinnern sich meist nur noch an den Auslöser, kaum an die Ursachen der Unternehmenskrise. Machen Sie sofort einen Punkt hinter die alten Geschichten und kümmern Sie sich um Ihr neues Ziel, Ihr Comeback.

Kümmern Sie sich um die Trends von morgen!

Zu wissen, woher der Wind weht, bedeutet, dass es klug wäre, ihm unbedingt zu folgen. Um ein erfolgreiches Comeback zu lancieren, müssen Sie sich und Ihr künftiges Unternehmen neu erschaffen.

Es ist entscheidend, den Zeitgeist zu erkennen. Vermuten Sie ihn nicht bei den Trends, die am lautesten und deutlichsten sichtbar sind, sondern suchen Sie, was versteckt und noch schlafend liegt. Und der erste Schritt zur Selbsterschaffung ist die Selbstbeobachtung. Schauen Sie sich um und erkennen Sie, was die Welt wirklich noch braucht. Sie müssen kein Erfinder sein und ganz neue Produkte auf den Markt bringen, beinahe täglich werden im Dienstleistungsbereich neue Möglichkeiten entdeckt und Unternehmen aus dem Boden gestampft, die sich trotz schwieriger Bedingungen erfolgreich behaupten. Sie müssen das Rad nicht neu erfinden, um einen neuen Bereich zu entdecken. Orientieren Sie sich dabei an den Regeln im 3. Kapitel. Finden Sie Ihr individuelles Los, um neu zu starten und profilieren Sie sich mit einer neuen Positionierung.

> *»Ich setze darauf, das Volk zu überraschen.*
> *Eine mutige Tat bringt die Leute aus dem Gleichmut,*
> *angesichts einer großen Neuheit sind sie sogar sprachlos!«*
>
> Napoleon Bonaparte

Berücksichtigen Sie, dass ein Comeback spannend inszeniert werden muss. Es braucht große Kraft, um so etwas durchzuziehen und einen festen Willen, um den Schritt zurück ins Rampenlicht zu wagen. Eine berufliche Rückkehr glückt dann, wenn Sie die Zeit zwischen Niedergang und Neuanfang nutzen, um sich auf die nächstgrößeren Aufgaben vorzubereiten.

Vergleichen Sie den Wiedereinstieg in die Selbstständigkeit nicht mit dem Durchqueren einer gefährlichen Schlangengrube. Mit dem heutigen Wissensstand umgehen Sie gekonnt alle Fallen der Vergangenheit. Diese erkennen Sie jetzt auf den ersten Blick. Bleiben Sie auf Kurs und nicht mitten auf dem Weg stehen, bewahren Sie sich Ihre Unbeschwertheit. Leben Sie wenn möglich leicht, selbst nach einer schweren beruflichen Krise. Grübeln Sie nicht bis in die Abendstunden und nagen Sie nicht an alten Problemen herum, die Sie morgen sowieso nicht mehr interessieren.

Wie oft lachen wir über das, worüber wir uns vor Jahren noch den Kopf zerbrochen haben? Stellen Sie sich immer die Frage: Wird mich dieses Problem noch in fünf Jahren beschäftigen? Die Antwort ist in 90 von 100 Fällen: NEIN!

Kümmern Sie sich ausschließlich um das Morgen, um Ihre berufliche Zukunft.

Fünf Schritte für ein erfolgreiches Comeback

Erster Schritt

Selbst wenn Sie das überraschen mag: Warten Sie eine kleine Weile mit Ihrem Comeback. Jeder Unternehmer und Selbstständige muss sich nach einem beruflichen Kollaps erst mal ausruhen und die eigenen Wunden lecken. Der Kampf mit den Gläubigerlöwen hat seine Spuren hinterlassen. Nutzen Sie mindestens sechs Monate, um sich wesentliche Fragen zu beantworten und um im Stillen Vorbereitungen und Vorkehrungen zu treffen. Beschäftigen Sie sich mit der durchschlagenden Strategie für den Neubeginn, kümmern Sie sich um die Finanzen.

Tauschen Sie sich mit Geschäftsfreunden aus, die Ihre Ideen unterstützen könnten. Vermeiden Sie Kontakte zu Personen, die Sie lediglich bemitleiden oder Sie auf dem Schiff der Erfolglosen willkommen heißen wollen. Wehren Sie sich gegen jeden destruktiven Gedanken, es womöglich nicht mehr schaffen zu können. Ignorieren Sie warnende Worte von Menschen, die im Leben selbst nichts aufgebaut haben. Entziehen Sie sich der Sogkraft von negativen äußeren Einflüssen.

Trennen Sie die Spreu vom Weizen und bauen Sie ein umfassendes und schlagfertiges Netzwerk auf. Weihen Sie nur wenige der alten Geschäftskontakte in Ihr Vorhaben ein. Arbeiten Sie wenn möglich im stillen Kämmerchen, bis Ihre Zeit und die besten Chancen für Ihren Neustart gekommen sind.

Suchen Sie Unternehmer und Selbstständige, die im Spiel sind und Sie unterstützen können. Engagieren Sie einen Business Angel, der Sie fördert. Suchen Sie einen Mentor, der Sie moralisch und geistig fördert und fordert. Machen Sie einen großen Bogen um »alte Geschichten«. Notfalls tauschen Sie die Bühne und suchen sich neue Mitspieler, die nichts mit Ihrem Konkurs zu tun hatten und unbefangen sind. Meiden Sie den Typ Unternehmensberater, der sich als professioneller »Angstmacher« versteht.

Zweiter Schritt

Nach der »Leckzeit« tun Sie so, als wären Sie gar nicht arbeitslos, sondern stehen Sie wie gewohnt jeden Morgen frühzeitig auf. Machen Sie sich an die Arbeit. Es gibt viel zu tun, um das Unmögliche zu schaffen. Lassen Sie sich nicht hängen und gewöhnen Sie sich nicht an, spät zu Bett zu gehen und dafür lange auszuschlafen. Sie brauchen gerade jetzt einen Kraft produzierenden Rhythmus, der Sie in Ihrem Vorhaben unterstützt und nicht lähmt und Ihnen erlaubt, sich zu orientieren.

Sammeln Sie Informationen und studieren Sie Fachbücher über das künftige Geschäftsfeld, das Ihnen vorschwebt. Werden Sie wissensdurstig auf Neuigkeiten in Bezug auf den neuen Geschäftsbereich. Recherchieren Sie akribisch, wie ein fleißiger Journalist. Welche Firmen gehen einer ähnlichen Tätigkeit nach oder sind bereits am Markt erfolgreich? Lassen Sie sich Unterlagen und Informationen zusenden und surfen Sie auf den Websites der verschiedenen Unternehmen.

Dritter Schritt

Inszenieren Sie Ihren Bühnenauftritt. Erstellen Sie einen ausgeklügelten Aktionsplan für die 120 Tage, die ab heute vor Ihnen liegen. Geben Sie dem Kind einen Namen und kreieren Sie Ihren neuen Firmennamen und den Unternehmenszweck. An dieser Stelle haben Sie die Gelegenheit, Aktionen und deren langfristige Auswirkungen in Etappen zu planen und zu beurteilen. Denn die meisten Menschen unterschätzen, was sie in fünf Jahren erreichen können und überschätzen dafür die Möglichkeiten in einem Jahr. Lernen Sie, über die Fehler, die Sie während Ihrer Selbstständigkeit gemacht haben, zu lachen und treffen Sie Vorkehrungen, um genau diese törichten Fehler künftig zu vermeiden. Da wir Gewohnheitstiere sind, fallen wir leider allzu oft in alte Verhaltensweisen zurück, die wieder ähnliche Fehler produzieren.

»Das Schwierigste auf der Welt ist nicht etwa, dass Menschen keine neuen Ideen annehmen, sondern dass sie ihre alten *nicht vergessen.«*

John Maynard Keynes

Halten Sie sich deshalb an Ihren ausgefeilten Plan. Je detaillierter und umfangreicher Ihr schriftlicher Plan ist, umso höher sind die Chancen, dass Sie dieses Mal den Pokal in die Hand bekommen. Mit »Plan« ist nicht ein herkömmlicher Businessplan gemeint, in dem der Zweck der neuen Tätigkeit umschrieben ist. In diesem Plan sollten Sie Ihre zweite Selbstständigkeit generalstabsmäßig vorbereiten. Schreiben Sie einfach alles auf.

Vierter Schritt

Planen Sie eine Trophäe. Überlegen Sie sich, was genau Ihr Ziel bei einem Comeback wäre. Vielleicht einen noch größeren Mitarbeiterstamm zu haben? In der Presse als Vorzeigeunternehmer abgelichtet zu werden, der es nach einer Krise wieder geschafft hat hochzukommen? Oder vielleicht größer zu werden als Ihre Mitbewerber, die Ihnen früher das Leben schwer gemacht haben? Immer wieder empfehlen Strategieexperten nach einer Niederlage, sich mit der Vergangenheit auszusöhnen.

Aussöhnen *ja*, vergessen *nein*.

Ich halte Niederlagen für eine äußerst wirkungsvolle Motivation, um einem Comeback den entscheidenden Schub zum Erfolg zu geben. In den letzten fünf Jahren begleitete ich einige Unternehmer bei der Planung und Durchführung eines Comebacks. Bei allen war neben dem Wunsch zum Erfolg ein Drang zur Wiederherstellung des eigenen Nimbus spürbar. Die Einstellung »Denen werde ich es schon zeigen!« kann sich als günstig auswirken, um langfristig die Energie aufzubringen, erneut das Risiko und Abenteuer der Selbstständigkeit einzugehen.

Fünfter Schritt

Jedes Comeback hat eine bittersüße Begleiterscheinung. Im Gegensatz zu der Zeit vor Ihrer Pleite ist Ihnen heute die Meinung Ihrer Umgebung nicht mehr so wichtig. Heute ziehen Sie Ihr Ding durch. Sie lassen sich nicht mehr so schnell durch die Meinungen anderer aus der Bahn werfen.

Ohnehin gibt es während der Phase eines Comebacks nur zwei Kategorien von Menschen, nämlich Freunde oder Lehrer (vergleichsweise Ihre Gegner). Denken Sie kurz darüber nach.

Es ist ein unerklärliches Phänomen, warum uns die Meinung von fremden Menschen wichtiger ist als die unserer Freunde und Bekannten. Menschen, die wir nicht gut kennen, haben größeren Einfluss auf uns, als wir gerne wahrhaben wollen. Auf das Geschwätz anderer, eher unwichtiger Personen in Ihrem Leben können Sie getrost verzichten.

Was interessiert die Meinung eines Klatschmauls in Ihrer Gemeinde, der sich nun wirklich kein Urteil über Sie als Unternehmer erlauben kann? Schütteln Sie Stimmungsmacher, die Sie weder gut kennen noch mögen, einfach ab, indem Sie Meinungen von Dritten kategorisieren. Nehmen Sie Gerüchte um Ihre Pleite nicht persönlich. Die Mitbürger sind eben an Sensationen orientiert. Das liegt in der Natur des Menschen und braucht Sie nicht zu verwundern. Immerhin lenken spektakuläre Neuigkeiten von eigenen Problemen ab. So funktioniert eben unsere Gemütswelt. Sorgen Sie mit Ihrem

Comeback für neuen Gesprächsstoff und erfreuen Sie sich daran. Die Zeit arbeitet in dieser Phase ohnehin für Sie.

An dieser Stelle spreche ich Ihnen meinen vollen Respekt aus. Trotz Krise planen Sie eine Rückkehr in die Selbstständigkeit und wollen erneut das Risiko eingehen. Das ist einfach fabelhaft. Sie brechen das Tabu und überschreiten die Grenze. Mag sein, dass einige Sie abgeschrieben haben, aber hier greift der Ausspruch: »Totgesagte leben länger!« Sie haben damit keinen Grund für Angst vor dem Versagen. Sie steigen in keinen Wettbewerb ein, sondern kümmern Sie um Ihr berufliches Schicksal ohne Bewährungszeit. Sie können nicht scheitern, wenn Sie ausreichend Zeit für den Erfolg einplanen und die nachfolgenden Regeln befolgen.

Die ultimativen Comeback-Regeln für Unternehmer, die eine Pleite hinter sich haben

Das Thema Comeback könnte ganze Bücherregale füllen. Im Laufe meiner Recherche suchte ich nach diesem Thema in den Medien und auf dem Buchmarkt. Fehlanzeige. Es gibt nur wenig Lektüre zu diesem heiklen Thema. Vielleicht weil ein Comeback etwas ganz Individuelles ist und es keine Garantien dafür gibt. Gut möglich, dass sich kein Autor so weit aus dem Fenster lehnen will, indem er Theorien anpreist, die dann später in der Praxis womöglich nicht funktionieren.

An dieser Stelle versichere ich Ihnen, dass die nachfolgenden Methoden direkt aus der Praxis stammen. Selbst wenn Sie nur die unten aufgeführten fünf Erfolgsregeln in Ihrem Arbeitsleben beherzigen, hat sich der Kauf dieses Buches gelohnt.

Fünf Erfolgstipps, um ein erfolgreiches Comeback zu perfektionieren

Tipp 1

Arbeiten Sie härter! Fangen Sie dieses Mal eine Stunde früher an zu arbeiten und hören Sie eine Stunde später auf. Dynamisieren Sie Ihre Ergebnisse. Sie wissen jetzt genau – es geht um alles. Setzen Sie dieses Mal Ihr ganzes Können auf eine Karte. Treten Sie das Gaspedal durch und begeben Sie sich auf die Überholspur. Sie brauchen nicht mehr alle Stationen des Lernens und des Ausprobierens zu durchlaufen. Sie können jetzt schon den Blinker setzen und sich auf das konzentrieren, was Ihnen Ergebnisse einbringt. Weigern Sie sich einfach, andere Aktivitäten als »einkommensbringende« Tätigkeiten zu übernehmen. Nutzen Sie zudem die Mittagspause. Verabreden Sie sich nur dann zum Essen, wenn Sie diese Zeit mit einem Kontakt aus Ihrem persönlichen Netzwerk verbringen, der Sie Ihren Zielen näher bringt. Vergeuden Sie keine Zeit mehr mit zweistündigen Mittagspausen, sondern nutzen Sie diese meist sehr ruhige Zeit, um wichtige Arbeiten des Tages zu erledigen.

Dirks Geschichte

Dirk hat einen wunderbaren Job. Seit zwei Jahren ist er für die Vergabe von Internetadressen mit den Endungen »org« und »net« zuständig.

Wenn jemand eine Internetadresse mit diesen beiden Endungen bestellt, landet der Auftrag auf seinem Schreibtisch. Dirk schreibt die Rechnungen, kontrolliert den Zahlungseingang und richtet die Domainadresse für die jeweiligen Kunden ein. Ein wahrer Traumjob mit höchster Bezahlung und völlig krisensicher. Obwohl Dirk zwei Mitarbeiterinnen beschäftigt, müssen bestimmte technische Einrichtungen von ihm selbst vorgenommen werden.

Doch er klagt über Ermüdung und Konzentrationsschwäche. Kein Wunder, bei einem Arbeitseinsatz von über zehn Stunden am Tag mit höchstem Anspruch auf Konzentration.

Während meiner Arbeit mit zahlreichen Unternehmern war das Problem der Übermüdung ein größeres Thema als angenommen. Die meisten Unternehmer leiden daran und sind zeitweise völlig ausgebrannt und leer.

Eine nähere Betrachtung förderte Erstaunliches ans Tageslicht. Während eines Arbeitstages arbeitet ein Selbstständiger lediglich zwei Stunden wirklich konzentriert und produktiv. Die restliche Zeit verbringt er mit Nebenbeschäftigungen, Vorbereitungen, Schriftkram, Telefonaten, Gesprächen und anderen Zeitfressern. Es fällt jedem Menschen schwer, über mehrere Stunden effektiv und mit höchster Konzentration zu arbeiten. Es ist nicht verwunderlich, wenn selbst ein Chirurg nach einer vierstündigen Operation nicht mehr in Topform ist. Auch die Stärksten haben Momente der Ermüdung.

Gegen dieses »Burn-out« gibt es ein Rezept, das Sie sich antrainieren und leicht anwenden können. Arbeiten Sie maximal 30 Minuten und machen Sie dann eine 15-minütige Pause, in der Sie sich mit etwas völlig anderem beschäftigen, das nicht mit der Arbeit zu tun hat.

Sie werden erstaunt sein, dass Sie nach einer kurzen Eingewöhnungsphase mit dieser Methode deutlich mehr leisten und produktiver sind. Die Ermüdungsphasen werden allmählich der Vergangenheit angehören, wenn Sie diese selbst verordnete Erholungsphase einhalten.

Erinnern Sie sich, dass Sie für ein Comeback alle Kraft und Energie brauchen, um erfolgreich zu sein.

Tipp 2

Ab sofort wird Ihre Prioritätenliste Ihr ständiger Wegbegleiter. Alle anfallenden Aktivitäten vergleichen Sie mit Ihrer Liste. Übernehmen Sie nur wirklich wichtige Prioritäten selbst, denn in der Realität stehen Ihnen am Tag nur wenige Stunden der Arbeit zur Verfügung.

Na, Sie zucken ja schon wieder mit den Schultern.

Denken Sie zuerst darüber nach. Sie sind ständig mit Telefonieren, Organisation und Arbeiten aus dem Tagesgeschäft beschäftigt. Richtig arbeiten können Sie nur wenige Stunden am Tag. Mit »arbeiten« meine ich in diesem Fall, an Ihren eigentlichen Zielen zu arbeiten wie beispielsweise einen wichtigen Kontakt aufbauen, umsatzfördernde Maßnahmen treffen, Kunden besuchen und an Ihrer Positionierung arbeiten.

Tipp 3

Arbeiten Sie unbedingt schneller! Beschleunigen Sie das Arbeitstempo und Ihren Sinn für Dringlichkeit. Gewöhnen Sie sich an,

Korrespondenzen, E-Mails, Anfragen, Angebote, Rechnungen und den gesamten Schriftverkehr immer innerhalb von 48 Stunden zu erledigen. Nutzen Sie die erlernten Konzepte aus dem 2. Kapitel.

Sie meinen, das sei innerhalb dieser kurzen Zeit nicht zu schaffen? Verpflichten Sie sich, Arbeitspapiere oder Vorgänge nur einmal in die Hand zu nehmen. Erledigen Sie Telefonate schneller, nutzen Sie Arbeitshilfen wie E-Mails und delegieren Sie Aufgaben, die nicht wirklich nur von Ihnen bearbeitet werden können. Schnelligkeit ist ein wesentlicher Faktor für den Erfolg.

Selbstverständlich habe ich großen Respekt vor allen Organisationsgenies, die Ihre Arbeiten bis ins kleinste Detail planen. Doch manchmal ist es besser einfach anzufangen, statt stundenlang zu planen. Zögern und Zaudern gibt es ab sofort nicht mehr. Wenn Sie etwas erledigen wollen, dann tun Sie es sofort.

Tipp 4

Verbessern Sie sich. Im Zuge Ihrer beruflichen Schwierigkeiten haben Sie eine unschätzbare Erfahrung gesammelt, die Sie jetzt praktikabel in Ihren Tagesablauf einbauen können. Sie wissen, welche Wege Sie womöglich ins Nirgendwo führen. Wie der Erfinder Thomas Edison kennen auch Sie viele Wege, die nicht funktionieren. Überspringen Sie also jede Art von Hürde, die nur eine Aufgabe hat – nämlich Sie Ihrer Zeit zu berauben und Sie aufzuhalten.

Ihr ultimativer Ansporn dafür sollte sein, es das nächste Mal noch besser zu machen. Jede Methode, jedes Instrument und jedes Verhalten kann verbessert werden. Sie sollen daher in Ihrem eigenen Interesse ermuntert werden, hier und heute einen ständigen persönlichen und unternehmerischen Lernprozess zu starten und diesen stetig weiterzuentwickeln.

Einige von Ihnen werden jetzt denken: »Noch mehr Ausbildung, weitere Fehler machen, erneut lernen? Das hört sich mehr nach einem schlechten Witz an. Ist das so?«

Sie haben mit Sicherheit schon sehr viel gelernt und Ihre negativen und positiven Erfahrungen ergänzen Ihren Wissensschatz. Sind Sie deshalb klüger geworden? Mit Sicherheit – aber Klugheit ersetzt nicht das Basiswissen. Sie müssen nicht in allem perfekt sein, aber dafür sollten Sie brillant in existenziellen Belangen werden. Sie brauchen gute Kenntnisse darüber, wie ein Unternehmen funktioniert und aufgebaut wird.

Tipp 5

Derjenige, der nur in der Vergangenheit verweilt, beraubt sich seiner Zukunft. Diesen Leitsatz sollten Sie sich unbedingt hinter die Ohren schreiben. Sie sind nicht Ihre Vergangenheit, sondern die Persönlichkeit, die aus der Vergangenheit gelernt hat. Schütteln Sie deshalb alte Glaubensmuster von sich ab und schauen Sie vorwärts, statt ständig in die Retrospektive zu gehen.

Stellen Sie sich darauf ein, dass es immer wieder jemanden aus der Vergangenheit geben wird, der mit dem Finger auf Sie zeigt. Lassen Sie sich um Gottes willen nicht davon beeinflussen.

Überhaupt sollten Sie nur Kritik von Menschen annehmen, die Ihnen auf dem jeweiligen Gebiet überlegen sind.

Erkennen Sie letztlich, dass Sie nur durch lebenslanges Lernen zu einer wirklich erfolgreichen Unternehmerpersönlichkeit werden können. Lernen Sie auch weiterhin aus Ihren Fehlern. Das setzt aber auch deren Eingeständnis voraus. Machen Sie denselben Fehler nicht zweimal. Arbeiten Sie an neuen Aufgaben, bei denen Sie besser sind als andere und stellen Sie die Weichen für Ihr Comeback und Ihren Erfolg.

Die Suche nach Erfolg

Irgendwann müssen Sie das Stadium des Hoffens und Wünschens hinter sich lassen und die Gewissheit entwickeln, dass ein erfolgreiches Comeback zu schaffen ist. Sie haben nichts zu verlieren. Sie sind in der Vergangenheit einmal gescheitert. Na und? Jetzt ist Ihr Wendepunkt gekommen. Wer oder was kann Sie jetzt noch daran hindern, nochmals richtig durchzustarten? Nur eine Person kann Sie aufhalten: Sie selbst!

In den letzten zehn Jahren habe ich viele Unternehmer kennen gelernt, die Ihr Vermögen erst nach einem Konkurs machten und zwar in einer erstaunlich kurzen Zeit. Jeder kann seine Talente nutzen und diese beruflich umsetzen, um finanziell unabhängig zu werden. Sie brauchen sich nur die richtigen Fragen zu stellen. Wenn Sie die Antworten gefunden haben, müssen Sie sofort handeln. Sonst verpufft diese Energie und Sie geben Ihre viel versprechenden Ideen wieder auf, wie übrigens die meisten Erfolglosen, die einmal aufgaben und ein Leben lang resignieren.

Wie erzielen Sie berufliche Erfolge? Dafür gibt es eine allgemein geltende Faustregel:

> Die Sache, die Sie leisten und der Sie sich vollständig widmen,
> hat entweder eine überwältigende Bedeutung
> für eine Person beziehungsweise für ein Unternehmen
> oder die Leistung wirkt auf viele Menschen.

Sie werden nicht fürs Nichtstun bezahlt. Sobald Sie Hervorragendes auf Ihrem Arbeitsgebiet leisten, werden Sie jeden Preis verlangen können. Und er wird bezahlt werden.

Hand aufs Herz. Was genau ist mit »Hervorragendes auf dem Arbeitsgebiet« gemeint?

Damit sind Ihre Spitzenleistungen gemeint, wie sie im letzten Abschnitt des 3. Kapitels, »Das Geheimnis des Erfolgs heißt Positionierung«, beschrieben sind.

Unternehmerischer Erfolg aus dem Nichts!

Mich interessierte in diesem Zusammenhang eine ganz bestimmte Gruppe von Unternehmern, die ihr Vermögen in nur einem Augenblick aus dem Nichts schufen. Mit »Nichts« meine ich, dass zuvor kein Geld eingetauscht oder investiert wurde. Alles geschieht auf ein Versprechen, eine Vereinbarung oder ein Handzeichen hin. Schwer vorstellbar, aber wahr.

Wenn zwei Unternehmen vereinbaren, ihre Produktion zusammenzulegen und zudem planen, gewisse Kostenstrukturen einzusparen, den Gewinn zu erhöhen und wirtschaftlicher zu arbeiten als die Mitbewerber, dann können die Aktien dieser Unternehmen kurzzeitig um Milliarden steigen. Alles virtuell, versteht sich.

Ein Börsenhändler kann auf dem Parkett mit nur einem Handzeichen seinen Kunden um viele Millionen reicher oder ärmer machen, nur weil er im »richtigen« Moment gekauft oder verkauft hat. Ähnlich steht es mit der Vermarktung von Patenten. Eine einzige Idee und die Zusicherung des Erfinders, das Patent einem Unternehmen zu überlassen, machen ihn unter Umständen über Nacht zum Millionär.

Es ist höchste Zeit zu erkennen, dass die Wertschöpfung und »Geld machen« nicht ausschließlich im Angesicht langjähriger harter Arbeit möglich ist. Gerade im Zuge eines Comebacks sollten Sie prüfen, ob es nicht einfachere Methoden gibt, um den Traum vom erfolgreichen Unternehmen zu leben.

Im Laufe meiner Recherchen habe ich viele andere Beispiele kennen gelernt, die nicht minder zu bewerten sind. Denn unsere Kreativität, die Fähigkeit, Zusammenhänge zu erkennen und dies kombiniert mit Erfahrung machen uns schneller vermögend als langjährige harte Arbeit.

Suchen Sie also nach Gelegenheiten. Entwickeln Sie ein Gespür dafür, wo sich Gelegenheiten verstecken könnten, die meist getarnt in Form von Herausforderungen oder Problemen auf Sie zukommen.

Beispielsweise sind im Vermittlungsgeschäft hohe Einkommen möglich. Es ist nicht immer notwendig, große Ladenlokale oder repräsentative Büros zu mieten oder eine Heerschar von Personal zu führen, um beruflich erfolgreich zu sein. Es geht auch anders und zwar mit geringerem Risiko, etwas bescheidener, dafür aber auch ein Stück weit unabhängiger.

Ronnys Geschichte

Ein besonderes Fingerspitzengefühl bewies einer meiner Kunden. Ronny ist ein smarter Geschäftsmann Mitte 30 und für sein Alter im positiven Sinne ganz schön ausgekocht.

Er vermittelt hauptsächlich Immobilien und kümmert sich zudem um einfache Hausverwaltungen. Aber anstatt wie gewöhnliche Immobilienunternehmer oder Bauherren im überschaubaren kleinen Mehrfamilien- oder Kleingewerbebereich zu arbeiten, zieht er richtig große Projekte an Land.

Im letzten Fall ging es um ein 40-Familien-Wohnhaus, das verkehrsgünstig etwas verdeckt an einer Hauptverkehrstraße lag. Das Haus war in einem unrenovierten, aber guten Zustand und einige Wohnungen davon standen bereits seit langer Zeit leer. Die Immobilie konnte vom Eigentümer seit mehreren Jahren nicht verkauft werden.

Ronny witterte eine Chance, trat in die Verhandlungen ein und bot einen moderaten, aber nicht allzu hohen Kaufpreis (eine Summe, über die er selbst gar nicht verfügte und die er auch nicht finanzieren könnte). Der Verkäufer schlug ein. Ronny deponierte eine Anzahlung in Höhe von nur 35 000 Euro und sicherte sich somit das Kaufrecht für das Objekt. Bis zur notariellen Unterzeichnung des Kaufvertrages hatte Ronny noch rund vier bis fünf Wochen Zeit.

Die 35 000 Euro lieh er sich pikanterweise von einem der bekanntesten Immobilienbesitzer seiner Region. Der Immobilieninvestor war mit seinem kurzfristigen Investment zu 50 Prozent am Gewinn beteiligt, sollte Ronny das 1,5 Millionen Euro teure Projekt an den Mann bringen. Aber so weit kam es gar nicht.

Der Immobilienspekulant erkannte schnell den eigentlichen Wert des Objekts und hatte auch schon potenzielle Käufer an der Hand. Also zahlte er Ronny 50 000 Euro quasi als Vermittlungshonorar für nur eine Woche Arbeit und übernahm letztlich das gesamte Projekt.

Ronny wusste genau, wen er auch für das nächste Objekt ansprechen konnte.

Wo stehen Sie jetzt?

Sie sind mit mir bis an das Ende dieses Buches gekommen. Unsere Wege trennen sich nun. Bleiben Sie auf der Spur und manövrieren Sie Ihr Lebensschiff in unternehmerisch sichere Gewässer.

Lokalisieren Sie Ihre Talente und Möglichkeiten trotz Krise, Pleite und beruflichen Schwierigkeiten, die nun hinter Ihnen liegen. Vereinbaren Sie einen Termin mit Ihrem Schicksal und nutzen Sie Ihre zweite Chance.

> *»Jeder hat eine zweite*
> *und sogar eine dritte Chance verdient.*
> *Auch wenn es dafür Opfer zu beklagen gibt.«*
>
> Bernhard Steiner

Ersteigen Sie jetzt das Plateau. Schritt für Schritt. Mit diesem Wissen gewappnet, meistern Sie die ersten wichtigen Hürden auf dem Weg zu einer erfolgreichen Überwindung der Krise.

Und am Ende ...

Alle Menschen um Sie herum werden wissend mit dem Kopf nicken und meinen, dass Sie es immer gewusst hätten.

Die Leute, die Sie kennen, werden tuscheln und meinen, dass Sie trotz heftiger Rückschläge viel Glück im Leben gehabt hätten ...

Die Wahrheit werden nur Sie kennen. Nämlich die, dass Sie es ganz alleine geschafft haben.

7. Anhang

Nachwort

Eigentlich sollte hier das Wort »Ende« stehen.
Doch als Ihr persönlicher Krisenberater schreibe ich hier:

»Anfang«

Und das macht Sinn. Denn ab heute werden Sie berufliche Probleme und Herausforderungen aus einem neuen Blickwinkel betrachten, und das ist nur der Anfang. Sie sind mit neuem Wissen versorgt und gut ausgerüstet, um sämtliche beruflichen, Krisen und Schwierigkeiten zu meistern.

Schreiben Sie mir unter feedback@specta.de, wenn Sie Anregungen oder Wünsche haben oder in einer Krisensituation nicht mehr weiter wissen.

Ich wünsche Ihnen dabei alles Gute und Ihre verdiente berufliche Freiheit.

Nützliche Adressen

Hilfe für das Unternehmen in Notlagen, Krisenprävention und Krisenmanagement sind in erster Linie Aufgabe des Unternehmers. Kleine und mittlere Unternehmen können aber in einer Notlage auch auf tatkräftige und in der Praxis bewährte Unterstützung zurückgreifen. Die Deutsche Ausgleichsbank (DtA) kann mit zahlreichen Beratungsangeboten und zinsgünstigen Fördermitteln helfen.

Die Runden Tische der DtA und der Kammern

Die Firmenpannenhilfe »Runder Tisch« wird mittlerweile an 48 Standorten bundesweit angeboten. Gemeinsam mit den Industrie- und Handelskammern ist es der DtA gelungen, für 60 Prozent der Kandidaten am Runden Tisch ein Rettungskonzept zu entwickeln. Besonders stark genutzt wird das Kriseninstrument von Handwerks- und Handelsbetrieben – beide Branchen stellen zusammen etwa zwei Drittel der Unternehmer.

Die DtA-Beratungs-Agentur

An den Runden Tischen kommen erfahrene Berater zum Einsatz. Diese sind in einem Betreuerpool der DtA registriert, der von der Beratungs-Agentur betreut wird. Der Beraterpool kann aber auch unabhängig davon von jedem Unternehmer genutzt werden. Die Agentur vermittelt sowohl seriöse und kompetente Berater als auch Manager auf Zeit. Die Vermittlung ist kostenlos, das Honorar des Beraters zahlt der Unternehmer.

Die Nachfolgebörse CHANGE im Internet

CHANGE ist ein Marktplatz für Unternehmer und Nachfolger im Internet. Hier können Unternehmer, die ihren Betrieb übergeben möchten, ebenso inserieren wie Existenzgründer auf der Suche nach einem Unternehmen. Die Gemeinschaftsinitiative CHANGE (www.chance-online.de) unterstützt den Generationswechsel in kleinen und mittleren Unternehmen. Die »Unternehmensnachfolge-Agentur« ist das zentrale Servicecenter einer Gemeinschaftsinitiative, die vom Deutschen Industrie- und Handelstag (DIHK), dem Zentralverband des Deutschen Handwerks (ZDH) und der DtA getragen wird. Ob Sie als Unternehmer einen Nachfolger suchen oder als Existenzgründer einen bestehenden Betrieb übernehmen möchten: CHANGE, das bundesweite und branchenübergreifende Informations- und Beratungsangebot, steht Ihnen dabei mit Rat und Tat zur Seite. Herzstück ist die virtuelle Unternehmerbörse: eine Datenbank, mit der Interessenten nach einem geeigneten Partner suchen können.

Die Unternehmennachfolge-Agentur:

- informiert und unterstützt Sie bei der Vorbereitung und Gestaltung einer Unternehmensnachfolge,
- hilft Unternehmen dabei, eine geeignete Persönlichkeit zu finden,
- hilft Existenzgründern dabei, ein geeignetes Unternehmen zu finden,
- berät Sie kompetent bei der Planung und Durchführung einer Betriebsübertragung.

Service für Unternehmensnachfolgerinnen

Da die Unternehmensnachfolge auch für Frauen eine immer attraktivere Alternative zur Neugründung einer beruflichen Existenz darstellt, unterstützt das Bundesministerium für Familie, Senioren, Frauen und Jugend diese Maßnahme.
Hinweis: Für Existenzgründerinnen und Unternehmerinnen, die sich bei ihrem Vorhaben gerne von einer Beraterin unterstützen lassen möchten, haben wir unser Service-Angebot »Frauen beraten Frauen« eingerichtet.
Sie erreichen unsere Beraterinnen telefonisch unter
0 30/8 50 85-41 15.

Ansprechpartner und Adressen

Gemeinschaftsinitiative CHANGE
c/o Deutsche Ausgleichsbank
Kronenstr. 1, 10117 Berlin
Tel.: 0 30/8 50 85-41 14
Fax: 0 30/8 50 85-42 20

Wirtschaftsjunioren Deutschland e. V. (WJD)
Breite Straße 29, 10178 Berlin
Tel. 0 30/20 30 81-5 15
Fax 0 30/20 30 81-5 22
www.wjd.de

Bundesverband Deutscher Unternehmensberater e.V. (BDU)
Zitelmannstr. 22, 53113 Bonn
Tel. 02 28/91 61-0
Fax 02 28/91 61-26
Büro Berlin:
Kronprinzendamm 1, 10711 Berlin
Tel. 0 30/8 93 10 70
Fax 0 30/8 93 47 46
www.bdu.de

Bundesverband der Wirtschaftsberater BVW e.V.
Lerchenweg 14, 53909 Zülpich
Tel. 0 22 52/8 13 61
Fax 0 22 52/29 10
www.bvw-ev.de

Bundesverband Junger Unternehmer der ASU e. V. (BJU)
Reichsstr. 17, 14052 Berlin
Tel.: 0 30/30 06 50
Fax: 0 30/3 00 65 00
www.bju.de

Deutscher Industrie- und Handelskammertag (DIHK)
Breite Straße 29, 10178 Berlin
Tel. 0 30/20 30 80
Fax 0 30/2 03 08 10 00
www.diht.de
bzw. die örtliche Industrie- und Handelskammer (IHK)

Zentralverband des Deutschen Handwerks (ZDH)
Mohrenstr. 20–21, 10117 Berlin
Tel. 0 30/2 06 19-0
Fax 0 30/2 06 19-4 60
www.zdh.de
bzw. die örtliche Handwerkskammer (HWK)

Rationalisierungs- und Innovationszentrum der Deutschen Wirtschaft e.V. (RKW)
Düsseldorfer Str. 40, 65760 Eschborn
Tel. 0 61 96/4 95-1
Fax 0 61 96/4 95-3 03
www.rkw.de
bzw. die jeweilige Landesgruppe / Geschäftsstelle des RKW

Informationen zu Finanzierung und Förderhilfen (Auswahl)

Förderdatenbank des BMWi
www.bmwi.de

Bundesministerium für Wirtschaft und Technologie
Förderberatung
Scharnhorststr. 34–37, 10115 Berlin
Tel.: 0 18 88/6 15-76 49, -76 55
Fax: 0 18 88/6 15-70 33

Deutsche Ausgleichsbank (DtA)
53170 Bonn
Info-Line 02 28/8 31-24 00
Info-Fax 02 28/8 31-25 59
www.dta.de

DtA-Niederlassung Berlin
Kronenstraße 1, 10117 Berlin
Tel. 0 30/8 50 85-0
Fax 0 30/8 50 85-2 99

Kreditanstalt für Wiederaufbau (KfW)
Palmengartenstr. 5–9, 60325 Frankfurt/Main
Tel. 0 69/74 31-0
Fax 0 69/74 31-29 44
www.kfw.de

KfW-Niederlassung Berlin
– Beratungszentrum –
Behrenstraße 31, 10117 Berlin
Tel. 0 30/2 02 25-0
Fax 0 30/2 02 25-2 50

Informationen zu Bürgschaften, Kreditgarantien, Wagnis- und Risikokapital

Verband der Bürgschaftsbanken
Adenauerallee 148, 53111 Bonn
Tel. 02 28/9 76 88 86
Fax 02 28/9 76 88 82
www.vdb-info.de

Beratung in Krisenfällen von gestandenen Senioren aus der deutschen Wirtschaft durch:
Senioren-Experten-Service (SES)
Buschstr. 2, 53113 Bonn
Tel. 02 28/2 60 90-0
Fax 02 28/2 60 90-77
www.ses-bonn.de

Alt hilft Jung e.V.
Bundesarbeitsgemeinschaft der
Senior-Experten
Kennedyallee 62–70, 53175 Bonn
Tel. 02 28/8 89 13 42
Fax 02 28/8 89 38 48
www.althilftjung.de

Bundessteuerberaterkammer
Poppelsdorfer Allee 24, 53115 Bonn
Tel. 02 28/7 26 39-0
Fax 02 28/7 26 39-52
www.bstbk.de
Die jeweilige Landessteuerberaterkammer hilft Ihnen bei der Suche nach einem Steuerberater.

Nützliche Adressen rund um die Selbstständigkeit

BefEx GmbH
www.cat-meldorf.de
Betreuungsstelle für Existenzgründer Schleswig-Holstein

ADT
www.adt-online.de
Arbeitsgemeinschaft Deutscher Technologie- und Gründerzentren

Arbeitsamt Berlin
www.eba-berlin.de
EBA Berlin Existenzgründungsbüro der Berliner Arbeitsämter

Austrian Business Agency
www.aba.gv.at
Österreichische Business Angels

Berlin Startup
www.berlinstartup.de
Linksammlung, Orientierungsplattform

Büro für Existenzgründungen
www.bfe-muenchen.de
Existenzgründungen

Bundesanstalt für Arbeit
www.bundesanstalt.de
Informationen für Starthilfen

Bundesregierung (BMWI)
www.bmwi.de
Förderdatenbank; Informationen für Existenzgründer und Firmen, aktuelle Wirtschaftsförderprogramme

Bundesverband Deutscher Kapital-Beteiligungsgesellschaften BVK e.V.
www.bvk-ev.de

Cyberforum
www.cyberforum.de
Venture Capital Region Karlsruhe. Virtuelles Gründerzentrum

Etatplaner
www.etatplaner.de
Werbeprojekte planen

Erfolgreich selbständig
www.ufz-sachsen.de
Unternehmens–Förderzentren Sachsen

E-Startup
www.e-startup.org
Gründungsmanagement

Existenzgründer-Institut Berlin
www.existenzgruender-institut.de
Existenzgründung und Selbstständigkeit

Exzet
www.exzet.de
Existenzgründung und Selbstständigkeit in Stuttgart

Gründerlinx
www.gruenderlinx.de
Online-Akademiker: Internet-Akademie mit Themen wie Existenzgründungen und Unternehmensführung

Gründungsforschungsforum
www.g-forum.de
Interdisziplinäres Gründungsforschungsforum sowie Forschungsergebnisse

Gründer-TV
www.gruender-tv.de
Service und Sendung von N-TV

HEI-Hamburg
www.hei-hamburg.de
Hamburger Initiative für Existenzgründungen

Nexus
www.ask-nexus.de
Existenzgründung und Selbstständigkeit

Idex e.V
www.idex.de
Existenzgründung und Selbstständigkeit

Industrie- und Handelskammer (IHK)
www.ihk.de
Informationen rund ums Thema Existenzgründung, Handwerk etc.

NOACK Unternehmensberatung Berlin
www.noack-ub.de
Existenzgründung und Selbstständigkeit

Nordrhein-Westfalen
http://www.mwa.nrw.de/wirtschaft/existenz/existenz.htm
Existenzgründung und Selbstständigkeit

Wirtschaftsakademie S-H
www.wak-sh.de
Schleswig-Holsteiner Kompetenzzentrum für Existenzgründer

Eigenkapitalbeschaffung / Beteiligungskapital / Venture Capital

Chancenkapital
www.chancenkapital.de
Wagniskapital der Cyberforum Karlsruhe

B-W connected
www.bwcon.de
Kapital sucht Ideen (Baden-Württemberg)

Centennium Deutschland
www.centennium.de
Information und Kommunikationsbranche

Aafortuna GmbH
www.aafortuna.de
Investiert in Biologie und Umwelttechnik

Affinum
www.affinum.de
Sucht Investitionen über 20 Millionen Euro

BVK Bundesverband
Dt. Kapitalbeteiligungsgesellschaften
www.bvk-ev.de
Leitfaden, Finanzierungen, Förderprogramme sowie Beteiligungskapital

Emissionsmarktplatz
www.emissionsmarktplatz.de
Emissionen außerhalb der Börse

Business Angels
www.business-angels.de
Business Angel Venture
www.business-angels-venture.de
Beteiligungskapital für Firmen, helfende Persönlichkeiten mit Kapital

Deutsches Eigenkapitalforum
www.venture-management-services.de
Wagniskapitalgesellschaft / Venture Capital

Earlybird Venture Capital
www.earlybird-vc.com
Wagniskapitalgesellschaft / Venture Capital

Eigenkapitalbeschaffung
www.eigenkapitalbeschaffung.de
www.eigenkapital.com
Rechtsanwaltskanzlei vermittelt Kapital

Frankfurt-Business
www.frankfurt-business.de
Wirtschaftsförderung

EVCA
www.evca.com
Verband: European Venture Capital Association

Target Partners
www.targetpartners.de
Wagniskapitalgesellschaft / Venture Capital

MPC Capital
www.mpc-capital.com
Wagniskapitalgesellschaft / Venture Capital

Fa. Performion
www.performion.com
Wagniskapitalgesellschaft / Venture Capital

Beteiligungsgesellschaft des Bundes
www.tbgbonn.de
Förderung von Risikokapital

T-VENTURE
www.t-venture.de
Wagniskapitalgesellschaft / Venture Capital

T.N.G. Capital Invest
www.tng-ag.de
Wagniskapitalgesellschaft / Venture Capital

V-Capital.com
www.v-capital.com
Wagniskapitalgesellschaft / Venture Capital

Venture Select
www.venture-select.com
Wagniskapitalgesellschaft / Venture Capital

Wagniskapital
www.wagniskapital.de
Business Angels – Wagniskapital-Initiative der Wirtschaftsjunioren

Wagniskapital für Innovation NRW
www.win-nrw.de
Wagniskapitalgesellschaft / Venture Capital

Integral Capital Partners
www.kpcb.com
Expansionsfinanzierung

Siemens New Ventures
www.siemens.com

Hummer Winblad Venture Partners
www.humwin.com
Software, Internet

Atlas Ventures
www.atlasventure.com
Weltweites Netz

Draper Fisher Jurvetson
www.drapervc.com
Informationstechnologie, Venture Capital

Apax Partners
www.apax.com
International agierend. Apax verfügt über ein hervorragendes Management.
Ein Geheimtipp für größere Projekte

Bertelsmann Ventures
www.bertelsmann.de
Neue Medien, Internet

Benchmark Capital
www.benchmark.com
Starke Teamorientierung

Venrock Associates
www.venrock.com
Dahinter steht die Familie Rockefeller

Accel Partners
www.accel.com
Internet-Spezialist

Literaturverzeichnis

Anwander, Armin: *Strategien erfolgreich verwirklichen.* Springer, Berlin, 2002.

Armstrong, Michael: *Wie man ein noch besserer Manager wird.* Ueberreuter, Wien, 1994.

Bergauer, Anja: *Erfolgreiches Krisenmanagement in der Unternehmung.* Erich Schmidt, Berlin, 2001.

Bernet & Denk: *Finanzierungsmodelle für KMU.* Haupt, Bern, 2000.

Bryan, Mark und Cameron, Julia: *The money drunk, 90 days to financial freedom.* Ballantine USA, New York, 1992.

Busse von Colbe, et al.: *Betriebswirtschaft für Führungskräfte.* Schäffer-Poeschel, Stuttgart, 2002.

Covey, Stephen R.: *The 7 Habits of highly effective people.* Fireside, 1989.

Dominguez, Joe und Robin, Vicki: *Your Money or Your Life.* Penguin-Books, New York, 1992.

Droit, Roger-Pol: *Fünf Minuten Ewigkeit.* Hoffmann&Campe, Hamburg, 2002.

Fifer, Bob: *Was zählt, ist der Gewinn.* Heyne, München, 1993.

Fox, J. Michael: *COMEBACK.* Ehrenwirth, Bergisch-Gladbach, 2002.

Hastings, Julia: *Sie können haben was Sie wollen.* Ariston, Wien, 2001.

Herberlein, Wolfgang: *Führungskräfte, Versager?* Oesch, Zürich, 2002.

Jakobowsky, Birgit: *Dressed for Success.* Eichborn, Frankfurt, 2002.

Kahneman, Daniel: *Choices, Values and Frames.* Cambridge Univ. Pr, Cambridge, 2000.

Kimmel, W. Peter: *Power up your Life.* mvg, Frankfurt, 2001.

Koch, Wolfgang und Wegmann, Jürgen: *Praktiker-Handbung Rating.* Schäffer-Poeschel, Stuttgart, 2003.

LeMar, Bernd: *Kommunikative Kompetenz.* Springer, Berlin, 1997.

Levingson, Jay Conrad: *Guerilla Marketing für Fortgeschrittene.* Campus, Frankurt, 1994.

Mayer, Robert: *Der Verhandlungskünstler.* Ueberreuter, Wien, 1998.

McKenna, Paul und Breen, Michael: *The power to influence.* Nightingale Conant, Dover, 2001.

Miedaner, Talane: *Coach Dich selbst, sonst coacht Dich keiner!* mvg, Frankfurt, 2000.

Neff, Brigitte: *PR mit Power.* Gabler, Wiesbaden, 2002.

Pena, Daniel S.: *Your first 100 Million.* Medina Ltd., London, 1999.

Poore, Carol A.: *Karriere mit System.* mi, Landsberg, 2002.

Ray, Linder: *Financial Freedom – Seven secrets to reduce financial worry.* Moody, New York, 1999.

Richard, Carlons: *Don't worry, make money.* Hyperion, 1998.

Scherer, Bernd: *Stell Dir selbst kein Bein.* Langen Müller Herbig, München, 2002.

Schmidbauer, Wolfgang: *Dranbleiben.* Herder, Freiburg, 2003.

Sedlmaier, Hans: *Firmenjäger.* Campus, Frankfurt, 2003.

Sher, Barbara: *I could do anything, if I only knew what it was.* Dell Publishing, New York, 1994.

Simon, Hermann: *Die heimlichen Gewinner.* Campus, Frankfurt, 1996.

Slater, Robert: *Business is simple.* mi, Landsberg, 1997.

Slutsky, Jeff: *How to get clients.* Warner Books, USA, 1992.

Steiner, Bernhard: *So gehen Sie richtig mit Geld um.* Lexika, Würzburg, 2003.

Tominaga, Minouru: *Die kundenfeindliche Gesellschaft.* Econ, München, 1996.

Trauboth, Jörg H.: *Krisenmanagement bei Unternehmensbedrohungen.* Boorberg, Stuttgart, 2002.

Wambach, Lovis M.: *Endlich schuldenfrei.* Deutscher Anwaltverlag, Bonn, 2001.

Wikner, Ulrike: *Networking.* Lexika, Würzburg, 1999.

Williams, Arthur L.: *Das Prinzip Gewinnen.* mvg, Frankfurt, 1995.

Wiseman, Richard: *So machen Sie Ihr Glück.* Mosaik Goldmann, München, 2003.

Register